Köln, 31. Mai 1942: Der 1000-Bomber-Angriff

Herausgegeben vom
NS-Dokumentationszentrum
der Stadt Köln
in Verbindung mit dem
Verein EL-DE-Haus

Bearbeitet von
Martin Rüther

Janus

Die Deutsche Bibliothek – CIP-Einheitsaufnahme

Köln, 31. Mai 1942: der 1000-Bomber-Angriff/hrsg. vom NS-Dokumentationszentrum der Stadt Köln in Verbindung mit dem Verein EL-DE-Haus. Bearb. von Martin Rüther. – Köln : Janus, 1992

(Kölner Schriften zu Geschichte und Kultur ; Bd. 18)
ISBN 3-922977-40-5
NE: Rüther, Martin [Bearb.] ; NS-Dokumentationszentrum ⟨Köln⟩ ; GT

Gesamtherstellung: Druckhaus Köthen GmbH
Umschlaggestaltung: Guido Klütsch
ISBN 3-922977-40-5
Printed in Germany

Inhalt

Vorwort

Das vorliegende Buch entstand im Zusammenhang mit einer Ausstellung des NS-Dokumentationszentrums zum 50. Jahrestag des sogenannten „1000-Bomber-Angriffs" auf Köln am 31. Mai 1942. Aus diesem Umstand erklärt sich seine begrenzte Thematik, die sowohl Chancen als auch Gefahren in sich birgt. Chancen, indem durch die Konzentration auf ein Ereignis die Möglichkeit eröffnet wird, sich eben damit intensiv und auf verschiedenen Ebenen auseinanderzusetzen. Gefahren, da viele Entwicklungen und Strukturen unter einem solch engen Blickwinkel kaum angemessen erfaßt werden können. Ein Bombenangriff, der fast genau nach der Hälfte des Zweiten Weltkrieges stattfand, hat naturgemäß eine lange Vor- wie Nachgeschichte, die – und das sei vorausgeschickt – in dieser Publikation nicht hinreichend untersucht werden können. Das muß einer umfassenden Gesamtdarstellung der Geschichte Kölns im Zweiten Weltkrieg vorbehalten bleiben.

Das Buch ist in zwei Hauptteile gegliedert. Im darstellenden Teil wird zunächst in zwei längeren Aufsätzen der „1000-Bomber-Angriff" unter verschiedenen Aspekten beleuchtet: Die erste Abhandlung untersucht die Ziele und Planungen sowie die Durchführung des Angriffs aus britischer Sicht, während der zweite Beitrag die Situation in Köln am 31. Mai 1942 und die sich daraus ergebenden Maßnahmen und Folgen thematisiert. Diesen Darstellungen folgt eine kurze Analyse einer spezifischen Quellengattung, den Chroniken Kölner Volksschulen, in denen sich vor allem die psychologischen Auswirkungen des Angriffs besonders gut fassen lassen.

Den zweiten Teil der vorliegenden Publikation bildet eine Edition von Quellen mit unterschiedlichen Perspektiven zum Thema „1000-Bomber-Angriff", deren Auswahl unten näher erläutert wird.

Abschließend möchte ich mich besonders bei Gebhard Aders und Joachim Trapp bedanken, die nicht nur zwei der hier abgedruckten Beiträge verfaßt haben, sondern darüber hinaus mit Rat und Tat zur Seite standen. Für Recherchen und Korrekturen danke ich Eva Maria Martinsdorf und Nicola Wenge.

Köln, im März 1992 Martin Rüther

I. Darstellung
Hintergründe und Ablauf

Von Gebhard Aders

Der „1000-Bomber-Angriff" in der Nacht zum 31. Mai 1942 war für Köln und seine Bürger die größte Vernichtungskatastrophe seit Bestehen der Stadt. Sicher hatte die Stadt in den 104 Luftangriffen zwischen Mai 1940 und Mai 1942 schon erhebliche Zerstörungen hinnehmen müssen, und wenigstens zwölf dieser Angriffe verursachten Verwüstungen, wie sie in Köln seit dem Mittelalter nicht mehr eingetreten waren. Auch nach dem 31. Mai 1942 gab es Luftangriffe, die diesen sogenannten „1000-Bomber-Angriff" übertrafen, also noch mehr Menschenleben forderten und noch größere Verwüstungen anrichteten. Dazu zählt die Serie von vier Bombardements im Juni/Juli 1943 und die nicht abreißende Folge von Luftangriffen bei Tag und Nacht im Oktober 1944.[1]

Gleichwohl ist die Erinnerung an diese Nacht zum 31. Mai 1942 unauslöschbar in das Gedächtnis der Menschen eingegangen, eben weil diese militärische Aktion gegen eine Stadt alles übertraf, was sich die Menschen in Köln selbst im dritten Kriegsjahr vorstellen konnten. Das galt nicht nur für die Kölner. Auch die Luftwaffenführung mochte in dieser Nacht nicht daran glauben, daß es über 800 Flugzeugen gelungen war, bis nach Köln vorzustoßen, und war der festen Überzeugung, daß der Abschuß von 37 Bombern ein großer Abwehrerfolg gewesen sei, denn sie behauptete, daß „etwa die Hälfte der angreifenden Maschinen vernichtet" worden sei.[2] Anderen führenden Stellen von Staat, Partei und Wehrmacht ging es nicht anders; als die Meldungen über das Ausmaß der Zerstörungen eingingen, hielt man sie zunächst für haltlose, maßlos übertriebene Panikmeldungen.

Dieser erste Groß-Luftangriff der Kriegsgeschichte ist mehrfach in Publikationen behandelt worden. Bereits 1942 erschien Toni Winkelnkempers reines NS-Propaganda-Werk[3], das keine Hintergrundinformationen bietet. In der offiziellen englischen Geschichte des Luftkriegs gegen Deutschland ist dem „Thousand-Plan" ein eigenes Kapitel gewidmet.[4] Weiter gibt es eine Reihe englischer Veröffentlichungen, von denen sich zwei aus-

[1] Siehe hierzu Simon 1954.

[2] Schramm 1982, S. 394.

[3] Winkelnkemper, Der Großangriff auf Köln. Ein Beispiel, Berlin 1942.

[4] Webster/Frankland 1961, S. 403–410.

führlich mit der Planung und den Abläufen und Folgen befassen: Ralph Barker, The Thousand-Plan und Eric Taylor, 1000 Bomber auf Köln.[5] Besonders in der letzteren Publikation wird wenigstens stellenweise deutlich, daß die noch lebenden Kölner, die diese Nacht mitgemacht hatten, noch nach Jahrzehnten unter dem Eindruck dieses Schocks standen und sich fragten, warum Köln das Ziel war, und ob man die Menschen nicht habe rechtzeitig warnen können.

Und so kursieren immer noch Deutungsversuche und Gerüchte: „Köln war das Ziel, um eine Weltkultur- und Kunststadt auszulöschen“, „... weil es eine Nazihochburg war“, „... weil in England bekannt war, daß die Flak größtenteils abgezogen war“. Gegenteilige Aussagen lauten: „Die Stärke der Kölner Flak war den Engländern bekannt, so daß sie den Angriff durch gezieltes Bombardieren der Scheinwerfer und Flugabwehrkanonenstellungen einleiteten.“ Weitere Vermutungen sind: „Der Angriff war den führenden Stellen von Partei, Staat und Wehrmacht bekannt“, man habe aber nichts dagegen unternommen, um Handhabung für eine Propagandakampagne zu haben.“ Oder: „Die Nazis wollten, daß die Engländer eine Hochburg des Katholizismus und des Widerstandes auslöschten“. Dann gibt es noch die Behauptung, daß die „Parteibonzen sich und ihre Angehörigen rechtzeitig in Sicherheit gebracht hätten.“[6]

In diesem Beitrag soll versucht werden, Hintergründe und Abläufe des Angriffs in gedrängter Form aufzuzeigen. Es mag dem Leser scheinen, als würde der Beitrag antibritische Tendenzen enthalten. Dies liegt an den zitierten Quellen, die nur die damalige Einstellung zur Führung des Luftkriegs gegen Hitler-Deutschland wiedergeben.

[5] Siehe Literaturverzeichnis.

[6] Aussagen von Zeitzeugen gegenüber dem Verfasser.

Das Entstehen der Theorien und Planungen zum unterschiedslosen Bombenkrieg

Eine wesentliche Erkenntnis aus den Erfahrungen, die die kriegsführenden Mächte an der Westfront 1914–1918 gemacht hatten, war, daß es einem Landheer mit der damaligen Ausrüstung augenscheinlich unmöglich war, einen schnellen Sieg über einen annähernd gleich starken Gegner zu erringen. Minuziös und mit ungeheurem Aufwand an Waffen und Munition vorbereitete Offensiven brachten dem Angreifer bestenfalls einen kleinen Geländegewinn, und das unter ganz erheblichen Menschenverlusten. Die Offensiven führten aber nie zu entscheidenden Durchbrüchen durch die Front des Gegners und erst recht nicht zu kriegsentscheidenden Siegen. Ebensowenig hatten die Seestreitkräfte schnelle Entscheidungen herbeiführen können.

Sollte es irgendwann wieder einmal zu einem Landkrieg kommen, mußte dieser – so glaubten führende englische und französische Militärs – ähnlich wie der letzte verlaufen. Verlockend mußte daher ein Umfassen des Gegners aus der dritten Dimension, also aus der Luft, und ein direkter Angriff auf seinen „Lebensnerv" im Hinterland erscheinen. Anstatt Hunderttausende von Granaten zu verfeuern und zigtausende Soldaten zu einem erfolglosen und verlustreichen Angriff vorstoßen zu lassen, würde ein unvorhergesehener und praktisch nicht abzuwehrender Angriff von 40, 50 Bombenflugzeugen auf eine große Industriestadt erheblich mehr bewirken. Nicht nur, daß ganze Fabriken mit einem Schlag vernichtet würden, sondern es gingen dabei auch die umliegenden Stadtviertel, wenn nicht sogar die ganze Stadt in einer Brandkatastrophe unter – mit einem entsprechenden Verlust unter der Bevölkerung. Eine derartige apokalyptische Katastrophe bzw. mehrere davon würde kein Volk aushalten. In der für die damalige Zeit typischen Abwertung des Kriegsgegners als Gesamtvolk waren Engländer wie Franzosen der Auffassung, daß vor allem das deutsche Volk dieser Art von Kriegsführung nicht gewachsen sei.

Ein weiteres, entscheidendes Moment sprach für den Bombenangriff gegen das Hinterland: Land- und Seestreitkräfte brauchten Tage und Wochen, um ihre volle Gefechtsbereitschaft herzustellen. Weitere Wochen vergingen, um ein Landheer an einen Kriegsschauplatz heranzuführen. Nur eine Bomberstreitmacht, so glaubte man jedenfalls, sei innerhalb weniger Stunden in der Lage, einen Kampfauftrag gegen den Feindstaat auszuführen. Folglich sei es nur mit Hilfe von Langstreckenbombern möglich, zu einem sehr frühen Zeitpunkt einen eindrucksvollen vernichtenden Schlag (knock-out-blow) auszuführen, so daß dem Gegner von Anfang an klar würde, daß er seinerseits keine Möglichkeit habe, erfolgreiche Kampfhandlungen für einen längeren Zeitraum durchzustehen.[7]

Diese Vorstellungen, die der erste Stabschef der Royal Air Force, Air Marshal Lord Hugh Trenchard, zu der nach ihm benannten Doktrin entwickelte, beruhten vor allem auf der Theo-

[7] Siehe hierzu Boog 1990, S. 429 ff.

Warschau nach einem deutschen Luftangriff 1939

rie des Italieners Guilio Douhét[8], die dieser in seiner viel beachteten, 1921 veröffentlichten Publikation über den Krieg der Zukunft entwickelt hatte. Ganz neu waren seine Vorstellungen nicht. Schon 1912 war der Zukunftsroman von H. G. Wells mit dem Titel „Luftkrieg" erschienen, in dem der Autor gewaltige deutsche und asiatische Luftflotten die USA zerstören ließ. Weitere Denkanstöße hatten die deutschen Luftangriffe im Ersten Weltkrieg durch Zeppeline und sogenannte Riesenbomber auf London und andere englische Großstädte gegeben. Diese Angriffe, die auch durch eine gewaltige Abwehrorganisation nicht unterbunden werden konnten, hatten zur Aufstellung englischer und französischer Bomberstreitkräfte geführt, die 1918 größere Angriffe auf rheinische Städte durchführten, u. a. auch am Pfingstsonntag 1918 auf Köln.

So kam es, daß in den zwanziger Jahren zwar eine umfangreiche Abrüstung bei den Schlachtschiffflotten der Großmächte vereinbart wurde bzw. es zu einem Stop der außerordentlich kostspieligen Schlachtschiff-Neubauten kam und auch die Ausgaben für die Landstreitkräfte gekürzt wurden, daß dafür aber

[8] Douhét 1921.

Luftflotten aufgebaut wurden. Alle Planungen in England und auch in Frankreich gingen von der Annahme aus, daß Deutschland der Gegner eines zukünftigen Krieges sein würde.

Vor allem in England war man sich darüber klar, daß mit den damaligen Mitteln eine sehr entscheidende Materialzerstörung nicht möglich sei, wohl aber das Zerstören der Moral, also des Widerstandswillens der Bevölkerung.

Dieses „Moral-bombing" sollte sich von nun an wie ein roter Faden durch die englischen Luftkriegsdoktrinen ziehen. Man schätzte in den dreißiger Jahren das Verhältnis von materieller zu moralischer Wirkung auf 1:20. Mit der Trenchard-Doktrin war somit das unterschiedslose Bombardement von Kriegs- und Zivilzielen vorgegeben.[9] Die Idee des „Moral-Bombing" hatte einen grundlegenden Fehler: Man übertrug englisch-demokratische Verhältnisse auf den Staat der NS-Diktatur und glaubte, daß das vom Luftkrieg unmittelbar betroffene Volk die Staatsführung zwingen könne, von der Fortsetzung eines Krieges abzusehen.

Übrigens hatte man auch in Deutschland die Veröffentlichung Douhéts aufmerksam gelesen. In den zwanziger Jahren hatte man sich mit entsprechenden Schlußfolgerungen noch zurückgehalten, aber kurz nach der Machtergreifung der Nationalsozialisten wurde im Mai 1933 die erste, strenggeheime Denkschrift zur Luftkriegskonzeption verfaßt. Das Schriftstück „begeisterte sich an den apokalyptischen Visionen eines durch nichts eingeschränkten Spreng-, Brand- und Giftgasbombenkriegs gegen die Zivilbevölkerung". Es schloß mit der Überzeugung: „Die Terrorisierung feindlicher Hauptstädte ... wird um so rascher zum moralischen Zusammenbruch führen, je schwächer die nationale Haltung eines Volkes ist, je mehr die Großstadtmassen materialisiert und durch soziale und parteipolitische Gegensätze zerklüftet sind".[10]

Ende der dreißiger Jahre gab die englische Luftwaffe dem Bomber Command den Auftrag, Operationspläne als Antwort auf eine deutsche Luftoffensive auszuarbeiten. Man ging von der Annahme aus, daß die deutsche Luftwaffe zunächst eine Luftoffensive beginnen werde, die man durch eigene Jagdstreitkräfte abwehren könne, um dann mit den eigenen Bombern die Kraftquellen Deutschlands zu zerstören.[11] Nach und nach kam man zu der Auffassung, daß zum damaligen Zeitpunkt das Bomberkommando für die Ausführung dieser Pläne nicht geeignet sei.

9 Boog 1990, S. 430ff.

10 Groehler 1990, S. 9. Die These, daß ein Terrorluftkrieg den Willen des feindlichen Heimatheeres zu brechen habe, hielt sich auch in den nächsten Jahren. In einer internen Studie aus dem Jahre 1937 hieß es: „Im künftigen Luftkrieg kommt es weniger darauf an, die Arsenale der wirtschaftlichen Technik zu zerstören, als vielmehr sie zu entvölkern ... Die rücksichtslose Durchführung der Bombenangriffe wird in der Bevölkerung den Schrecken bis zur Panik steigern können" (zitiert nach ebenda). Zwar wurde in den ersten Kriegsjahren die deutsche Bomberluftwaffe bevorzugt zur Niederkämpfung der feindlichen Luftwaffe benutzt, aber die bewußte Vernichtung der Innenstädte Warschaus und Belgrads, zu denen man auch die Luftangriffe auf Rotterdam und die sogenannten „Baedecker-Angriffe" auf englische Kleinstädte zählen kann, sprechen eine deutliche Sprache.

11 Webster/Frankland 1961, Bd. 1, S. 95f. Diese 1936/37 ausgearbeiteten 16 Operationspläne, die sogenannten Western-Air-Plans, hatten recht unterschiedliche Ziele, z.B. die Verminung deutscher Seehäfen

und Angriffe auf die schweren deutschen Seestreitkräfte, Bombardierung von Hauptquartieren und wichtigen Ministerien in Berlin, Zerstörung des Eisenbahnnetzes, der Rüstungszentren im Ruhrgebiet; es gab sogar das kuriose Vorhaben, durch Brandbomben die deutschen Wälder niederzubrennen.

[12] Siehe Boog 1990, S. 437 – 445.

[13] Zum folgenden s. Koch 1965.

Die Masse der ca. 1900 Bomber war veraltet, zumindestens die schweren Bomber, und die leichten hatten nicht die genügende Eindringtiefe. Auch das fliegende Personal war nicht ausreichend geschult, um die Bomber exakt zu einem Zielobjekt zu bringen und dieses treffsicher zu bombardieren. Nach amerikanischem Vorbild wurde nun eine Flotte von 800 viermotorigen Bombern in Auftrag gegeben, deren Prototypen kurz vor Kriegsbeginn flogen. Bei Ausbruch des Zweiten Weltkriegs im September 1939 wurden die 16 Western-Air-Plans auf einen reduziert, nämlich auf eine Flugblattpropagandaoffensive gegen Deutschland.

Die deutsche Luftverteidigung I: Die Theorie

Die deutsche Luftkriegsdoktrin sah im Angriff die beste Verteidigung. Die entscheidende Waffe war der Bomber, das Jagdflugzeug habe vorwiegend im Kampfgebiet des Heeres die Luftüberlegenheit zu erringen. Die Stationierung von Jägern im Heimatgebiet galt als unrationell. Die Luftverteidigung sollte in erster Linie von der Flugabwehrartillerie (Flak) getragen werden.[12]

Die Leistungsfähigkeit der Flak wurde erheblich überschätzt und beruhte auf einem theoretisch wohl untermauerten Wunschdenken.[13] Man negierte einfach, daß sich ein Flugzeug dreidimensional bewegen konnte und die Leistungsfähigkeit der Flugzeuge in den dreißiger Jahren ganz rapide weiterentwickelt hatte. Man ging davon aus, daß ein feindlicher Bomber höchstens 300 km/h schnell sein könne und in einer Höhe von unter 2000 Metern anfliege. Um ein Ziel sicher zu treffen, müsse der letzte Zielanflug eines Bombenflugzeuges absolut gerade im Kurs, ohne Ausweichbewegungen nach Höhe und Seite erfolgen – man verlegte also die Bewegungen eines Flugzeugs in die zweidimensionale Ebene. Weiterhin rechnete man mit einem ganz engen Formationsflug der Bomber, wie er in Friedenszeiten geübt wurde, und schätzte, daß mit einem wohl gezielten Schuß mehrere Flugzeuge von Splittern getroffen werden müßten. Entsprechend dieser rein fiktiven Technik und Taktik schienen die Abwehrmöglichkeiten der Flakartillerie ausgezeichnet zu sein.

Die Abwehr eines Luftangriffs sollte in der Regel so verlaufen: Die Flakdivision, die für die Luftverteidigung einer Region, beispielsweise des Raumes Köln – Aachen – Bonn, zuständig war, erhielt von Flugmeldeposten und großen Horchgeräten, später von Funkmeß (Radar-) Anlagen, frühzeitig Meldungen über den Anflug feindlicher Maschinen. Die Flugwege wurden im Gefechtsstand der Division auf eine große vertikale Plexiglasscheibe eingezeichnet. Je nach Kurs der Feindverbände wurde das zuständige Flakregiment alarmiert, in diesem Falle angenommen das Flakregiment Köln. Der Raum um Köln war in vier Sektoren eingeteilt, zu denen je eine Flakabteilung gehörte, der drei bis vier schwere Flakbatterien zu je vier Geschützen unterstanden. Der Anflugkurs der Bomber wurde von der Division gleichzeitig dem Regiment, den Abteilungen und den Batterien übermittelt, die diese Kurse auf ihren Lagekarten eintrugen. Das Regiment (nach Kriegsbeginn in Flakgruppe umbenannt) wies die Flugziele den einzelnen Abteilungen (ab 1939 Flakuntergruppe) zu, damit kein Flugziel unnötigerweise stärker als notwendig bekämpft wurde, während andere unbekämpft blieben.

Bei einem Tagesangriff wurden die angekündigten Feindflugzeuge optisch mit starken Entfernungsmessern aufgefaßt und ihr Flug mit diesem Gerät verfolgt. Damit konnten die Entfernung, die Flughöhe und der Seitenwinkel zur Geschützstellung erfaßt werden. Die ermittelten Werte wurden elektrisch auf ein Feuerleitgerät, das sogenannte Kommandogerät, übertragen, das man als eine Art elektro-mechanischen Computer bezeichnen kann. Vom Kommandogerät wurden jetzt telefonisch Werte an die Geschütze geliefert, durch die Rohrerhöhung und die Schwenkgeschwindigkeit des Geschützes bestimmt wurden, außerdem die Laufzeit des Zünders der Granate nach dem Abschuß.[14] Man erkennt aus der Schilderung dieses Gefechtsablaufes, daß das Bekämpfen eines Flugzeuges in einer für die damalige Zeit außerordentlich starken Automatisierung verlief.

Die Führung der Flakartillerie war daher der Auffassung, daß es in Friedenszeiten genüge, nur eine kleine, gut ausgebildete Kadertruppe aufzustellen. Da die Bedienung so automatisiert sei, wäre in Zukunft nur ein geringer Ausbildungsaufwand notwendig, um neues Bedienungspersonal schnell ausbilden zu können. Die Schießergebnisse des Flak-Lehrregiments hatten ergeben, daß im Schnitt 47 Schuß notwendig waren, um ein Flugzeug zum Absturz zu bringen, d. h. daß bei einer Abteilung von

[14] Die Flakgranaten waren nämlich mit Aufschlag- und Zeitzünder versehen, der erstens gewährleisten sollte, daß die Granate in der Nähe des Flugzeuges detonierte und zweitens verhinderte, daß das Geschoß, falls es kein Flugzeug getroffen hatte, am Boden detonierte.

16 Geschützen nur vier bis fünf Schuß je Geschütz für einen Abschuß notwendig waren. Man glaubte auch, daß die Schießergebnisse selbst bei Nacht nicht schlechter sein würden.

In Verkennung der Realitäten und der Möglichkeiten in einem künftigen Krieg rechnete man mit folgendem Gefechtsablauf: Nachtbomber würden einzeln, unterhalb der Wolkendecke, noch niedriger als Tagbomber und noch langsamer anfliegen, weil sie sonst ihr Ziel nicht finden könnten. Diese Flugzeuge würden vor Erreichen des Flaksperrgürtels durch starke Scheinwerfer beleuchtet, so daß die optischen Richtmittel auch bei Nacht eingesetzt werden könnten.[15]

Wie oben schon gesagt, beruhten alle diese Annahmen auf einem Wunschdenken, und die Erfahrungen der Kriegszeit sollten lehren, daß die Situation nicht in dem Maße zu beherrschen war, wie man es sich in der Theorie erdacht hatte.

Die Eskalation des englischen Bombenkrieges gegen Deutschland

Nach den verlustreichen und darüber hinaus erfolglosen Bomberangriffen bei Tage auf deutsche Flottenstützpunkte an der Nordsee im September und Dezember 1939 setzte die RAF den Luftkrieg gegen Deutschland zunächst nur mit Aufklärungsflügen und Flugblattabwürfen fort. Aus Furcht vor deutschen Vergeltungsmaßnahmen wagte man keine Bombenangriffe auf Städte, zunächst wenigstens nicht. Die ersten Bomben fielen nach dem 10. Mai 1940 als Antwort auf den deutschen Überfall auf die Niederlande, Belgien, Luxemburg und Frankreich. Als Ziele wurden den Bombern vornehmlich Treibstoff- und Verkehrsziele zugewiesen, dann auch Häfen und im Spätsommer Aluminium- und Flugzeugwerke, um die deutsche Flugzeugproduktion während der sogenannten Luftschlacht um England zu schädigen.[16] Die Auswirkung dieser Angriffe, wenigstens die materielle, war recht gering. Der Luftwaffenführungsstab, Abteilung Ic, registrierte damals noch jeden Einflug und Bombenwurf auf das genaueste und wies damit eine riesengroße Streuung der Bomben nach.[17]

Schon im Juli 1940 hatte Churchill geschrieben: „Nichts anderes wird den Deutschen zur Vernunft bringen und ihn in die Knie zwingen als ein absolut verheerender Ausrottungsangriff mit überschweren Bombern von diesem Land aus auf das Hei-

[15] Die Schießergebnisse des Flaklehrregiments, das mit bestem Material ausgestattet war und dessen Personal bestens trainiert war, wurden unter völlig unrealistischen Bedingungen auf einem Ostsee-Schießplatz erzielt: Ein sehr langsames Flugzeug schleppte an einem Kabel einen Luftsack hinter sich her, auf den geschossen wurde. Der Flug dieser Zieldarstellungsmaschine erfolgte ohne Kurswechsel und Höhenschwankungen, parallel zu den an der Küste aufgestellten Flakgeschützen. Die Bekämpfung eines diagonalen Überflugs, bei dem ständig die Seite und Höhe des Flakgeschützes geändert werden mußte, übte man nicht.

[16] Zum folgenden s. Boog 1990, S. 558 f., hierzu auch weitere Quellen. Im Herbst kamen auch noch Angriffe auf U-Boot-Werften und schließlich Abwürfe von Brandplättchen auf Getreidefelder; letzteres unterließ man bald wieder, da die Unwirksamkeit sich durch Tests in England ergeben hatte. Mit diesen Einflügen auf breiter Front wollte man die Abwehr zersplittern und die Zivilbevölkerung durch weite Streuung der Angriffe moralisch zermürben.

[17] BA-MA: RL 2 II/205 ff.

Mai 1940: Noch während der Kapitulationsverhandlungen bombardiert die deutsche Luftwaffe Rotterdam. Fast 1 000 Menschen sterben, 80 000 werden obdachlos

Herbst 1940: Das Zeitungsviertel um die Fleet Street in London nach einem deutschen Bombenangriff

matland der Nazis".[18] Ein Bombenangriff auf das Gebiet von London in der Nacht zum 25. August 1940 kam Churchill entgegen; für die folgende Nacht befahl er einen Angriff auf Berlin, dem bald weitere folgen sollten.

Mit der gegenseitigen Bombardierung der Hauptstädte trat der strategische Bombenkrieg in eine neue Phase ein. Die RAF-Piloten hatten bisher die Bomben wieder zurückgebracht, wenn sie die befohlenen militärischen Ziele nicht gefunden hatten. Das sollte sich jetzt radikal ändern. Am 29. August 1940 kündigte Churchill an, man werde „angesichts des von den Deutschen praktizierten unterschiedslosen Bombenkrieges" sehr bald ein „temporäres, aber deutliches Abgehen von unserer lediglich gegen militärische Ziele gerichteten Bombenstrategie in Erwägung ziehen".[19] In der Tat fielen bereits in diesem Monat auf viele deutsche Städte in West- und Norddeutschland Bomben; im September steigerte sich die Zahl der Luftangriffe weiter. Die Flakartillerie erwies sich als außerstande, diese Angriffe abzuwehren, und es gelang ihr erst recht nicht, dem Gegner solche Verluste zuzufügen, daß er auf eine Fortsetzung der Angriffe verzichtete. Der Munitionsverbrauch stieg ins Ungeheure; statistisch gesehen waren 1940 8000 Schuß schwerer Munition not-

[18] Boog 1990, S. 459.
[19] Ebd.

wendig, um einen Feindbomber zum Absturz zu bringen. Die deutsche Luftwaffe sah sich daher gezwungen, zur Abwehr der englischen Nachtangriffe ein Nachtjagdgeschwader aufzustellen. Aber auch diese Maßnahme erwies sich als unzureichend, so daß bald weitere fliegende Verbände aufgestellt werden mußten.

Im November 1940 brach die Luftwaffe ihre Angriffe auf England ab, da Hitler vorläufig von einer Invasion Englands absah. Churchill war der Überzeugung, daß die Jäger in dieser Luftschlacht um England das Land gerettet hätten, doch nur die Bomber würden das Mittel zum Sieg liefern. Er forderte, daß Maßnahmen zum Abwurf immer größerer Bombenmengen über Deutschland und zur „Pulverisierung der gesamten Industrie des wirtschaftlichen Lebens des Feindes" entwickelt würden.[20]

Mit Billigung des englischen Kriegskabinetts wurde in der Nacht zum 16. Dezember 1940 im Rahmen der „Operation Abigail" der erste reine „Terrorangriff" auf eine deutsche Stadt –

14./15. 11. 1940: Ein massiver deutscher Luftangriff auf Coventry zerstört die Stadt zu 80%

[20] Webster/Frankland 1961, ebd. 1, S. 155.

Die Ruine der Kathedrale von Coventry

[21] Zum folgenden s. Boog 1990, S. 462 f.

Mannheim – geflogen.[21] Er galt als Antwort auf den deutschen Luftangriff auf die Stadt Coventry. Der Angriff sollte so ablaufen, daß eine erste Angriffswelle Großbrände mit möglichst vielen Brandbomben erzeugte, die nachfolgenden Angriffswellen sollten die Brände als Zielpunkt nehmen und durch Abwurf von Sprengbomben die Löscharbeiten behindern und so die Ausbreitung der Brände fördern. Absicht der ganzen Operation war es, „in einer ausgewählten deutschen Stadt ein Höchstmaß an Zerstörung zu verursachen". Diese Angriffe sollten auf die Städte Hannover, Köln, Duisburg, Düsseldorf, Hamburg und Frankfurt fortgesetzt werden.

Auswertungen von Luftaufnahmen ergaben, daß Mannheim sehr verstreut getroffen und die Zerstörung seiner Innenstadt nicht erreicht wurde. Gleichwohl ließ der Oberkommandierende der RAF, Air Marshal Portal, den Befehlshaber des Bomber Commands wissen, daß es ihm frei stehe, eine weitere Operation Abigail gegen eine der hierzu freigegebenen Städte durchzuführen. Das war die endgültige Abkehr des Bomber Commands von dem immer wieder versuchten, aber für unmöglich gehaltenen Präzisionsangriff auf militärisch wichtige Ziele und die Hinwendung zum Flächenangriff gegen ganze Städte.

Im Juli 1941 legte ein Mitglied des Sekretariats des Kriegskabinetts, Mr. Butt, einen Bericht über die Resultate der Bomberoperation gegen Deutschland während der vorhergegangenen zwei Monate vor.[22] Durch Luftaufnahmen war festgestellt worden, daß von allen Bomberbesatzungen, die das befohlene Ziel glaubten angegriffen zu haben, nur etwa ein Drittel in die Fünf-Meilen-Zone um das jeweilige Ziel eingedrungen war. Bei Vollmond hatten im Schnitt zwei Fünftel der Bomber die Fünf-Meilen-Zone, in dunklen Nächten nur ein Fünfzehntel diese erreicht. Die Schlußfolgerung war, daß die meisten Bomber ihre Sprengkörper in offenes Gelände geworfen hatten. Der Bericht erregte großes Aufsehen. Churchill und sein Berater Lord Cherwell drängten vor allem auf die gute Ausbildung von Navigationspersonal hin. Besatzungen mit derartigen Spitzenkräften sollten vorausfliegen und Brände im Zielgebiet anlegen, in die die nachfolgenden Verbände ihre Bomben zu werfen hatten. Der Air Staff entwickelten eine neue Taktik, bei der bei jedem Angriff in Zukunft 25 000 bis 30 000 Brandbomben gleich zu Beginn und zwar in kürzester Zeit und konzentriert abzuwerfen seien.

[22] Zum folgenden s. Boog 1990, S. 469 ff., Groehler, 1990, S. 17 f.

Dieser Bericht erschien genau zu einem Zeitpunkt, als die englischen Streitkräfte im Mittelmeerraum in Bedrängnis waren und deutsche U-Boote die Zufuhr um England abzuschneiden drohten. Die anderen Teilstreitkräfte forderten daher, die unnützen Bomber aus England abzuziehen und zur Heeresunterstützung in Nordafrika und zur Bekämpfung von U-Booten einzusetzen.

Der Überfall der deutschen Wehrmacht auf die Sowjetunion am 22. Juni 1941 führte aber zu einer neuen Aufwertung des Bomber Commands. Obwohl Churchill im Sommer 1941 begründete Zweifel am kriegsentscheidenden Wert einer Bomberoffensive hatte und glaubte, daß nur Landungsoperationen auf dem Festland eine Entscheidung herbeiführen könnten, gab er dessen ungeachtet grünes Licht für die Vorbereitung einer neuen Bomberoffensive und versicherte dem Stabschef der RAF, daß diese höchste Priorität besäße. Ein Bauprogramm vom 3. Juli 1941 sah vor, daß bis zum 30. Juni 1943 6971 vier-motorige Bombenflugzeuge zu bauen seien. Das Programm wurde im Dezember 1941 auf 9748 schwere Bomber aufgestockt.[23] Gleichwohl stieg der Bestand an mittleren und schweren Bombern nur sehr langsam an: Im Juni 1941 verfügte das Bomber Command über 466 Flugzeuge unterschiedlicher Typen. Der Wert stieg im September auf 487, erreichte im Dezember einen Höchststand von 545 und sank dann, durch Produktionsrückgänge und Verluste bedingt, auf 373 Maschinen im Februar 1942.[24] Jedoch stieg die Zahl der schweren 4-motorigen Bomber langsam, aber stetig an. Sie ersetzten nach und nach die mittleren und leichten Bomber. Damit stieg also auch die Zahl der mitzunehmenden Bombenlasten bei einem Großangriff an. Im Oktober 1941 erhielt das Bomberkommando vom Luftministerium eine neue Weisung über das Flächenbombardement.[25] Kern der neuen Bombardierungstechnik sollte die Brandbombe bilden. Der sogenannte Plan „Unison" (Gleichklang) sah vor, daß bei einem Großangriff etwa 10 Prozent der Bombenflugzeuge vorausfliegen sollten, die als sogenannte „Erstbrandlegerabteilung" das Ziel entflammen sollten. Das sich daran anschließende Gros der Bomber sollte in einem Massenabwurf Brandbomben werfen, gemischt mit Sprengbomben und den sogenannten Luftminen. Diese 4000-Pfund-Minenbomben hatten den Zweck, Mauern und Fenster einzudrücken und damit dem Feuer, das durch den ersten Angriff gelegt war, Ausbreitungsmöglichkeiten zu schaffen. Als Ziele für die Operation „Unison" wählte man 19 Städte aus, die nach ihrer „Brandanfälligkeit" katalogisiert wurden. Beispielsweise wurden Kiel und Frankfurt ausgeschieden, da man sie für einen derartigen Angriff als ungünstig ansah, Lübeck, Bremen, Nürnberg, Freiburg und Rostock schienen hingegen besonders günstig zu sein. Köln wurde in dieser Liste noch nicht aufgeführt.

Im Herbst 1941 endete bei der englischen strategischen Luftkriegsführung die Periode, die man nach dem Krieg die des „trial and error" (Versuch und Irrtum) bezeichnete.

Die meisten Luftangriffe hatte 1941 das Bomber Command nach eigenen Angaben auf Köln geflogen: 51 Angriffe mit insgesamt 2868 Flugzeugen.[26] Nicht etwa weil Köln in den Augen

[23] Groehler 1990, S. 20.

[24] Groehler 1990, S. 30.

[25] Groehler 1990, S. 29.

[26] Dies beweist, wie unzuverlässig die Angaben der Besatzungen über das getroffene Ziel waren. In Köln fielen in diesem Jahr lediglich in 39 Nächten Bomben. Die nächstbetroffenen Städte waren Düsseldorf mit 38, Bremen mit 32, Kiel mit 27, Hamburg mit 24, Berlin mit 18, Duisburg mit 16 und Frankfurt mit 13 Angriffen.

der RAF ein besonders wichtiges Ziel war, sondern weil es aufgrund seiner geographischen Position besonders leicht zu finden war.

Die Entwicklung des strategischen Luftkriegs im Frühjahr 1942

Am 14. Februar 1942 erhielt das Bomberkommando eine neue Einsatzdirektive, in der es u. a. hieß: „Es ist entschieden worden, daß das Hauptziel Ihrer Operation sich gegen die Moral der Zivilbevölkerung richtet, insbesondere gegen die der Industriearbeiter".[27] Luftmarschall Portal erläuterte diese Direktive gegenüber den Kommandeuren des Bomber Commands am 15. Februar: „Ich nehme an, es ist klar, daß es sich bei den Zielpunkten um bebaute Gebiete handelt, nicht z. B. um Werften oder Flugzeugfabriken ... Dies muß ganz klar gemacht werden, wenn es nicht bereits so verstanden worden ist".[28]

Acht Tage nach dieser Direktive erhielt das Bomber Command einen neuen Kommandeur: Arthur Harris. Harris, in der Presse wie in der Öffentlichkeit bald als „Bomber-Harris" bezeichnet, war nicht der Schöpfer der neuen Strategie des Flächenbombardements, doch „der geeignete Vollstrecker dieser Strategie, der unbeirrt von Einwürfen und Kritik, ungeachtet schwerster Verluste und Opfer unter den Besatzungen des Bomber Commands zäh, uneinsichtig und nahezu fanatisch an seiner Überzeugung festhielt, daß der Bomber den Krieg zugunsten des britischen Empire werde wenden können".[29]

Als Einzelheiten der streng geheimen Direktive vom 14. Februar 1942 bei Mitgliedern der Regierung und des Unterhauses durchsickerten, wurde Kritik laut.[30] Es kam zu einer kontroversen Diskussion darüber, ob mit den Terrorangriffen auf die Moral der deutschen Zivilbevölkerung tatsächlich eine baldige Niederlage Deutschlands herbeigeführt werden könne. Auch die Stabschefs der anderen Teilstreitkräfte erhoben Einwände. Die Marine forderte eine stärkere Unterstützung durch Bombenflugzeuge in ihrem Krieg gegen die deutschen U-Boote, im Mittelmeerkriegsschauplatz drohte eine Landung der Achsenmächte auf Malta und der Durchbruch des Afrikakorps auf Alexandria, im Fernen Osten begannen die Japaner mit der Eroberung von Burma, und eine japanische Landung in Australien war zu erwarten. An all diese Fronten sollte die RAF zu Lasten

[27] Groehler 1990, S. 34.
[28] Ebd., S. 35.
[29] Ebd., S. 36.
[30] Siehe hierzu Groehler 1990, S. 60 ff., Boog 1990, S. 506 – 511.

Luftmarschall Arthur Harris

[31] Webster/Frankland 1961, Bd. 1, S. 331f.

des Bomber Commands schwere Flugzeuge abgeben. Premierminister Churchill wurde in dieser Situation unsicher, welche militärischen Ziele die ungeheuren Rüstungsausgaben für die Bomberstreitkräfte rechtfertigen würden.

Entscheidend für die Fortsetzung der Flächenangriffe auf deutsche Städte war ein Gutachten des wissenschaftlichen Beraters von Churchill, Lord Cherwell, vom 30. März 1942.[31] Cherwell hatte die jüngsten deutschen Luftangriffe auf Birmingham und Hull analysiert. Er kam dabei zu dem Schluß, daß eine Bombenlast von einer Tonne 20 bis 40 Häuser zerstöre und 100 bis 200 Personen obdachlos mache. Ein britischer Bomber überstehe im Durchschnitt 14 Einsätze, könne folglich dabei etwa 40 Tonnen Bomben abwerfen und damit 4000 bis 8000 Personen ihrer Wohnung berauben. Werde die seit September 1941 geplante Verstärkung des Bomber Commands ausgeführt, so könnten bis Mitte 1943 58 deutsche Großstädte völlig zerstört und damit 22 Millionen Deutsche, d.h. über ein Drittel der Gesamtbevölkerung, obdachlos werden. Abschließend folgerte Cherwell, daß es kaum Zweifel daran geben könne, daß dadurch die Moral der Bevölkerung zerbrechen werde. Es gab zwar Gegengutachten, die die Zahlenangaben Cherwells zu widerlegen versuchten, doch drangen sie damit bei Churchill nicht durch. Das Kriegskabinett beschloß am 7. April 1942, daß es für Großbritannien ein „dringendes Erfordernis sei, der Mehrheit der deutschen Zivilisten die äußersten Schrecken des Krieges ins Heim zu bringen“.[32]

Harris setzte nun alles daran, nicht nur die RAF, die anderen Teilstreitkräfte und die Regierung, sondern praktisch die ganze Welt davon zu überzeugen, daß nur mit den Bombern der Krieg gewonnen werden könne, und daß der richtige Augenblick für ihren massiven Einsatz gekommen sei.

Die Gunst des Zeitpunkts wurde durch zwei Dinge bestimmt: Da war zunächst das Navigationsgerät TR 1335, kurz „GEE“ genannt, mit dessen Hilfe Bombenflugzeuge auch bei ungünstigsten Witterungsbedingungen auf eine Entfernung von 560 Kilometern mit sehr großer Genauigkeit an das Ziel herangeführt werden konnten. Zweitens hatten die Engländer im wesentlichen das deutsche Nachtjagdsystem durchschaut und erkannt, daß gegen einen eng zusammengefaßten Bomberverband nur wenige Nachtjäger eingesetzt werden konnten.

Die Erprobungen des GEE-Geräts waren im März 1942 abgeschlossen, und man konnte mit dem Einbau zahlreicher Geräte im April 1942 in ausgewählte Bombenflugzeuge rechnen. Man schätzte, daß spätestens sechs Monate nach Einführung von GEE die Deutschen Gegenmaßnahmen zur Störung der Sender und Empfänger treffen würden. Innerhalb dieses Zeitraumes mußte eine massive Offensive gegen das Ruhrgebiet und Westdeutschland durchgeführt werden. Jedes Zielobjekt sollte so lange angegriffen werden, „bis der für seine Zerstörung veranschlagte Aufwand erreicht ist“.[33] Für Essen wurde z. B. eine Menge von 1 000 bis 1 600 Tonnen Bomben, für Köln 1 400 bis 1 800 Tonnen „zur Erzielung entscheidender Schäden in den Stadtzentren“ errechnet.[34] Der erste Angriff mit dem GEE-Verfahren fand in der Nacht zum 9. März 1942 auf Essen statt. 212 Flugzeuge waren gestartet, von denen über 100 mit GEE ausgerüstet waren. Doch noch hatten die Navigatoren Schwierigkeiten, die Empfangsgeräte genau zu bedienen, und deswegen war der Angriff aus englischer Sicht kein Erfolg.

Die Einsatzerprobung wurde in der Nacht zum 13. März 1942 mit einem Angriff auf Köln wiederholt.[35] 112 Bomber warfen fast 160 Tonnen Bomben ab, drei Flugzeuge gingen verloren. Dieser Angriff lief nach dem sogenannten Shaker-Verfahren (Schüttel-Taktik) ab. An der Spitze flogen 20 mit

[32] Publik Record Office [= PRO London]: AIR 41/42.
[33] Boog 1990, S. 509.
[34] Ebd.
[35] Webster/Frankland, Bd. 1, S. 389 ff.

GEE ausgerüstete Wellington-Bomber, die in fünf Wellen im Abstand von jeweils drei Minuten über dem Ziel erschienen. Jedes Flugzeug warf zwölf Bündel von Dreifach-Leuchtbomben im Abstand von zehn Sekunden ab, die das Stadtgebiet erhellten. Die RAF rechnete damit, daß diese sechs Meilen lange Beleuchtungsstraße so über das Ziel treibe, daß es zwölf Minuten lang beleuchtet sein würde. Unmittelbar nach der Beleuchterwelle sollten pro Minute jeweils zwei mit GEE ausgerüstete Zielmarkierer so viele Brandbomben wie möglich mit dem Ziel abladen, einen Großbrand zu erzeugen. Auf die Brände sollte das eine Viertelstunde später eintreffende Gros der Bomber seine Sprengbomben werfen.

Dieser Angriff war in der Tat erfolgreich; wie die Auswertung von Luftbildern ergab, haben sich über 50 Prozent der Besatzungen beim Auslösen ihrer Bomben über dem Ziel Köln befunden. Bei diesem Luftangriff entstanden 237 Brände, davon waren 21 Großbrände.[36] Es war der bislang schwerste Luftangriff auf Köln. Die eigenen Feuerwehren waren überfordert, so daß aus dem weiteren Umkreis Einheiten nach Köln zum Einsatz gebracht werden mußten.

Um die Stärke und Vernichtungskraft des Bomber Commands zu demonstrieren, griff die RAF in der Nacht zum 29. März Lübeck und knapp einen Monat später in vier aufeinanderfolgenden Nächten Rostock an, nur aus dem Grunde, weil beide Städte eine sehr alte Altstadt hatten, die „hervorragend“ brannte.[37] Die Angriffe auf Lübeck und Rostock wurden mit einer neuen Anflugtaktik durchgeführt: Bislang waren die Bomber auf breiter Front eingeflogen und hatten sich auf eigene Faust ihren Weg durch die Sperrzone der deutschen Nachtjäger in Norddeutschland, Holland und Belgien gesucht. Bei den Lübeck- und Rostock-Angriffen dagegen durchstießen die Bomber die Abwehrräume in Schleswig-Holstein in relativ schmaler Front, so daß nur wenige der von Radarstationen geführten Nachtjäger eingesetzt werden konnten; entsprechend gering waren die englischen Verluste.

Die Antwort Hitlers auf die Zerstörung der historischen Städte war der Befehl an die Luftwaffe, ihrerseits historisch bedeutende englische Städte wie Exeter und Canterbury anzugreifen – eine Serie von Luftangriffen, die als „Baedecker-Raids“ in die Geschichte einging. In der englischen Öffentlichkeit, zumal in Presse und Rundfunk, kam es darüber zu einer

[36] Simon 1954, S. 94. Der Flugmeldedienst scheint sich bezüglich der Stärke des Angriffsverbandes ganz erheblich verschätzt zu haben: Der Polizeipräsident sprach in seinem Bericht von „mindestens 12 Feindfliegern“.

[37] Zu diesen beiden Angriffen siehe Groehler 1990, S. 36–59.

gewissen Beunruhigung, der man mit einer grundlegenden Sprachregelung entgegenwirkte. So hieß es auf eine Anfrage der BBC: „Die RAF hat keine spezifischen Instruktionen erhalten, Arbeitersiedlungen zu zerstören, aber wo gegnerische Rüstungsfabriken oder andere militärische Ziele in dicht besiedelten Gebieten gelegen sind, ist es unvermeidlich, daß es zu solchen Schäden kommen wird".[38]

Da es mit den Angriffen auf Lübeck und Rostock gelungen war, mit minimalen Verlusten zwei deutsche Städte praktisch auszulöschen, trug sich Luftmarschall Harris Anfang Mai mit dem Gedanken, einen wirklich großen Schlag auszuführen.

[38] Groehler 1990, S. 36.
[39] Barker 1965, S. 38.
[40] Ebd., S. 37–48.

Die Planung des 1000-Bomber-Angriffs

Schriftliche Quellen über die Entstehung des Angriffplanes fehlen. Nach den Erinnerungen von Harris' Stabschef, Air Vice Marshal Saundby, habe Harris Anfang Mai in einer Art Selbstgespräch gesagt: „Wenn wir nur etwas wirklich Großes durchführen könnten! Ein spektakulärer Angriff! Groß genug, um ein wirklich bedeutendes Zielobjekt auszulöschen. Etwas, das die Einbildungskraft der Öffentlichkeit erregt. Eine Tausendschaft von Flugzeugen! Tausend Bomber über Deutschland! Wenn wir so etwas zusammenkriegten, bekämen wir in Zukunft alle Unterstützungen, die wir benötigen".[39] Tausend Bomber waren zum damaligen Zeitpunkt eine unrealistische Zahl, da die Einsatzbereitschaftsstärke des Bomber Commands damals nur knapp 400 Flugzeuge umfaßte.

Wenige Tage nach diesem ersten Gespräch kam Harris bei einem privaten Abendessen mit seinen engsten Mitarbeitern erneut auf den Plan zu sprechen.[40] Die magische Zahl von 1000 Flugzeugen war mittlerweile bei ihm zu einer fixen Idee geworden. Tausend Flugzeuge seien genau das, womit die deutsche Abwehr nicht fertig werden könne. Eng aufgeschlossen könne man damit sowohl den Nachtjagdriegel wie die Flakabwehr durchbrechen und müsse nur minimale Verluste hinnehmen. Die Frage war nur, wann man die Zahl von 1000 Flugzeugen erreichen könne.

Zu Harris' größtem Erstaunen soll Vice Marshal Saundby geantwortet haben, daß man bereits jetzt diese Stärke erreichen könne. Zunächst könne man durch beschleunigtes Indienststellen neuer Flugzeuge und durch zügige Reparaturarbeiten die Kriegsstärke der Einsatzverbände erhöhen. Dann könne man die Umschulungseinheiten[41] hinzuziehen, und schließlich gebe es ja noch die beiden Schulgeschwader Nr. 91 und 92[42], die zusammen etwa 320 Flugzeuge zählten. Hier könne man auf die Lehrbesatzungen und auf einige fortgeschrittene Schüler zurückgreifen. Damit habe man 810 Flugzeuge und Besatzungen zusammen. Weiterhin könnten sich 21 zwei-motorige Bomber mit Lehrerbesatzungen der Anfängerschulung, des Flying Training Command, beteiligen. Wenn man jetzt das Coastal Command[43], das in den vergangenen zwölf Monaten 250 Bomber des Bomber Commands leihweise erhalten hatte, dazu bringen könne, diese 250 Flugzeuge für den Einsatz abzustellen, wäre die Zahl von 1000 bereits überschritten. Vielleicht könne man sogar das Army Cooperation Command dazu bewegen, einige leichte Bomber des Typs Blenheim abzustellen.

In internen Planungen begann jetzt der 1000-Bomber-Angriff nach und nach Gestalt anzunehmen.[44] Harris wünschte, daß Hamburg angegriffen werde, und zwar in der nächsten Vollmondperiode Ende Mai. Als Alternativziel war Köln ausersehen. Für Hamburg sprach, daß der Anflug über die Nordsee möglich war, wo er nicht von deutschen Nachtjägern bekämpft werden konnte. Beim Durchstoß entlang der Elbmündung auf Hamburg würde man nur auf sehr wenige Nachtjäger stoßen. Bei Vollmond sei die Lage von Hamburg einwandfrei auszumachen, außerdem sei das Stadtgebiet durch seine Altbebauung sehr leicht in Brand zu setzen. Das Angriffsziel Köln bot den Vorteil, daß es innerhalb der Reichweite des GEE-Systems lag, somit also auch bei ungünstiger Witterung gefunden werden konnte. Bei klarer Sicht war Köln genauso leicht zu finden wie Hamburg, da sich das bebaute Gelände deutlich vom Umland abholt, außerdem bot der Rhein eindeutige Orientierungshilfen. Nachteilig war, daß der Bomberverband eine von Nachtjägern verteidigte Strecke über Holland und Westdeutschland zu überfliegen hatte.

Für das Bomberkommando erhoben sich folgende Probleme: Die Angriffszeit sollte auf 60 Minuten beschränkt werden, d. h. daß in jeder Minute etwa 17 Flugzeuge das Objekt überfliegen und ihre Bomben werfen mußten. Die Flugzeuge starteten von 50 Flugplätzen, die recht weit auseinander lagen; zwischen dem nördlichsten und südlichsten lag eine Distanz von gut 250 km.

[41] Conversion Units. In ihnen wurden erfahrene Besatzungen von 2- auf 4-motorige Maschinen umgeschult.

[42] Operational Training Units (OTU).

[43] Unterstand der Marine, die Flugzeuge wurden vorwiegend zur U-Boot-Bekämpfung eingesetzt.

[44] Heeresunterstützungskommando. Barker, 1965, S. 37–48.

Von diesen Flugplätzen mußten jetzt Bomber mit ganz unterschiedlicher Leistungsfähigkeit hinsichtlich Flughöhe und -geschwindigkeit zu einem Strom zusammengefaßt werden, der maximal 30 km breit sein durfte und sich über dem Ziel noch weiter verengte. Aus Geheimhaltungsgründen konnte so etwas nicht geübt werden. Die Stäbe mußten also ganz genaue Startzeiten errechnen, die auf jeden Fall einzuhalten waren.

Die Bedenken, daß es bei dem recht eng aufgeschlossenen Verband zu Kollisionen kommen könnte bzw. daß über dem Stadtgebiet tieferfliegende Bomber von den Abwurflasten höherfliegender Flugzeuge getroffen werden könnten, wurden durch ein Gutachten zerstreut. Demzufolge sei zwar auf diese Art und Weise mit Verlusten zu rechnen, diese würden aber aller Voraussicht nach gering sein. Weitaus ausschlaggebender sei, daß bei diesem Angriffsverfahren die deutsche Abwehr „saturiert" würde, d. h. daß gleichzeitig so viele Flugzeuge den Flakgürtel um Köln durchqueren würden, daß die Flak höchstens einzelne Flugzeuge, keinesfalls eine ganze Welle, bekämpfen könnte.

Etwa Mitte Mai trug Harris erstmals dem Oberbefehlshaber der RAF, Air Marshal Portal, seine Idee vor.[45] Portal war damit einverstanden, wenn Harris einen ausführbaren Plan vorlegte, mit dem er auch die Stabschefs der anderen Waffengattungen überzeugen konnte, außerdem mußte die politische Seite zustimmen. Harris erreichte, daß er am Sonntag, dem 17. Mai zu einem Abendessen bei Churchill eingeladen wurde. Nach dem Diner kam Harris auf seinen Plan zu sprechen und fand bei Churchill offene Ohren. Nach den Erinnerungen von Harris schloß sich noch eine lange Diskussion bis in die frühen Morgenstunden an.[46] Von dieser Sitzung fuhr er, wie er schrieb, in ausgesprochen euphorischer Stimmung zurück. Am 18. Mai sprach er erneut bei Portal vor, der einen Tag darauf seine schriftliche Zustimmung erteilte und ihm freie Hand gab, mit den Stabschefs der anderen Waffengattungen Verbindung aufzunehmen. In den folgenden drei Tagen gingen die Zustimmungen der Stabschefs des Coastal Command, des Flying Training Command, des Army Cooperation Command und des Fighter Command ein, sich mit Flugzeugen zu beteiligen, das Coastal Command allein mit 250 Maschinen.[47]

Bereits am 20. Mai hatte Harris mit persönlichem Anschreiben die kommandierenden Generäle der Bomber Groups von der „Operation Thousand" unterrichtet. Das Schreiben begann

[45] Barker 1965, S. 48 ff. PRO London: AIR 14/276.
[46] Harris 1947, S. 109 f.
[47] PRO London: AIR 14/276.

[48] PRO London: AIR 14/2024.
[49] Französisches Schimpfwort für die Deutschen.

mit dem Absatz: „Es ist beabsichtigt, zum nächsten Vollmond den größtmöglichsten Bomberverband auf eine einzelne und außerordentlich wichtige Stadt in Deutschland anzusetzen mit der Absicht, sie in einer Nacht, höchstenfalls in zweien, auszulöschen".[48] Harris führt dann weiter aus, daß er dazu hofft, über 1 000 Flugzeuge zusammenzubringen unter Hinzuziehung sämtlicher Reserven und der Trainingseinheiten sowie des Coastal Command. Bei dem Angriff solle im genannten Zielgebiet ein riesiger und nicht mehr zu kontrollierender Brand erzeugt werden, dazu müßten die Flugzeuge ein Maximum an Brandbomben laden. Weiterhin gehe er davon aus, daß bei einem derartigen Massenangriff die deutschen Abwehrkräfte überfordert seien und daher nur mit leichten Verlusten durch Flak und Jäger zu rechnen sei. Das Ziel wäre leicht zu finden, habe eine sehr große Ausdehnung und sei „ausreichend brennbar". Harris schloß mit den Worten: „Aber Sie werden mir zustimmen, ... daß die moralische Auswirkung in Deutschland und bei unseren Alliierten zu diesem kritischen Zeitpunkt enorm sein wird. Das Unternehmen wird außerdem bewirken, daß der ‚Boche'[49] einen Vorgeschmack von dem bekommt, was auf ihn noch zukommt. Ich hoffe daher, daß Sie das Äußerste dazu beitragen werden."

Am folgenden Tag bekamen die Kommandeure noch die ausdrückliche Weisung, keine Besatzungen in Urlaub zu entlassen bzw. sämtliche abwesenden Besatzungen zu den Flugbasen herbeizuzitieren. Am 24. Mai gab das Bomber Command seinen ersten Operationsbefehl aus. In einem persönlichen Schreiben an die Kommandeure der Bomber Groups übermittelte Harris einen Text, der bei der Bekanntgabe des Angriffsbefehls in den einzelnen Squadrons verlesen werden sollte:

> „Betrifft: Operation „Thousand" ... Die Streitmacht, deren Teil Sie heute Nacht sein werden, ist mehr als doppelt so groß und trägt mehr als das vierfache der Bombenlast, die jemals eine Luftwaffe auf ein einzelnes Ziel abgeladen hat. Sie haben die Gelegenheit, dem Feind einen Schlag zu versetzen, der über Deutschland hinaus in der ganzen Welt Aufsehen erregen wird.
> Nach London, New York und Liverpool ist Hamburg der bedeutendste Handels- und Industriehafen in der Welt. Hamburg ist außerdem das Hauptzentrum des deutschen U-

Boot-Baues und der Ausbildung ihrer Besatzungen, es ist der wirkliche Brennpunkt der deutschen Schiffahrtsindustrie und ein gewaltiger „Bienenstock" der allgemeinen Kriegsindustrie. In Ihrer Hand liegt es, einen großen Teil dessen zu vernichten, was die Kampfkraft des Feindes ausmacht. Es hängt jedoch von jeder einzelnen Besatzung ab, ob es ein voller Erfolg wird. Führen Sie den Angriff auf das genau festgelegte Ziel mit äußerster Entschlossenheit durch, und seien Sie sich bewußt, daß, wenn jeder von Ihnen Erfolg hat, wir dem Feind den bislang wirksamsten Schlag versetzen. Geben Sie es ihm, genau auf die Kinnspitze".[50]

Bemerkenswert ist, daß den Besatzungen der Bomber damit vorgespiegelt wurde, sie würden ein rein militärisches Ziel angreifen.

Am 25. Mai gaben die Bomber Groups ihre Einsatzbefehle an die unterstellten Squadrons.[51] Einleitend dazu heißt es, daß man die Moral des deutschen Volkes durch einen plötzlichen Angriff von unerwarteter Größe schwer treffen und dadurch auch die sowjetische Armee entlasten wolle. Der Angriff solle so massiert sein, daß es den Feuerwehren unmöglich sei, die Brände zu löschen. Abgesehen von der Auswirkung auf die Moral solle ein außerordentlich wichtiges Industrieziel zerstört werden. Es folgen dann Angaben über das Zielgebiet Hamburg, das Datum (frühestens die Nacht zum 28. Mai, spätestens die Nacht zum 1. Juni), Angaben über die von den Trainingseinheiten den einzelnen Bomber Groups unterstellten Squadrons, sowie über Anflug- und Rückflugkurs.

Die Beladung mit den einzelnen Bombentypen wurde für die einzelnen Flugzeugmuster genau festgelegt. Ein Beispiel für die 5. Group: Flugzeugmuster Hampden: je vier Container, gefüllt mit 90 Vier-Pfund-Brandbomben und je einer 500-Pfund-Bombe unter den Tragflächen; Typ Manchester: vollbeladen mit Containern, jeder mit 90 Vier-Pfund-Brandbomben bzw. 30-Pfund-Brandkanistern; Typ Lancaster: eine 4000-Pfund-Mine und acht Brandbombencontainer. Der Angriff auf Hamburg sollte auf eine Stunde begrenzt werden, alle Flugzeuge, die später eintreffen würden als 60 Minuten nach der Null-Zeit, sollten den Angriff abbrechen und zu ihren Heimatbasen zurückkehren, damit sie nicht im anbrechenden Morgenlicht von deutschen Jägern abgefangen und abgeschossen werden könnten.

[50] PRO London: AIR 14/2024.
[51] PRO London: AIR 14/2332/243/276.

Der Alternativplan für den Angriff auf Köln sah folgendes vor: Küstenüberflug bei Oudorp (51° 47′ Nord, 3° 50′ Ost), von dort in gerader Linie auf Köln. Auf diesem Kurs sollten die Bomber etwa in der Höhe von Leverkusen auf den Rhein stoßen und dort nach Südwesten auf das Zielgebiet Innenstadt einkurven. Nach dem Bombenabwurf sollten die Flugzeuge sofort den Zielraum verlassen, bei Euskirchen nach Nordwesten eindrehen, in den Sinkflug übergehen und mit höherer Geschwindigkeit nach England zurückfliegen.[52] Angriffsbeginn (Null-Zeit) war auf 0.55 Uhr festgesetzt, die Dauer des Angriffs auf 90 Minuten.

Die mit dem GEE-Gerät ausgerüsteten Flugzeuge der 1. und 3. Group hatten in den ersten 15 Minuten ihre Brandbomben auf den Zielpunkt A, den Neumarkt, zu werfen. Es handelte sich dabei um 184 zwei- und vier-motorige Bomber der Typen Wellington und Stirling. In der darauffolgenden Stunde sollten die Bomber der 1. und 3. Group ihre Last aus Brandbomben und schwersten Sprengbomben ebenfalls auf den Zielpunkt A und das umliegende Gebiet der Innenstadt werfen, gleichzeitig die 4. und die 92. Group, bestehend aus 235 Bombern der Baumuster Whitley, Hampden, Wellington und Manchester auf den Zielpunkt X, eine Meile nördlich des Zentrums und 365 Bomber der 91. und 5. Group auf den Zielpunkt Y, eine Meile südlich des Neumarkts. Die schweren vier-motorigen Bomber der Typen Lancaster und Halifax der 4. und 5. Group sollten in den letzten 15 Minuten des gesamten Angriffs ihre Bomben werfen. Von diesem Verfahren erwartete man, daß man das innere Stadtgebiet deckend mit Brandbomben überschütten könne.[53] Weitere ausführliche Angaben, die hier nicht interessieren, betreffen den Funkverkehr, Notrufsignale etc.

Es fällt auf, daß mit diesem Angriffsbefehl das Coastal Command und seine Einheit nicht mehr erwähnt werden. In der Tat hatte der Kommandeur, Sir Philip Joubert, auf Anweisung des Admiralstabs seine Zusage rückgängig machen müssen. Harris sah sich daher gezwungen, wirklich alle irgendwie einsatzbereiten Flugzeuge der Schuleinheiten einzusetzen, um die magische Stückzahl von 1000 Flugzeugen zu erreichen. Es war ihm bewußt, daß er damit ein großes Risiko einging. Er selber hatte mit 40 Totalverlusten gerechnet, Churchill sogar mit 100.[54] Diese Verluste wären hinsichtlich der Flugzeuge noch zu verkraften gewesen. Was aber, wenn unter den Besatzungen, die

[52] Küstenüberflug bei Nordland (51° 38′ Nord, 3° 36′ Ost).

[53] Ausdrücklich wurde befohlen, daß Besatzungen, die später als 90 Minuten nach Angriffsbeginn über dem Ziel eintreffen würden, den Einsatz abzubrechen hätten, um noch vor Tagesanbruch nach England zurückkehren zu können.

[54] Barker 1965, S. 47.

nicht mehr zu den Stützpunkten zurückkehren würden, besonders viele erfahrene Lehrbesatzungen gewesen wären oder die fortgeschrittensten der Flugschüler? Das hätte bedeutet, daß das ganze Ausbildungsprogramm des Bomber Commands einen schweren Rückschlag erlitten hätte und damit die geplante zügige Aufstockung über Monate hinaus unmöglich geworden wäre.[55]

Von den Flugzeugen des Flighing Training Commands, also der allgemeinen Schulverbände, konnte er nur vier Maschinen einsetzen. Die anderen waren in einem technisch derart desolaten Zustand, der sie für einen solchen Langstreckeneinsatz untauglich machte.

Immerhin wurde Harris vom Fighter Command und dem Army-Cooperation Command unterstützt. 41 leichte Bomber und Tiefangriffsflugzeuge, zu denen noch 30 leichte Bomber des Typs Blenheim von der 2. Group des Bomber Commands kamen, sollten in dieser Nacht die Flugplätze der deutschen Nachtjäger in den Niederlanden, Belgien, Nordfrankreich sowie die Plätze Vechta und Bonn-Hangelar im Tiefflug angreifen und die deutschen Nachtjäger am Start behindern. Zu dem Zeitpunkt, an dem sich die Bomber der englischen Insel auf ihrem Rückflug näherten, sollten zwölf Langstrecken-Hurricane-Nachtjäger Sicherungsflüge unternehmen, um evtl. verfolgende deutsche Nachtjäger abdrängen zu können.

Nachdem um den 20. Mai die Entscheidung für den 1 000-Bomber Angriff gefallen war, wurden keine Einsätze mehr geflogen, um die Einsatzbereitschaft des gesamten Bomber Commands zu erhöhen. Und in der Tat stiegen von Tag zu Tag die Einsatzbereitschaftsmeldungen, so daß inklusive der Flugzeuge, die Tiefangriffe fliegen sollten, am 27. Mai 1096 Bomber zur Verfügung standen.

Aus den englischen Dokumenten geht nicht eindeutig hervor, wann die Weisung erteilt wurde, nicht Hamburg, sondern Köln anzugreifen. Der endgültige Einsatzbefehl des Bomber Commands vom 26. Mai gibt sowohl Anweisungen für Angriffe auf Hamburg wie auf Köln, wobei allerdings auffällt, daß für Köln detailliertere Befehle vorlagen. Gleichzeitig weisen aber sämtliche Dokumente aus, daß bis zum 30. Mai nur von Hamburg als Hauptziel die Rede ist. Nach den Zeitzeugenbefragungen, die der englische Autor Ralph Barker Anfang der sechziger Jahre durchgeführt hat, soll Köln dagegen sehr frühzeitig als Angriffs-

[55] Webster/Frankland 1961, Bd. 1, S. 404.

ziel festgestanden haben. Lediglich zur Irreführung der deutschen Spionage habe man vom Angriffsziel Hamburg gesprochen.[56]

Laut Webster/Frankland soll die Entscheidung erst wenige Stunden vor dem Start aufgrund der Vorhersage des meteorologischen Dienstes gefallen sein, der dichte Bewölkung über Norddeutschland, aber aufgelockerte über Köln angekündigt hatte.[57]

Es gibt aber Hinweise, daß die Entscheidung, Köln als Hauptziel zu wählen, schon etliche Tage früher gefallen sein muß und man lediglich aus Gründen der Desinformation des Deutschen Geheimdienstes offiziell weiterhin von Hamburg als dem Hauptziel sprach.[58] Ein Indiz ist die Erweiterung des Einsatzbefehls am 29. Mai: „Besatzungen, die Köln nicht finden können, nehmen Kurs auf Essen; hier Zielpunkt ‚Stoat B', bebautes Gelände an der Ruhr ..."[59] Ein anderer Hinweis findet sich im Einsatzbericht der 91. Bomber Group. Hierin heißt es, man habe aus Gründen der Geheimhaltung das wahre Ziel nie genannt, aber in den Dörfern bei zweien der Flugplätze sei es ein offenes Geheimnis gewesen, welcher Stadt der Angriff gelte.[60]

Abgesehen von der Einsatzmöglichkeit des GEE-Geräts bei einem Angriff auf Köln dürfte eine Rolle gespielt haben, daß die Flugstrecke nach Köln kürzer als die nach Hamburg war und daher bei geringerer Treibstoffüllung mehr Bomben geladen werden konnten.

Der für die Nacht zum 28. Mai geplante Einsatz mußte verschoben werden, da nicht nur Deutschland, sondern auch England im Bereich eines Tiefdrucksystems lag, und die meisten Flugplätze in Nebel gehüllt waren. Auch in der kommenden Nacht war der Start nicht möglich. Der Einsatz eines Wetteraufklärers in den Morgenstunden des 30. Mai ließ Optimismus aufkommen. Um 9.20 Uhr hieß der Wetterbericht:

> „Deutschland: Gewitterwolken mit einigen Lücken in Nordwestdeutschland, nach Süden zu Auflockerungen. Plätze in Großbritannien: Bewölkung abnehmend, örtliche Gewitterschauer".

Um 13.00 Uhr war es wieder kritisch:

> „Köln: Quellbewölkung, zunehmende Aufheiterung, Wolkenbedeckung möglicherweise zu 7/10;

[56] Barker 1965, S. 47 f.
[57] aaO, S. 406 f.
[58] Siehe hierzu Barker 1965, S. 48.
[59] PRO London: AIR 14/2024.
[60] PRO London: AIR 25/751.

Nordwestdeutschland: Stärkere Bewölkung, vermutlich 8/10.
Heimatflugplätze: 1. Group meldet die Hälfte ihrer Plätze unklar wegen Nebel, desgleichen Nebel auf Plätze anderer Gruppen".

Um 17.00 Uhr sah es wieder ganz anders aus:

„Köln: Aufgelockerte Bewölkung;
Flugroute: Stärkere Bewölkung, Gewitter, bei Rückflug besser.
Heimatplätze: Im allgemeinen sehr gut, einzelne Beeinträchtigungen durch örtliche Gewitter möglich, bei Rückkehr der Bomber vereinzelte Sichtbehinderung durch Nebel möglich".[61]

Nun gab Harris das Stichwort für den Einsatz: „Operation Millenium-Cologne". Gegen 22.00 Uhr wurden auf den englischen Flugplätzen die Besatzungen zum sogenannten Briefing, also der Einsatzbesprechung, zusammengerufen. In ihren einleitenden Ansprachen ließen die Gruppenkommandeure die Katze aus dem Sack und nannten nun das Ziel: das Stadtgebiet von Köln. Die Informationen, die die Besatzungen über Köln erhielten, beschränkten sich auf Angaben über eine wichtige Industriestadt – flächenmäßig die zweitgrößte in Deutschland –, daß Köln das Zentrum zahlreicher Motoren-, Panzer- und Flugzeugfabriken sei und daß es fünf Verschiebebahnhöfe sowie eine große Dynamitfabrik gebe.

Die weiteren Angaben, die der Nachrichtenoffizier den Besatzungen bekannt gab, beruhten auf dem Zielinformationsblatt über Köln, das in letzter Ausgabe am 13. März 1942 herausgegeben worden war.[62] In der allgemeinen Information des Blattes heißt es, daß Köln das Zentrum von Handel und Verkehr und von politischen Aktivitäten der Rheinprovinz sei. „Obwohl die Stadt zahlreiche bedeutende Industrieeinrichtungen besitzt, liegt ihre Bedeutung für diesen Teil Deutschlands in ihrer Lage am Schnittpunkt zahlreicher Handelswege. Durch ihre Lage am Rhein wird Getreide, Wein und Holz umgeschlagen, die von Gebieten des Oberrheins kommen, ebenso werden Güter umgeschlagen, die auf dem Schiffswege von Norden kommen. Als Inlandhafen hat Köln eine große Bedeutung".[63]

Die nächsten Punkte betreffen die Bahnverbindungen, Brücken und größeren Verschiebebahnhöfe, die Rheinhäfen, die großen Elektrizitätswerke in Köln und der Ville und schließlich

[61] PRO London: AIR 14/3408.
[62] PRO London: AIR 14/2332, AIR 40/522.
[63] PRO London: AIR 40/522.

die Industrieeinrichtungen. Hier wird besonders hervorgehoben, daß die bedeutendsten Fabriken in den östlichen Stadtteilen Kalk und Mülheim liegen (also außerhalb des Gebietes, das als Zielmittelpunkt ausersehen war). In dem vierseitigen Anhang werden diese Einrichtungen näher beschrieben, eingeschlossen ihre Leistungsfähigkeit. Kein Wort also davon, daß Köln eine Kunst- und Kulturstadt war. Erstens war dies in den Augen des Bomber Commands von völlig nebensächlicher Bedeutung, zweitens hätte dies die Besatzungen doch irritieren können und unter Umständen eine Demotivierung herbeigeführt.

Von 22.30 Uhr bis 23.30 Uhr rollten dann 1096 Flugzeuge an den Start zum bislang größten Einsatz einer Luftwaffe in der Kriegsgeschichte; mehrere Squadrons wurden von kanadischen Besatzungen geflogen, zwei von polnischen. Rein zufällig hatte die deutsche Luftwaffe für diese Nacht auch einen Luftangriff zur Verminung der Themsemündung befohlen: 17 mittlere Bomber des Kampfgeschwaders 2 starteten vom Flugplatz Gilze-Rijen aus – mehr konnte die Luftwaffe nicht aufbieten.

Die deutsche Luftverteidigung II: Die Praxis

Der gewaltigen Streitmacht der RAF konnte die deutsche Luftverteidigung nur wenig entgegensetzen, nämlich einige Nachtjäger und die Flak um Köln.

Obwohl die Einflüge der englischen Luftwaffe in die besetzten westlichen Gebiete und in das Reichsgebiet von Sommer 1940 an laufend stärker wurden, wurde die Heimatluftverteidigung durch fliegende Verbände, in diesem Fall durch Nachtjäger, nach wie vor zweitrangig behandelt. Fast der gesamte Ausstoß an Flugzeugen ging an die Ostfront und auf den Mittelmeerkriegsschauplatz; das gleiche galt für den fliegerischen Nachwuchs.[64]

Die Luftverteidigung in Deutschland, ausgenommen Süddeutschland, lag seit März 1941 in der Hand des Luftwaffenbefehlshabers Mitte, Generaloberst Weise, dem die hier stationierten Tag- und Nachtjagdverbände, außerdem die Flakartillerie und die dazugehörigen Scheinwerfer unterstanden. Außerdem war ihr die Nachtjagddivision unter Generalmajor Kammhuber unterstellt.

[64] Zum folgenden s. Boog 1990, S. 541–560. Über die Nachtjagd siehe Aders 1977.

Kammhuber hatte seit Mitte 1940 Zug um Zug die für damalige Zeit hochmoderne Nachtjagd aufgebaut, die allerdings nie eine solche Stärke erreichte, daß sie für einen längeren Zeitraum die Angriffe der RAF unterbinden konnte. Im Mai 1942 bildeten die Nachtjäger das XII. Fliegerkorps, das in drei Jagddivisionen unterteilt war. Die fliegenden Verbände bestanden aus den Nachtjagdgeschwadern 1 – 3; das Nachtjagdgeschwader 4 lag in Süddeutschland und war Kammhuber nicht unterstellt. Im Mai 1943 sollte die Nachtjagd über 367 Flugzeuge und Besatzungen verfügen. Als Folge einer stark gedrosselten Produktion des Flugzeugtyps Messerschmitt 110 und einer stark verschleppten Ausbildung betrug die Ist-Stärke nur etwa 260 Flugzeuge und 330 Besatzungen, von denen lediglich 159 Maschinen und 197 Besatzungen einsatzbereit waren.[65] In dem Raum, den die englischen Bomber am 30./31. Mai durchfliegen sollten, verfügte die Nachtjagd insgesamt etwa über 60 Flugzeuge. Vorwiegend handelte es sich dabei um den Zerstörer (2-motoriges Jagdflugzeug) Messerschmitt Bf 110, um die aus dem leichten Bomber abgewandelte Junkers Ju 88 C und die ebenfalls aus einem Bomber entwickelte Dornier Do 217 J.

Einige dieser Flugzeuge, vor allem die Besatzung der III. Gruppe des Nachtgeschwaders 2, operierten an der niederländischen und deutschen Küste nach dem sogenannten AN-Verfahren. Hier standen Funkmeßgeräte[66] des Typs Freya. Das Gerät hatte eine Reichweite von gut 150 km, konnte also sehr frühzeitig Flugzeuge erfassen, aber nicht deren Flughöhe messen. Zur Höhenmessung mußten zwei Geräte des Typs „Würzburg“ eingesetzt werden, die aber eine deutlich geringere Reichweite hatten. Wurde mit dem Freya-Gerät ein Flugziel erfaßt, das auf einer Kathodenstrahlröhre als Zacken erschien, wurde ein Nachtjäger diesem Feindziel entgegen- bzw. hinterhergeschickt. Das Nachtjagdflugzeug erschien als ein zweiter Zacken auf dem Bildschirm. Durch entsprechende Korrekturbefehle, die in Deckworten verschlüsselt waren, führte der Nachtjagdleitoffizier den Jäger an den Bomber heran. Da nur wenige Nachtjagdflugzeuge eigene Bordradargeräte hatten, mußte sich der Flugzeugführer blind auf die Angaben des Jägerleiteroffiziers verlassen. Dieses Verfahren war nur dann erfolgreich, wenn Pilot und Leitoffizier gut aufeinander eingespielt waren.

Hinter dieser sogenannten Dunkelnachtjagdzone lag die Zone der hellen Nachtjagd, die „Kammhuber-Line“. Von Schleswig-

[65] Materialsammlung des Verfassers.
[66] Im folgenden werden sie als Radargeräte bezeichnet, da sich diese englische Bezeichnung durchgesetzt hat.

[67] Das hieß also, daß ein Bomberstrom von etwa 45 Kilometer Breite im hellen Nachtjagdgürtel nur von einem Nachtjäger bekämpft werden konnte, maximal von dreien, falls von den beiden Nachbarräumen Jäger hineingeführt wurden.

[68] Materialsammlung des Verfassers.

Holstein bis Süd-Belgien war ein ununterbrochener, etwa 30 km breiter Gürtel von Scheinwerfern aufgestellt worden. Der Nachtjäger kreiste in einem Warteraum hinter dem Scheinwerfergürtel über einem Funkfeuer. Näherte sich ein Feindflugzeug dem Scheinwerfergürtel, wurde es von einem radargesteuerten Leitscheinwerfer beleuchtet. Die anderen Scheinwerfer schwenkten dann auf das erkannte Flugziel und der Nachtjäger flog in diese Zone zur Bekämpfung des von unten angestrahlten Feindflugzeuges ein. Dieses System bewährte sich ausgezeichnet. Da aber die Produktion der starken Scheinwerfer unzureichend war und auch die durch Flak verteidigten Städte dringend Scheinwerfer brauchten, wurden Ende 1941/Frühjahr 1942 immer mehr Scheinwerfer abgezogen, um die Abwehr der Großstädte zu verstärken.

Dafür wurde das Jäger-Führungsverfahren verbessert. Ein Funkmeßgerät erfaßte das Feindflugzeug, ein zweites den im Warteraum kreisenden Jäger. Beide Kurse wurden auf einem Auswertetisch, dem sogenannten Seeburg-Tisch aufgezeichnet und der Nachtjäger über Funkspruch an das Feindflugzeug herangeführt. Gegen ein einzelnes Flugzeug bewährte sich dieses System ausgezeichnet. Es hatte grundsätzlich den Nachteil, daß in einem Raum von 22 km Tiefe und 45 km Breite nur ein einziger Nachtjäger durch Radargeräte geführt werden konnte. Es gab eben zum damaligen Zeitpunkt noch keine Rundumsuchgeräte, wie man sie heute kennt, und noch keine Panoramabildschirme, auf denen eine Vielzahl von Flugzielen zu erkennen sind. Man ließ zwar einen zweiten Jäger als Reserveflugzeug im Warteraum kreisen, aber zur Bekämpfung konnte immer nur einer eingesetzt werden. Wenn jetzt binnen kurzer Zeit viele Flugzeuge sich diesem Nachtjagdgebiet näherten, wurde nur eins bekämpft, die anderen stießen ungehindert hindurch.[67] Bedingt durch die begrenzte Reichweite der Würzburg-Geräte konnte jenseits des sogenannten hellen Gürtels ein Feindflugzeug nur noch auf einer Strecke von 30 km verfolgt werden. Dann hatte der Bomber „freie Fahrt“ bis zum Zielobjekt, wo er in den Bereich der Flak geriet.

Die Kölner Flak war nach Kriegsausbruch bedeutend verstärkt worden. Aus der II. Abteilung des Flakregiments 14 (in Köln-Ossendorf) mit fünf Batterien wurden bei Kriegsausbruch die Flakabteilungen 145 bis 148 aufgestellt, die letztere war eine Scheinwerferabteilung.[68] Aus dem Stab des Flakregiments 14 wurde die Flakgruppe Köln (Kommandeur Oberst Cohrs), aus den Abteilungen die sogenannten Untergruppen. Das Stadtgebiet Köln war sektorenförmig aufgeteilt. Das linksrheinische Stadtgebiet, das wegen der Einflüge aus Westen am stärksten gefährdet war, erhielt die Sektoren, die von den Untergruppen Klettenberg, Ossendorf und Bayenthal verteidigt wurden, das rechtsrheinische Stadtgebiet gehörte zur Untergruppe Mielenforst. Zu diesen vier Untergruppen gehörten jeweils vier schwere Flakbatterien. Die leichte und mittlere Flak hatte man aus den ursprünglich gemischt aufgestellten Abteilungen herausgezogen und zur Flakuntergruppe Deutz zusammengefaßt.[69] Zur Verteidigung des westlichen Vorfeldes gab es die Untergruppe Fortuna, die zum Schutz des Braunkohlenreviers vorwiegend mit leichten Flakbatterien ausgerüstet worden war.[70] Für den gesamten Großraum Aachen – Bonn – Köln – Leverkusen war nach Kriegsausbruch das Luftverteidigungskommando 7 aufgestellt worden, das im September 1941 in 7. Flakdivision umbenannt worden war; Kommandeur war Generalmajor Burchard.

Die schweren Flakbatterien hatten ihre Stellungen auf freiem Feld in einem Abstand vom Schutzobjekt, der eine Feuerwirkung weit vor der Bombenabwurfszone ermöglichte. Einige der Stellungen lagen allerdings auch zwischen bebautem Gebiet, z. B. im Blücherpark oder am Aachener Weiher. Die Stellungen der Batterien waren so ausgesucht, daß ein Flugzeug innerhalb der Bombenabwurfszone, d. h. in einem Radius von 5 km um das Stadtzentrum, von mindestens drei Batterien bekämpft werden konnte. Die schweren Flakbatterien verfügten 1942 über vier, möglicherweise auch schon über sechs Flakgeschütze Kaliber 8,8 cm. Die Geschütze waren in der Regel ortsfest eingebaut, d. h., ihre Sockel waren auf einer Betonplatte fest verschraubt. Umgeben waren sie mit einem ca. 1,5 bis 2 Meter hohen Erdwall zum Schutz gegen in der Nähe detonierender Bomben. Häufig waren auch die Unterkünfte in die Erde gebaut und mit Schutzwällen versehen. Die Munitionsbunker waren am Stellungsrand besonders geschützt angelegt, die Bereitschaftsmunition lagerte in den Deckungswällen der Geschützstellungen. Die Mündungsgeschwindigkeit einer Sprenggranate des Geschützes 8,8 cm-Flak 18/36 betrug 820 Meter in der Sekunde, die Schußweite lag bei knapp 15 Kilometern und die Schußhöhe bei 10 000 Metern. Die Feuergeschwindigkeit richtete sich nach der Leistungsfähigkeit

[69] Die leichten Flakgeschütze waren zur Abwehr von möglichen Tieffliegerangriffen aufgestellt worden, vorwiegend am Rheinufer und auf den Brückentürmen.

[70] Zur 7. Flakdivision gehörten weiter die Flakgruppen Brühl, Aachen, Leverkusen und Wuppertal. Zu dem Aufbau, der Ausrüstung und dem technischen Einsatz einer schweren Flakbatterie siehe Melzner, F. G., die schwere Flakbatterie der Luftwaffe in der Reichsverteidigung 1943 – 1945, in: Zeitschrift für Heereskunde 1988, Heft 335 und 336.

Geschützexerzieren an einem 8,8 cm-Flakgeschütz der Flakgruppe Köln

der Ladekanoniere und der Rohrerhöhung und betrug etwa 12 bis 15 Schuß pro Minute.

Nachtjäger und Flak wurden in der Regel frühzeitig davon unterrichtet, ob mit einem Einflug des Gegners zu rechnen sei. War nach der Wettervorhersage mit Schlechtwettergebieten über England zu rechnen, war ein Start der Bomber unwahrscheinlich; meist wurde dann das Stichwort „Krähe“ durchgegeben. Schönwetterperioden, besonders mondhelle Nächte waren hingegen ein Alarmsignal. Vor allem, wenn in der englischen Aktivität für längere Zeit eine Ruhepause eingetreten war, konnte die Reichsluftverteidigung davon ausgehen, daß die Gegenseite ein größeres Unternehmen plante. Ein weiteres Hilfsmittel war der Funkhorchdienst. Obwohl die englischen Luftstreitkräfte in der Regel eine strenge Funkdisziplin wahrten, war vor einem Luftangriff eine höhere Aktivität der Bodenfunkstation Englands festzustellen; dementsprechend wurden die höheren Kom-

Befehlsstand der Flakgruppe Köln in Bocklemünd: Flugmeldetafeln in unterschiedlichen Maßstäben

mandostellen der Luftwaffe vorinformiert und an die Truppe das Stichwort „Fusan" durchgegeben.

Und so wird es auch am Samstag, dem 30. Mai 1942 gewesen sein. Der letzte englische Großeinsatz lag fast zehn Tage zurück, es war Vollmond und die Bewölkung über Köln und dem ganzen Rheinland lockerte auf. Außerdem wird der Horchdienst gehört haben, daß sich in England etwas zusammenbraute. Und so konnten Nachtjäger wie Flak davon ausgehen, daß in dieser Nacht die englischen Bomber starten würden. Natürlich war völlig unbekannt, welche Stadt das Zielobjekt in dieser Nacht sein würde. Ankommende Bomber konnten gut 150 Kilometer vor der niederländischen Küste durch die deutschen Radargeräte erfaßt werden, die Meldungen gingen gleich bei den entsprechenden Gefechtsständen ein und vom ersten Auftauchen an wurden die Flugziele auf den großen Gefechtsstandkarten „geführt". War die Spitze der Flugzeuge etwa 300 Kilometer entfernt, wurden die Flakbatterien alarmiert. Die Mannschaften rannten zu den Geschützen und Geräten, die Fernsprechverbindung wurde auf Ringschaltung gelegt. Damit wurden alle Batterien untereinander sowie mit dem Gefechtsstand der Flakuntergruppe verbunden.

Soweit vorhanden, wurden zu diesem Zeitpunkt auch schon die Funkmeßgeräte eingeschaltet, und sie schwenkten in die Richtung des vermuteten Einflugs. 1942 war etwa ein Drittel aller Flakbatterien bereits mit dem Radargerät T 39 bzw. T 40, dem Würzburg-Gerät, ausgerüstet, ebenso die Scheinwerferbat-

Befehlsstand der Flakgruppe Köln in Bocklemünd: Auswertetisch

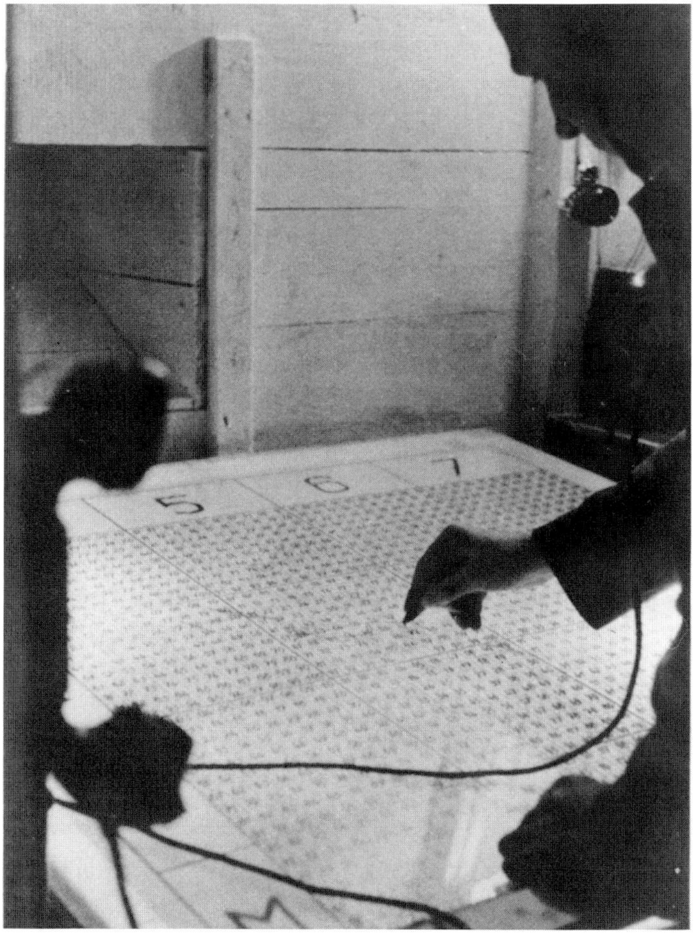

terien. Das Gerät hatte eine Reichweite von etwa 40 Kilometern und eine Meßgenauigkeit von 25 bis 40 Metern. Der Bedienungsschrank hatte zwei Kathodenstrahlröhren für die Entfernungs- und Höhenmessung, auf denen das Flugziel als großer Zacken zu sehen war. Die ermittelten Werte wurden ursprünglich telefonisch, später automatisch-elektrisch an das unten beschriebene Feuerleitgerät übertragen bzw. an den Leitscheinwerfer.

Viele der Scheinwerferbatterien waren zum damaligen Zeitpunkt aber noch mit Horchgeräten ausgestattet, die mit vier großen Trichtern ausgestattet waren, die wie riesige Ohren schon auf große Entfernung die Motorengeräusche anfliegender

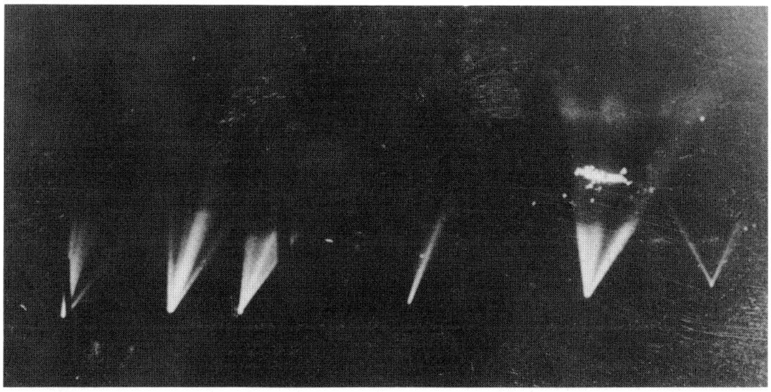

Scheinwerfer über Köln, rechts massives Flakfeuer

Flugzeuge auffassen konnten. Der bedienende Soldat trug einen Kopfhörer und schwenkte langsam das Horchgerät in die Richtung der stärksten Geräuschquelle, so daß eine wenigstens grobe Richtung erkannt wurde, aus der das Flugzeug kommen mußte. Bei vielen, gleichzeitig sich nähernden Zielen entstand ein „Geräuschsalat", der ein exaktes Anpeilen unmöglich machte.

Etwa 15 Minuten vor dem erwarteten Eintreffen der Feindflugzeuge wurde „Feuerbereitschaft" bzw. „Leuchtbereitschaft" befohlen. Bei den Scheinwerferabteilungen wurden die Gasbrenner der Scheinwerfer, die Spiegel von zwei Metern Durchmesser besaßen, eingeschaltet und die Scheinwerfer in die Richtung geschwenkt, aus der das Flugzeug bzw. die Flugzeuge kommen mußten.

Jetzt wurde auch bei den Flakbatterien das Feuerleitgerät, das sogenannte Kommandogerät eingeschaltet. Auf das Kommandogerät war ein Entfernungsmesser von vier Metern Breite aufgesetzt. Über ein Hilfsvisier richteten zwei Soldaten den Entfernungsmesser grob nach Seiten- und Höhenwinkel auf das Flugziel ein, bis der durch eine Optik mit 20- bzw. 32facher Vergrößerung schauende Entfernungsmeßmann erkannte, daß das Flugziel aufgefaßt war. Das gleiche taten dann auch die für die Feststellung des Seiten- und Höhenwinkels verantwortlichen Soldaten. Wenn die Fadenkreuze in den Optiken auf die Nase des Flugziels wiesen, wurde das Kommandogerät eingeschaltet. Nun liefen die Meßwerte für Entfernung, Seiten- und Höhenwinkel in das Kommandogerät ein und die Ermittlung der Schußwerte begann. Jetzt begannen in dem Kommandogerät 25 kleine Elektromotoren zu laufen, die eine Vielzahl von Reibradgetrieben, Kugelkalotten und Differentialen sowie die dazugehörigen Abtaststifte bewegten; es war also ein mechanischer Computer.

In das Gerät waren bereits am Morgen bestimmte Daten eingegeben worden, z. B. Luftdruck, -temperatur und -feuchtigkeit, Windrichtung und -geschwindigkeit. Weitere Werte betrafen die Munitionsart, die Pulvertemperatur und -feuchtigkeit sowie den Zustand der einzelnen Geschützrohre. Jetzt errechnete das Kommandogerät die Schußwerte für den Seitenwinkel, die Rohrerhöhung und die Zünderlaufzeit bis zum Treffpunkt. Diese wurden ständig durch ein 108-adriges Kabel zu den Übertragungsgeräten an den Geschützen geliefert. Sämtliche Geschütze einer Batterie bekämpften dasselbe Ziel, unter Umständen konnte befohlen werden, daß zwei oder drei benachbarte Batterien das gleiche Flugziel bekämpften, mitunter also 12 bis 18 Geschütze auf ein Flugzeug gerichtet waren. Die Geschütze wurden von zwei Kanonieren mit Hand nach Höhe und Seite gerichtet, ein dritter Kanonier, der auf dem Geschütz saß, stellte zwei Patronen mit der Spitze nach unten in den Zünderstelltopf. In diesem Topf wurden die Laufzeiten für den Zeitzünder der Granate eingestellt.

War die Feuerbereitschaft hergestellt und das Flugziel im Bekämpfungsbereich der Batterie, wurde das Feuerkommando gegeben. An den Geschützen rasselte die sogenannte Feuerglocke los, und der Ladekanonier riß die Granatpatrone aus der Zünderstellmaschine, lud und feuerte ab, sobald die Feuerglocke verstummte. Theoretisch mußten die Granaten wenige Meter vor dem Flugzeug detonieren. Aber eben nur theoretisch. Denn es gab eine Vielzahl von Einflüssen, die eine sehr genaue Schußablage verhinderten.

Da konnte es zunächst vorkommen, daß der Flugzeugführer kurvte oder Ausweichbewegungen flog, die nicht rechtzeitig von der Bedienung des Kommandogeräts erfaßt wurden. Weiterhin waren die zuvor eingegebenen Werte mit den meteorologischen Daten, den Angaben über den Zustand des Pulvers und der Geschützrohre auch nur Annäherungswerte und schließlich betrug die Zeitspanne von den Ermittlungen der Schießwerte bis zur Detonation der Granate bei einer Schußentfernung von 8000 Metern rund 24 Sekunden. Die Flugzeuge, die den Abfeuerungsblitz auf der Erde beobachteten, konnten also dann noch eine Ausweichbewegung fliegen. Bei Tag und guter Sicht konnten nach Beobachtung der Geschoßsprengpunkte unter Umständen noch Korrekturen vorgenommen werden, bei Nacht war es so gut wie ausgeschlossen. Hatten die hochempfindlichen und störanfälligen Funkmeß- oder Kommandogeräte einen Defekt oder unterliefen der Bedienungsmannschaft des Kommandogerätes bei der Ermittlung der Fluggeschwindigkeit oder der Höhe des Zieles nur geringe Fehler, war ein gezieltes Schießen unmöglich. Das gleiche trat ein, wenn die Scheinwerfer ein Flugzeug verloren hatten. Dann blieb der Batterie nur noch übrig, Sperr- oder Barrikadenfeuer zu schießen. Dabei wurden in die allgemeine Anflugrichtung mit festeingestellten Werten für Rohrerhöhung, Seiteneinstellung und Zünderlaufzeit Dauerfeuer geschossen. Das einzige Ergebnis hier war ein erheblicher Munitionsverbrauch und Rohrverschleiß, der Erfolg gleich Null.[71]

Alles in allem konnten zur Abwehr eines Luftangriffs aus westlicher oder nordwestlicher Richtung in Köln etwa 20 Flakbatterien zum Einsatz gebracht werden. Wenn, wie üblich, drei bis vier Batterien auf dasselbe Flugziel schossen, konnte die Kölner Flak gleichzeitig bestenfalls fünf Feindflugzeuge bekämpfen; bei der damals noch geringen Ausstattung mit Funkmeßgeräten dürften es noch weniger gewesen sein, schätzungsweise drei Flugzeuge. Die anderen konnten unbeleuchtet und unbeschossen über Köln fliegen und ihre Bombenlast abwerfen.

Die Flakgruppe Köln wurde noch durch eine weitere Maßnahme behindert: Seit Sommer 1941 hatte man im Großraum Köln den sogenannten kombinierten „Nachtjagdraum Kolibri“ errichtet. Eine Staffel Nachtjäger auf dem Flugplatz Hangelar (5./NJG 1) sollte über Köln gemeinsam mit der Flak die einfliegenden Bomber bekämpfen. Da man den Nachtjägern größere Erfolge zutraute als der Flak, durften Feindflugzeuge, die von einem Nachtjäger verfolgt wurden, nicht von den Geschützen beschossen werden. Der Kurs der Nachtjäger wurde ständig über Radargeräte verfolgt und in den Planquadraten, wo sich der Nachtjäger „am Feind befand“, erhielten die Flakbatterien Feuerverbot. Während eines Gefechtes erhielten die Batterien entsprechende fernmündlich übermittelte Befehle, doch kam es allzuoft vor, daß die Geschütze weiterfeuerten und der Nachtjäger, selbst in erfolgreicher Position hinter dem Bomber, seinen Angriff abbrach.

Belege dafür, daß Kölner Flakbatterien kurz vor dem Angriff abgezogen worden sind, ließen sich nicht ermitteln. Es kann durchaus sein, daß zum damaligen Zeitpunkt Flakstellungen ge-

[71] Hitler war übrigens ein großer Anhänger des „Flaksperrgürtels“. Er hatte das verheerende Trommelfeuer im Ersten Weltkrieg erlebt und gesehen, daß hier kein Durchkommen war. Ähnliches wollte er im dreidimensionalen Raum angewendet wissen. Hitlers Ideen wurden in einer Denkschrift aus dem Jahre 1943 eindrucksvoll widerlegt: Demnach war bei einem effektiven Sprengradius von zehn Meter für eine Flakgranate bei der Ausdehnung eines anfliegenden Feindbomberverbandes von 1 Kilometer Höhe, 2 Kilometer Breite und 3 Kilometer Tiefe eine Anzahl von 7,5 Millionen Flakgeschützen notwendig gewesen, um den Verband unter zentraler Abfeuerung wirksam zu bekämpfen. Boog, Horst, Die Deutsche Luftwaffe und Führung 1935 – 1945, Stuttgart 1982, S. 208.

räumt wurden, um zwei Batterien zu einer Doppelbatterie zusammenzufassen. Weiterhin sind auch Flakstellungen aufgegeben worden, da sich herausgestellt hatte, daß sie ungünstig gelegen waren.[72] Bei der Häufigkeit der Luftangriffe auf Köln wäre es taktisch völlig unsinnig gewesen, die Flakverteidigung zu schwächen.

Der Ablauf des Angriffs

Noch vor den Bombern mit Köln als Ziel waren die 85 leichten Bomber und Tiefangriffsflugzeuge der 20. Bomber Group, des Army Cooperation Commands und des Fighter Commands zu ihren Angriffen auf die deutschen Nachtjagdflugplätze in Holland gestartet. Der Auftrag der „Intruder" war es, der nachfolgenden Bomberstreitmacht den Weg frei zu kämpfen, indem sie den Einsatz der deutschen Nachtjäger durch Bombardierung der Startbahnen und Beschuß der Flugzeughallen behinderten.[73] Die meisten von ihnen fanden die zugewiesenen deutschen Fliegerhorste, was bei Nacht und im Tiefflug eine navigatorische Meisterleistung war. Acht leichte Blenheim-Bomber stießen sogar bis zum Flugplatz Bonn-Hangelar vor, der mehrfach in der Zeit von 0.34 bis 1.15 Uhr angegriffen wurde. Im Abschlußbericht des Bomber Commands wurde darauf hingewiesen, daß der Einsatz der 50 leichten Bomber und 35 Tiefangriffsflugzeuge des Jägerkommandos keine große Auswirkung auf den Flugbetrieb der deutschen Nachtjäger gehabt habe. Dies dürfte nicht ganz richtig sein. Zwar wurde nur ein deutscher Nachtjäger abgeschossen und einer beschädigt[74], doch hat das Erscheinen der „Intruder"[75] über den Nachtjagdflugplätzen zu einer nicht unwesentlichen Verspätung des Starts der ersten deutschen Nachtjagdwelle geführt.

Die ersten vier-motorigen Stirling-Bomber der 15. Squadron dürften gegen 22.40 Uhr die niederländische Küste erreicht haben. Die deutsche Abwehr schien völlig überrascht zu sein. Die Besatzungen der ersten Verbände berichteten übereinstimmend, daß sie im Küstenvorfeld auf keine deutschen Nachtjäger gestoßen seien und der Flakbeschuß durch Küstenstellungen sehr mäßig gewesen sei. Auch die folgenden Bomberwellen stießen fast unbehelligt durch die vorderste deutsche Abwehrreihe.

Die Untätigkeit der deutschen Nachtjagd und Flak im Kü-

[72] Auf Luftbildern lassen sich zahlreiche Flakstellungen ermitteln, die aufgegeben worden sind.

[73] Siehe hierzu Barker 1965, S. 126 – 132; PRO London: AIR 14/3408.

[74] Vier englische Maschinen gingen verloren, eine wurde beschädigt.

[75] Die englische Bezeichnung für Langstrecken-Tiefangriffsflugzeuge, wörtlich: Eindringlinge.

stenbereich erscheint zunächst rätselhaft, da man davon ausgehen müßte, daß Funkhorchdienst und Radarfrühwarnanlagen den Beginn eines Luftangriffs hätten frühzeitig erkennen müssen. Aber die Vielzahl der auf vergleichsweise schmaler Front anfliegenden Bomber überforderte die deutschen Radarstellungen. Auf deren Bildschirmen erschienen nicht, wie bislang gewohnt, einige wenige große Zacken, die sich deutlich von dem sog. Rauschsignal abhoben, vielmehr waren jetzt über die ganze Breite große Zacken zu sehen. Die Bedienungen glaubten zunächst an elektrische Fehler oder an neue Funkstörverfahren der Engländer.[76] Als man dann erkannte, daß es in der Tat viele Flugziele seien, war es zu spät, um Nachtjäger rechtzeitig in das Küstenvorfeld zu schicken. Da die Gerätebedienungen den Jägerleitoffizieren nur die Werte für jeweils ein Feindflugzeug übermittelten, erfuhren auch die Leitstellen nichts über die wirkliche Größe des einfliegenden Bomberverbandes. Weil die Luftwaffe in der Nacht zum 31. Mai buchstäblich blind war, glaubte sie noch einen Tag später, daß nur etwa 70 – 80 Bomber eingeflogen seien.

[76] Materialsammlung des Verfassers zum deutschen Radarwesen.

Noch vor Erreichen der Festlandküste kehrten etliche Bomber um: Ein Pilot bekam einen Kreislaufkollaps, zwei glaubten über Funk ein Rückrufsignal gehört zu haben, 70 Maschinen kehrten mit technischen Problemen um oder weil ihre Tragflächen vereisten. Es war den Piloten befohlen, unter allen Umständen über die Wolken zu steigen, und damit hatten etliche Bomber Probleme, vor allem die des Typs Manchester. Bei diesem schweren Bomber waren jeweils zwei Motoren auf eine Luftschraube gekoppelt, und dieser Doppelmotor neigte bei Vollgas zu Überhitzung. Sechs Manchester der 5. Group kehrten frühzeitig um, die anderen flogen unterhalb der Wolken in 2700 Meter Höhe weiter.

Fast alle Piloten berichteten später, bei diesem Einsatz außerordentlich nervös gewesen zu sein. Nur wenige flogen auf völlig unbeirrt geradem Kurs, die meisten hingegen mit den gewohnten Wellenbewegungen, um einem Nachtjäger, der möglicherweise im Anflug war, ein schlechtes Ziel zu bieten. Bei diesem ständigen Pendeln wuchs natürlich die Gefahr, daß zwei Bomber miteinander in der Luft kollidierten. Mit äußerster Anspannung starrten sämtliche Besatzungsmitglieder in die Nacht, um rechtzeitig einen feindlichen Nachtjäger oder einen auf sie zuhaltenden eigenen Bomber auszumachen und den Piloten rechtzeitig zu warnen.[77] Es nimmt nicht Wunder, daß viele Besatzungen in dieser Nacht Phantome gesehen haben, z. B. einmotorige deutsche Nachtjäger (die zu diesem Zeitpunkt nicht im Einsatz waren[78]) oder im Raum Köln ganze Schwärme von Ju 88-Nachtjägern, die man bestenfalls im Küstenbereich hätte sichten können.

Der erste Bomber wurde von einer Küstenflakbatterie bei Oudorp um 0.27 Uhr abgeschossen. Um 0.45 Uhr schoß Stabsfeldwebel Herzog (I./NJG 1) eine Wellington bei Zaltbommel ab, also im Bereich des „hellen Nachtjagdgürtels". Wenige Minuten später wurde bei Tilburg eine weitere Wellington durch Oberleutnant Streib, der zum selben Verband gehörte, abgeschossen. Zu diesem Zeitpunkt waren die ersten beiden Stirling-Bomber im Raum Köln angekommen, fast 20 Minuten zu früh und trotz des GEE-Navigationsgerätes zu weit südlich. Die Piloten der beiden Maschinen, McDonald und Gilmoure, mußten jetzt nach Norden einkurven, also entgegengesetzt der Richtung, aus der jetzt die anderen Bomber zu erwarten waren. Unter Flakbeschuß, den sie später als „unkoordiniert" bezeichneten, drehten sie nach Norden ein und warfen um 0.38 Uhr ihre Brandbomben in die Gegend um den Neumarkt. Als sie abdrehten, wurde der Flakbeschuß heftiger, und sie bemerkten, daß rund um Köln die Brände der Scheinanlagen aufflammten.[79]

Als nächster erreichte Sergeant Langton von der 9. Squadron das Zielgebiet, ebenfalls einige Minuten zu früh. Sein Navigator bemerkte die Scheinbrände in Köln und bat seinen Flugkapitän, langsamer zu fliegen, um einwandfrei festzustellen, ob es bereits Brände im befohlenen Zielgebiet gab. In der Tat bemerkten sie die ersten Feuer in der Gegend um den Neumarkt und warfen sehr genau ihre Brandbomben in diese Region. Unmittelbar danach wurde die Wellington von der Flak getroffen, ein Motor geriet in Brand. Die beschädigte Maschine ging immer tiefer und machte bei Antwerpen eine Bruchlandung.

Die Kölner Flakbatterien waren um 23.45 Uhr mit der Meldung alarmiert worden, daß sich in einer Entfernung von 140 bis 240 Kilometern zahlreiche Flugzeuge im Anflug befänden. Um 0.05 Uhr wurde Alarmbereitschaft befohlen, zwei Minuten später meldeten die Batterien die Herstellung ihrer Feuerbereitschaft. Um 0.32 Uhr wurden auf der Gefechtsstandskarte der Flakdivision Köln zahlreiche Flugzeuge in den südlichen und westlichen Sektoren erfaßt, zu diesem Zeitpunkt noch in einer

[77] Es ist nur eine Kollision in der Nähe von Mönchengladbach beobachtet worden.

[78] In den Einsatzbesprechungen der englischen Bomberverbände wurde den Besatzungen immer wieder gesagt, daß die Luftwaffe das einmotorige Jagdflugzeug Messerschmitt Bf 109 auch als Nachtjäger einsetze. Abgesehen von einigen Versuchseinsätzen 1940 und 1941 geschah das erst ab Juli 1943. Aber da man die Bomberbesatzungen vor der Me 109 gewarnt hatte, wurde sie auch prompt gesichtet.

[79] Scheinanlagen wurden in unbebautem Gelände am Stadtrand angelegt. Sie simulierten z. B. Flugplatzanlagen, Bahnhöfe, Industrieanlagen oder Wohngebiete. Hier wurde in großen Wannen ölgetränktes Stroh entzündet. Hierdurch sollte vorgetäuscht werden, daß ein großes, brennbares Ziel getroffen worden sei, und damit sollten weitere Flugzeuge verleitet werden, darauf ihre Bomben zu werfen. Durch Luftaufklärung wurden diese Scheinanlagen regelmäßig erfaßt und in den Einsatzbesprechungen wurden den Piloten regelmäßig Dias gezeigt, die Lage und Aussehen dieser Anlagen zeigten, um sie davon abzubringen, ver-

Entfernung von 40 Kilometern. Um 0.37 Uhr begannen die ersten Batterien zu schießen, vermutlich auf die oben erwähnten beiden Stirling.

Zugleich mit den Flakbatterien war auch die Luftsperrabteilung 101 alarmiert worden, die in der Nähe der Rheinbrücken und entlang des Ufers ihre Sperrballone aufsteigen ließ. Diese dicken „Gummiwürste" mit herabhängenden Kabeln sollten Flugzeugen, die im Tiefflug angriffen, die Tragflächen beschädigen und sie so zum Absturz bringen.

In der folgenden Viertelstunde erreichten die 169 mit dem GEE-Gerät ausgerüsteten Wellington und Stirling der 1. und 3. Group Köln und warfen ihre Brandbomben in die Stadtmitte. Es folgten die 181 Maschinen der beiden Gruppen, die nicht mit diesem Gerät ausgestattet waren. In jeder Minute erschienen nun fast 24 Flugzeuge am Nachthimmel über Köln, das Flakfeuer wurde rasend, mehrere Maschinen wurden getroffen und einige von ihnen gezwungen, ihre Bomben schon im Anflug abzuwerfen. Gegen Ende dieser Gefechtsphase verzettelte sich das Abwehrfeuer der Flak, einige Batterien stellten das Feuer ein, da die Scheinwerfer die ankommenden Flugziele nicht korrekt führen konnten. Einige Batterien mußten auch feststellen, daß ihre Kommandogeräte nicht einwandfrei arbeiteten und eine viel zu geringe Geschwindigkeit der Bomber ermittelten, so daß die Sprengpunkte der Geschosse hinter den Flugzeugen lagen.

Nachtjäger, die im hellen Nachtjagdgürtel kreisten, meldeten von 1.00 Uhr an mehrere Abschüsse. Das werden Nachzügler der ersten Welle gewesen sein oder die Spitze der zweiten Welle.[80]

Einige der Bomber waren weit vom Kurs abgekommen und gerieten in den Feuerbereich von Flakbatterien außerhalb der Schutzzone von Köln. So stürzte um 1.08 Uhr eine Whitley bei Stürzelberg ab, die von der Neußer Flak getroffen worden war, um 1.17 Uhr eine Stirling bei Gelsenkirchen-Buer, zur gleichen Zeit eine Wellington bei Dortmund-Mengede. Einer Manchester, die nördlich von Köln von der Flak getroffen wurde, gelang um 1.19 Uhr eine Bauchlandung auf dem Flughafen Düsseldorf-Lohhausen.

Ungeklärt bleibt der Hintergrund der vielfach zitierten Behauptung, daß in der ersten Phase englische Flugzeuge im Tiefflug, teilweise mit abgestellten Motoren, Scheinwerfer- und Flakstellungen angegriffen hätten, um diese durch Bomben und Bordwaffen auszuschalten bzw. niederzuhalten. Diese Behaup-

sehentlich auf diese Anlagen ihre Bomben zu werfen. Die Luftbilder zeigen, daß gleichwohl solche Scheinanlagen regelmäßig bombardiert worden sind.

[80] Zwischen 1.00 und 2.00 Uhr wurden zwölf Bomber durch sieben Nachtjäger abgeschossen. Die Abschüsse lagen etwa 40 Kilometer voneinander entfernt. Das ist in etwa ein Hinweis auf die Breite des Bomberstromes. Fünf Abschüsse wurden ostwärts des hellen Nachtjagdgürtels im Bereich zwischen Maastricht und Bergheim durch Flugzeugführer eines Sonderkommandos der II./NJG 1 erzielt, deren Flugzeuge mit Bordradargeräten ausgerüstet waren.

tung findet sich bei Winkelnkemper, dann in einem Vortrag über die jüngste Entwicklung des Luftkriegs, den 1942 ein namentlich nicht genannter höherer Polizeioffizier gehalten hat.[81] In den Einsatzbesprechungen wurden solche Tiefangriffe nicht befohlen. In den Einsatzberichten der Squadrons, die in Kurzform Berichte der einzelnen Flugzeugbesatzungen enthalten, ist nur ein einziger Hinweis zu finden, daß eine einzelne Maschine, eine Blenheim der 14. Squadron, nach dem Angriff auf den Flugplatz Hangelar zwei Scheinwerfer der Kölner Flak beschossen hat.[82] Ralph Barker teilte auf Anfrage dem Verfasser mit, daß keiner der von ihm befragten Piloten etwas über derartige Aktionen gesagt oder auch nur gehört habe. Der Abschlußbericht des Bomber Commands, in der die beim Angriff gewonnenen Erfahrungen ausführlich behandelt werden, erwähnt keine Tiefangriffe auf Abwehrstellungen um Köln, wohl solche auf Scheinwerfer und Flak an der Küste und bei den Nachtjagd-Flugplätzen.

Die Lösung des Phänomens dürfte wohl im „kriegspsychologischen Bereich" liegen. Erstens dürften einige Flakstellungen beobachtet haben, daß einzelne Bomber, die beleuchtet und beschossen wurden, in den Sturzflug übergegangen sind, um der Gefahr zu entgehen und dabei auch ihre Bomben im Notwurf gelöst haben. Solche „Abschwünge" sind auch in den Gefechtsberichten der Squadrons belegt. Die Bomben können am Stadtrand, also im Bereich der Flakstellungen, eingeschlagen haben, möglicherweise hat es unter den Bedienungen Verluste gegeben.[83] Zweitens hat es den oben erwähnten gezielten Angriff eines Bombers auf zwei Scheinwerfer gegeben. Drittens werden sich die Tiefangriffe auf elf Flugplätze bis nach Köln herumgesprochen haben. Das alles muß sich zu der „Beobachtung" verdichtet haben, die englischen Bomber hätten zunächst die Kölner Flak ausschalten wollen.[84] Ganz abgesehen davon, daß die englischen Einsatzbefehle ganz klar eine Angriffshöhe von mindestens 12000 Fuß (= 3657 Meter) festgelegt hatten, besaßen die Piloten bei allem Mut so viel gesunden Überlebenswillen, daß sie keine selbstmörderischen Tiefangriffe in den Bereich der leichten und mittleren Flak riskiert hätten.[85]

Eine weitere oft gehörte Behauptung ist, daß die Nachtbomber mit Maschinengewehren auf die Zivilbevölkerung geschossen hätten; auch dieses ist in den Bereich der „Kriegslegenden" zu verweisen. Die Bordschützen in den Flugzeugen konnten aus

[81] BAK: NS 19/14, Bl. 155ff. Weiterhin berichtete der Sohn des damaligen Kommandeurs der Flakgruppe Köln dem Verfasser, er von habe seinem Vater gehört, daß bei Beginn des Angriffs Teile der Kölner Flak durch tiefangreifende Flugzeuge ausgeschaltet worden seien.

[82] PRO London: AIR 27/882.

[83] Die Wehrmachtsauskunftstelle über die Verluste der Deutschen Wehrmacht in Berlin erteilt seit einiger Zeit aus Datenschutzgründen keine Auskünfte mehr, so daß nicht ermittelt werden konnte, ob in dieser Nacht Personalverluste unter den Kölner Flakbatterien eingetreten sind.

[84] Siehe hierzu Anm. 77 über das Phänomen der englischen Beobachtung nichtexistenter deutscher Nachtjäger.

[85] Die „Zeitzeugenberichte" über Tiefangriffe schwerer Bomber bei Nacht, wonach die Zeitzeugen die „Piloten in der Kanzel gesehen hätten", sind den Luftkriegshistorikern aus vielen Städten bekannt.

2–5 km Höhe überhaupt keine Menschen sehen, falls überhaupt welche außerhalb der Luftschutzräume waren. Und wenn sie aus ihren Maschinengewehren feuerten, dann auf deutsche Nachtjäger. Sehr häufig wurden auch die herabprasselnden Flaksplitter als Bordwaffenbeschuß fehlgedeutet.[86]

In den folgenden 45 Minuten erreichten die 378 zwei-motorigen Bomber der 4. und 5. Group sowie der beiden Ausbildungsgruppen 91 und 92 den Raum Köln. Um 1.45 Uhr hatten die Rückflüge begonnen und die letzten einfliegenden Maschinen hatten die niederländische Küste überflogen. Die Piloten der zweiten Welle hielten sich größtenteils nicht mehr an den Befehl, von Nordosten her das Stadtgebiet zu überfliegen und die Bomben auf den nördlich des Neumarkts befohlenen zweiten Zielpunkt zu werfen, sondern angelockt von den riesigen Bränden kürzten sie die Flugroute ab und kamen teils direkt aus Westen, teils von Nordwesten an und überflogen das Zielgebiet kreuz und quer. Doch kam es zu keiner Kollision, es wurde auch keiner der Bomber von Spreng- oder Brandbomben, die von einem höher fliegenden Flugzeug abgeworfen worden waren, getroffen. Einige Besatzungen kreisten noch nach dem Bombenabwurf einige Male über Köln, um das makabre Schauspiel zu beobachten. Als letzte Welle waren 204 vier-motorige Bomber der Typen Halifax und Lancaster der 4. und 5. Group gestartet. Vier von ihnen wurden beim Einflug abgeschossen, andere mußten beschädigt ihren Einsatz vorzeitig abbrechen, immerhin kamen noch 175 dieser schweren Bomber nach Köln durch. Die Besatzungen dieser schweren Bomber sagten später aus, daß sie den Feuerschein des brennenden Köln schon über der Nordsee sehen konnten und kein weiteres Navigationshilfsmittel benötigten.

Der Angriff war um 2.30 Uhr beendet, um 2.32 Uhr stellte die Flak ihren Beschuß ein. Manche Batterien hatten bis zu 1 500 Schuß verfeuert und das mit zweifelhaftem Erfolg. Denn die Männer der Flakbatterien konnten selten sehen, ob sie ein Flugzeug beschädigt hatten oder ein von ihnen getroffenes später irgendwo niederging.[87] Aber es kamen noch einzelne Nachzügler. Zum Beispiel ist die Lancaster von Flight Lieutenant Gilpin, die zu einer Schuleinheit gehörte, erst um 1.15 Uhr an den Start gerollt, da das Flugzeug vorher nicht einsatzklar zu kriegen war. Ungeachtet des Befehls, um 2.25 Uhr den Einsatz abzubrechen, gleichgültig, ob er das Ziel erreicht habe oder nicht, flog er weiter und warf erst um 3.10 Uhr seine Bomben ab. Un-

[86] Siehe hierzu verschiedene Belege bei Pettenberg 1985.

[87] Soweit bekannt; ist über dem Kölner Stadtgebiet kein von der Flak getroffener Bomber abgestürzt.

mittelbar danach wurde seine Maschine von der Flak getroffen, doch konnte er sie noch nach Hause fliegen. Als er die Festlandküste überflog, war die Sonne bereits aufgegangen.

Obwohl die englischen Bomber auf dem Rückflug schneller als auf dem Einflug waren, wurden noch zwölf von ihnen abgeschossen. Solche überraschend hohe Abschußzahlen von Rückfliegern waren nicht selten. Zum einen kann es sich um Bomber gehandelt haben, die beschädigt und kaum noch manövrierfähig waren, aber es gab auch einen „psychologischen" Grund: die Besatzungen, die ihren Auftrag erfüllt hatten, beobachteten nicht mehr mit der gleichen gespannten Aufmerksamkeit den Nachthimmel wie während des Einflugs, und so konnten sie sehr oft von einem Nachtjäger überrascht werden.[88]

Die Auswertung

Nach der Rückkehr wurden die Flugzeugführer und ihre Besatzungen ausführlich über ihre Erfahrungen und Beobachtungen befragt.[89] In 246 Flugzeugen waren Kameras installiert gewesen. Die Auswertung der Nachtaufnahmen war etwas enttäuschend. Nur 45 Fotos zeigten Details des Stadtbildes. Die meisten anderen waren von der Lichtquelle der Brände derart überstrahlt, daß sie für die Auswertung unbrauchbar waren. Der Auswertungsbericht wurde am 15. Juli 1942 abgeschlossen. Nach den Aussagen der Besatzungen haben 898 der gestarteten 1046 Flugzeuge (= 86 Prozent) das Zielgebiet erreicht. Abgeworfen wurden 540 tons Sprengbomben und 915 tons Brandbomben.[90] Nach Auswertung der wenigen brauchbaren Nachtluftbilder dürften etwa 60 Prozent der Bomben in einem Radius von drei Kilometer um den Neumarkt gefallen sein. Die Fotos, die am folgenden Tag ein Aufklärer aus großer Höhe „schoß", bewiesen, daß der Angriff „ein voller Erfolg" war. Details waren auf den Aufnahmen noch nicht zu erkennen, da über Köln noch eine große Rauchwolke stand, die bis zu 4500 Metern aufstieg. Spätere Aufklärungseinsätze ergaben, daß eine Fläche von fast 2,5 Mio. Quadratmetern völlig zerstört war. Etwa die Hälfte dieses Areals lag in der Stadtmitte. Man schätzte, daß über 3000 Häuser völlig unbewohnbar waren und über 250 Fabrikgebäude völlig zerstört oder schwer beschädigt waren.[91] Nach Auffassung des Bomber-Commands war damit ein

[88] Einige Abschüsse wurden über der Nordsee im AN-Verfahren erzielt.

[89] Zum folgenden s. PRO: AIR 14/3408 und AIR 25/751.

[90] 1 ton entspricht 1016 kg. Nach Simon 1954, S. 96, sollen auf Köln 20 Luftminen, 864 Sprengbomben, 110000 Stabbrandbomben und 1044 Brandkanister abgeworfen worden sein. Diese Ziffern sind einwandfrei zu niedrig. Die Abwurfmenge muß nach den englischen Angaben bedeutend höher gewesen sein. Selbst wenn man davon ausgeht, daß etliche Bomben außerhalb des Stadtbezirks von Köln geworfen worden sind, muß die Menge, die auf Köln gefallen ist, noch gut doppelt so groß gewesen sein wie von Simon angegeben.

[91] Diese Ziffern decken sich im wesentlichen mit den Angaben von Simon.

großer Sieg über eine große Stadt errungen worden. Ein Wiederholungsangriff, in der Planung noch einkalkuliert, war also nicht nötig.

Darüber hinaus war dieser Sieg mit unerwartet niedrigen Verlusten erkauft worden. 42 Bomber = 3,8 Prozent sind nicht zurückgekommen.[92] 9 Flugzeuge waren vor der Landung in England abgestürzt.[93] 115 kehrten in beschädigtem Zustand zurück, 12 von ihnen konnten nicht mehr repariert werden und weitere 33 hatten sehr schwere Schäden erlitten, die meisten von ihnen durch Flakbeschuß. Die Verfasser des Abschlußberichtes zeigten sich enttäuscht darüber, daß es trotz der enormen Zahl an Flugzeugen nicht gelungen war, die Abwehr aus Nachtjägern und Flak zu überfordern; man hatte offenbar mit noch niedrigeren Verlusten gerechnet.[94] Zwar haben mehrere Bomber den Flakbeschuß als schwach bezeichnet, aber andere sprachen von einer „Flakhölle". Die erste Bomberwelle hatte 4,8 Prozent an Verlusten zu verzeichnen, die zweite, zu der u. a. 208 Flugzeuge mit Lehrbesatzungen und 49 mit Flugschülern am Steuer gehörten, nur noch 4,1 Prozent, und die dritte Welle hatte mit 1,9 Prozent den geringsten Verlust erlitten. Von den Schulgeschwadern kehrten sieben Maschinen mit Fluglehrern am Steuer nicht zurück, von den Flugschülern fehlte nur eine Maschine. Alles in allem waren die Flugzeuge des Bomber Commands in einer solchen Stärke zurückgekehrt, daß sie in der Nacht zum 2. Juni zu einem weiteren „1000-Bomber-Angriff" auf Essen starten konnten. Köln erschien dem Bomber Command als so erledigt, daß bis zum 15. 10. 1942 kein Angriff mehr auf die Stadt geflogen wurde.

Die Luftwaffe hatte die Schwere dieses Angriffs überhaupt nicht erkannt und war der Auffassung, einen großen Sieg errungen zu haben. Am 31. Mai schlug der Luftwaffenführungsstab die Verbreitung einer Sondermeldung vor, in der es u. a. hieß:

> „Mit dem bisher festgestellten Abschuß von 37 feindlichen Bombenflugzeugen, darunter mehreren viermotorigen, wurde etwa die Hälfte der in das Reichsgebiet eingeflogenen feindlichen Flugzeuge vernichtet. Ein Nachtjagdverband unter Führung des Generalleutnants Kammhuber erzielte hierbei seinen 600. Nachtjagdabschuß ..."

Im Kriegstagebuch der kriegsgeschichtlichen Abteilung des Oberkommandos der Wehrmacht heißt es dazu noch:

> „Der Führer lehnte angesichts der Verluste eine derartige Sie-

[92] Darin eingeschlossen zwei Bomben der 2. Group, die zu Tiefangriffen auf die Flugplätze gestartet waren. Hinzuzuzählen ist eine Boston des Jägerkommandos.

[93] Hierbei wurden die meisten ihrer Besatzungsmitglieder getötet.

[94] Die 30 Abschüsse der Nachtjagd teilten sich 15 Flugzeugführer. Obwohl bei den Einflügen nur etwa drei Nachtjagdräume durchflogen wurden, erzielten hier etwa 11 Piloten Abschüsse. Das erklärt sich dadurch, daß einige der Jäger wegen Treibstoffmangels landen mußten und andere den Nachtjagdraum besetzten.

gesmeldung aus psychologischen Gründen schärfstens ab und vertrat darüber hinaus den Standpunkt, daß diese Erfolgsmeldung auf keinen Fall zutreffen könne.

Während die Luftwaffe immer noch von einem 50%igen Abwehrerfolg sprach und sich auch am folgenden Tage noch um eine entsprechende propagandistische Auswertung bemühte, liefen immer klarere Meldungen darüber ein, daß sehr viel mehr feindliche Flugzeuge über Köln gewesen sind, als die Luftwaffe annahm. Churchill selbst sprach im Unterhaus von 1000 Flugzeugen. Wenn dies auch übertrieben sein mochte, so rechnete der Führer doch, daß es nach den Sachschäden einige hundert gewesen sein müßten".[95]

[95] Schramm, Percy E., Kriegstagebuch des Oberkommandos der Wehrmacht, 1942, Band 1, München 1982, S. 394.

Nach diesem sogenannten „1000-Bomber-Angriff" auf Köln und Essen wurde ein weiterer Großangriff in einer ähnlichen Stärke (901 Flugzeuge) in der Nacht zum 26. Juni 1942 auf Bremen geflogen.

Köln galt in den Augen des Bomber Commands als „erledigt"; erst am 17. Juni 1943 erfolgte wieder ein Großangriff auf die Stadt.

Reaktionen und Folgen

von Martin Rüther

Das Vorspiel

Im Laufe des Vormittags wird ein überraschender Luftangriff eines feindlichen Bombergeschwaders, bestehend aus 27 Flugzeugen mit einer Geschwindigkeit von 250 Stundenkilometern, auf die Kölner Altstadt erwartet. Tatsächlich: Um 8.50 Uhr wird „Luftgefahr 10" gemeldet, um 9.00 Uhr der Fliegeralarm ausgelöst. Nachdem erste Anflugversuche durch deutsche Jagdflugzeuge abgewehrt werden konnten und bereits Entwarnung gegeben wurde, nähert sich um 10.00 Uhr eine große Zahl feindlicher Flugzeuge in drei Staffeln von Ehrenfeld kommend dem Altstadtkern. Nun geht es Schlag auf Schlag: Massenexplosionen sind hörbar, schon bald ist das ganze Altstadtviertel in dicken Qualm und Rauch gehüllt. Eine der Schadensstellen befindet sich in der Martinstr. und Vor St. Martin. Die Meldungen überschlagen sich. Die Häuser Martinstr. 30, 37 und 39 sind durch eine Sprengbombe schwer getroffen; der Schutzraum von Nr. 37 mit mehreren Personen verschüttet. Auch in das Haus Vor St. Martin 15 ist eine Sprengbombe eingeschlagen, die u. a. die Splittersicherung des Schutzraumes weggerissen hat. In der gleichen Straße sind die Häuser Nr. 11 und 13 durch Brandbomben in Brand geraten. Rund um Dom und Hauptbahnhof brennt es; Mühlengasse, Filzengraben: überall Feuer; die Hausfeuerwehren sind machtlos. Schon bis 10.15 Uhr sind zwischen Hohestr. und Rheinufer etwa 100 Brand-, Spreng-, Einsturz- und Wasserschäden festgestellt, als die Luftgefahr endlich vorüber ist. Nun auch Meldung aus dem Rechtsrheinischen; u. a. ist ein Teil der Osthalle der Messe durch Sprengbomben zerstört. 11.08 Uhr: Das ganze Buttermarktviertel zwischen Salzgasse und Lintgasse brennt, Groß St. Martin ist durch Funkenflug bedroht. Als endlich Entwarnung gegeben werden kann, enthüllt sich eine grausame Bilanz: große Teile der Altstadt liegen in Schutt und Asche, zahlreiche Verwundete und Verschüttete sind zu beklagen, über Todesopfer noch keine Angaben möglich.

Datum dieses Schauspiels war der 19. Oktober 1936, sein Anlaß eine großangelegte zivile Luftschutzübung im gesamten

Luftschutzübung 1936: Inszenierter Brand im Martinsviertel

[1] Vgl. den entsprechenden Erlaß des Oberpräsidenten der Rheinprovinz im Hauptstaatsarchiv Düsseldorf (HStAD), BR 1131/150. In diesem Bestand findet sich umfangreiches Material zu dieser Übung; speziell zu Köln in den Akten 148 – 150. Die obige Schilderung orientiert sich an Auszügen aus dem geheimen Schriftstück „Lage zur Luftschutzübung im Bereich des Luftschutzortes Köln“ in BR 1131/148. Neben dieser allgemeinen Übung fanden am gleichen Tag noch zwei weitere statt: Um 15.30 Uhr eine des „Erweiterten Selbstschutzes“ im Kaufhaus Krüger & Knoop in der Breitestraße, um 17.00 Uhr eine Werkluftschutzübung bei

Rheinland vom 19. bis 24. Oktober 1936.[1] Für eine realitätsnahe Inszenierung hatte man keine Mühen gescheut: Tatsächlich näherten sich von Nordwest sechs „feindliche“ Flugzeuge dem Kölner Stadtkern, wobei je ein Flugzeug eine Staffel symbolisieren sollte; die Bombenabwürfe wurden durch das Abschießen weißer Leuchtkugeln simuliert, der Aufschlag der Bomben durch Kanonenschläge und einen speziellen Apparat für Detonationen; zur Darstellung von Bränden wurden weiße und rote Rauchsteine sowie Feuerwannen verwandt; Mauerrisse an schwer getroffenen Häusern stellte man mit Hilfe von schwarzem Papier dar. Damit nicht genug. Straßen wurden aufgerissen, ein großes Gas- und ein Hauptwasserrohr zertrümmert, die Kollision einer Straßenbahn mit einem LKW nachgestellt und Straßenbahnoberleitungen und Straßenleuchten zerstört. Selbst an Details wurde gedacht. So wurden beispielsweise die Verletzten und Toten mit Schminke in einen entsprechenden „Zustand" gebracht.[2] Die Schrecken des Luftkrieges hielten in Köln vorzeitig Einzug, wenn auch die Lokalpresse angewiesen wurde, sensationelle Überschriften wie „Bomben auf Köln" oder „Das gesamte Altstadtviertel brennt" zu vermeiden.[3]

Im März 1936 waren deutsche Truppen ins bis dahin entmilitarisierte Rheinland einmarschiert, ein halbes Jahr später diese unverkennbar auf einen künftigen Krieg vorbereitende Luftschutzübung: Die Zeichen standen recht eindeutig auf kriegerischen Konflikt. Auch der „Stadt-Anzeiger" verdeutlichte den Kölnern ihre brisante Lage. Jede Großstadt, die nicht weit von der deutschen Grenze entfernt liege, habe im Luftschutz „besondere Verpflichtungen zu erfüllen", und zwischen Köln und der Reichsgrenze liege lediglich eine Flugdauer von 20 Minuten![4] Gleichzeitig wird vielen Kölnern klar gewesen sein, daß die Lage ihrer Heimatstadt nicht nur Verpflichtungen, sondern im Kriegsfall vor allem erhebliche Gefahren mit sich bringen würde; eine Befürchtung, die sich ab Mai 1940 bewahrheiten sollte.

Am 30./31. Mai 1942 erlebten die Kölner schließlich einen ersten grausamen Höhepunkt des Luftkrieges, der – eine Ironie des Schicksals – wie bei der Übung des Jahres 1936 besonders die Altstadt, und hier auch die Martinstr. und Vor St. Martin, vernichtend traf. Damit endeten jedoch die Übereinstimmungen, denn das Ausmaß der Katastrophe war selbst für die Verantwortlichen 1936 nicht vorstellbar gewesen, und es sollte geraume Zeit dauern, bis sie die Dimensionen dessen, was der letzte Maitag 1942 mit sich gebracht hatte, halbwegs erfaßten.

Der Angriff

„Klares Maiwetter berechtigt zu der Frage, ‚ob die Tommies heute kommen?' Aber eine innere Gefaßtheit und die Gewißheit, daß es bei allen bisherigen Angriffen geklappt hat und daß sich beim Sondereinsatz die Politischen Leiter bisher immer bewährt haben, läßt uns beruhigt über die Antwort der Fragen hinweggehen. (...) Also kann sich jeder einige Stunden

„4711" in Ehrenfeld. Die entsprechenden Ablaufpläne finden sich in der gleichen Akte, die Auswertungsberichte in BR 1131/149. Wie eindeutig sich die Planungen am erwarteten Kriegsgeschehen orientierten, zeigt v. a. auch der Ablaufplan für „4711". Entsprechend des Wunsches des zuständigen Luftgaukommandos setzte sich die Belegschaft hier nahezu ausschließlich aus Frauen zusammen, da der größte Teil der männlichen Beschäftigten im Planspiel bereits zur Wehrmacht eingezogen war; „dem Werk verbleiben nur einige ältere männliche Gefolgschaftsmitglieder". Ziel der Übung war eine Konstellation, die es erlaubte, „Rückschlüsse auf die Verwendbarkeit weiblicher Kräfte im Werkluftschutz zu ziehen".

[2] Vgl. zu weiteren Einzelheiten den umfangreichen „Erfahrungsbericht über die zivile Luftschutzübung" vom 30. 11. 1936 in BR 1131/149. Vgl. hierzu auch die großangelegte Berichterstattung in der Kölner Tagespresse.

[3] Vgl. BR 1131/149: „Allgemeine Bemerkungen" [für die Pressekonferenz am 15. 9. 1936].

[4] Stadt-Anzeiger, 19. 10. 1936 (AA).

der Erholung und Entspannung gönnen, die Aussicht auf den morgigen Sonntag hebt nur die Stimmung. Jeder geht daher seinen besonderen Wünschen nach, der mit seiner Frau ins Kino, der zum Glase Bier, der macht Überstunden im Garten, denn die ersten Erdbeeren sind schon da, und der andere kloppt seinen samstäglichen Skat."[5]

Ein normales Wochenende in Köln, so könnte man nach der Lektüre des Berichtes des Organisationsamtsleiters der NSDAP-Ortsgruppe Nord denken. Das werden auch die meisten Kölner gedacht haben, denn seit mehr als vier Wochen hatte die Stadt keinen britischen Bombenangriff mehr erlebt. Zudem hatte es trotz der bisherigen 104 Angriffe auf Köln immer „geklappt", d. h. trotz einiger schwererer Bombardements[6] hatten sich die Beeinträchtigungen des privaten und öffentlichen Lebens in Grenzen gehalten. Doch mit dem 30./31. Mai 1942 kam eine Katastrophe auf die rheinische Metropole zu, die nicht nur eine neue Dimension in der Geschichte des Luftkrieges darstellte, sondern in ihren Auswirkungen für die Betroffenen schier unvorstellbar war:

„Am Sonntagmorgen, dem 31. 5. 42 um 0.20 Uhr kündigten die Sirenen zum 295. Male für Köln Fliegergefahr an. Damit begann für unsere Stadt eine Katastrophe, wie sie bis dahin unser Vaterland noch nicht erlebt hat."

„Unsere Vaterstadt erlebt ... in der Nacht zum 31. Mai 1942 einen Terrorangriff, der alles bis dahin Geschehene weit in den Schatten stellt: Ganze Stadtteile, besonders in der Altstadt, gehen in Rauch und Trümmern auf. Der Verkehr ist völlig gelähmt, alles Leben in der Stadt scheint erstorben."

„Das war grauenhaft. Seit dem Tage von Sodom und Gomorrha, da Feuer und Schwefel vom Himmel herabregneten, war so etwas nicht da. Köln ist entsetzlich zugerichtet. (...) Die Tatsachen sind zu erschütternd, um viel darüber zu reden. Früher hat der Schreiber eingehender berichtet und Zeitungsausschnitte beigefügt, aber da hat man eben gemeint, schlimmer könne es nicht kommen. Das verblaßt alles vor dem jetzt Geschehenen."[7]

Die Nacht vom 30. zum 31. Mai 1942, genauer die anderthalb Stunden von 0.47 Uhr bis 2.25 Uhr, veränderten das Aussehen

[5] Historisches Archiv der Stadt Köln (HAStK), ZS Kriegschronik 1939 – 1944, 63: Erlebnisbericht der Ortsgruppe Nord [der NSDAP] über den Terrorangriff englischer Flieger auf unsere Vaterstadt am 30./31. 5. 1942. Der Text ist hier vollständig abgedruckt als Quelle 21.

[6] Vgl. hierzu die Aufstellung sämtlicher Angriffe bei Simon 1954, S. 115 ff. Größere Angriffe hatte es v. a. am 1./2. 3. 1941, im Mai 1941, am 8. 7. 1941 und im März/April 1942 gegeben.

[7] Auszüge aus den Chroniken von drei Kölner Volksschulen. Die Texte sind im Quellenteil ausführlicher abgedruckt.

der Stadt entscheidend; „eine Nacht unerhörten britischen Terrors", so der „Stadt-Anzeiger", „hat das uns so vertraute Antlitz der Stadt von Grund auf verwandelt". „Allen ... wurde am 31. Mai, als sie die heimgesuchte Stadt besichtigten, klar, daß sie von ihrem Köln am Tage zuvor Abschied genommen hatten."[8]

Um 23.53 Uhr meldete das Warnkommando Köln „Luftgefahr 30", bereits um 0.00 Uhr „Luftgefahr 15", um 0.17 Uhr wurde schließlich der Fliegeralarm ausgelöst. Der eigentliche Luftangriff begann um 0.47 Uhr.[9] Das Ausmaß dessen, was in den folgenden anderthalb Stunden folgen sollte, war für die Berichterstatter der drei Kölner Luftschutzabschnitte (LSA)[10] offensichtlich in seinen Ausmaßen nicht faßbar. In den frühesten erhaltenen Lagemeldungen gab der LSA I um 5.50 Uhr die Zahl der angenommenen Bomber mit 30 bis 40 an, der LSA II meldete morgens um 8 Uhr eine Zahl von 40 bis 50 englischen Flugzeugen.[11] Auch die Angaben zu den eingetretenen Schäden gingen zunächst weit an der Realität vorbei: So meldete der LSA I um 5.50 Uhr, daß 26 Sprengbomben und 2000 – 3000 Brandbomben niedergegangen seien, die 40 Groß- und 60 mittlere und kleine Brände ausgelöst hätten. Erhebungen des gleichen Abschnitts am 3. Juni 1942 ergaben hingegen allein 1290 Großbrände.

Die ersten vorliegenden Bestandsaufnahmen für das gesamte Kölner Stadtgebiet belegen ebenfalls die anfängliche Orientierungslosigkeit der verantwortlichen Stellen. Die Lagemeldung Nr. 558 des Chefs der Ordnungspolizei in Berlin enthielt am 31. Mai noch keinerlei Zahlenangaben; es seien eine „große Anzahl von Spreng- und Brandbomben" abgeworfen und „zahlreiche Häuser" zerstört worden, insgesamt seien „starke Schäden, vor allem zahlreiche Grossbrände in [der] Innenstadt" entstanden.[12] Dem Propagandaministerium in Berlin und dem Reichsschatzmeister der NSDAP in München wurden in einer ersten Meldung 505 Brände, davon 208 Großbrände angegeben, 200 Häuser seien eingestürzt, bislang 85 Tote zu verzeichnen, 5000 Obdachlose registriert und 15000 Evakuierungen zu erwarten. Die Anzahl der eingeflogenen Bomber wurde auf etwa 60 geschätzt, die Gesamtzahl der Spreng- und Brandbomben mit 150 bzw. 10000 angegeben.[13] Als die „Morgenmeldung" in Berlin am 31. Mai um 13.50 Uhr abgeschlossen wurde, hatte sich der Sachstand in Köln bereits wieder erheblich verändert: Im „2. vorläufigen Bericht" des Polizeipräsidenten in seiner Funktion als

[8] Stadt-Anzeiger, 2. 6. 1942: „Köln am 31. Mai 1942". Die mit dem Angriff verbundenen Erlebnisse Betroffener lassen sich in einem solchen Aufsatz nicht angemessen wiedergeben, weshalb hier auf den Versuch einer Beschreibung verzichtet wird. Eindrucksvolle Beispiele für persönliches Erleben finden sich in den unten abgedruckten Quellen und Zeitzeugenberichten.

[9] Vgl. HAStK, Best. 1005: 105. Luftangriff, 31. Mai 1942, S. 1.

[10] Das Kölner Stadtgebiet war in drei Luftschutzabschnitte aufgeteilt: LSA I umfaßte die Innenstadt und die südlichen Stadtbezirke, LSA II den Kölner Westen und Norden, LSA III das gesamte rechtsrheinische Köln.

[11] Vgl. hierzu und zum folgenden die Lagemeldungen und Berichte in HStAD, BR 1131/56 (nicht paginiert).

[12] Bundesarchiv Potsdam (BAP), St 3/580, Bl. 120 (R).

[13] Bundesarchiv/Militärarchiv Freiburg (BA/MA), RL 4/397, Bl. 2302 (Morgenmeldung des Propagandaministeriums), und Bundesarchiv Koblenz (BAK), NS 1/274, Bl. 317.

Suchscheinwerfer und Flakfeuer über der Kölner Innenstadt, rechts die noch unzerstörte Kirche St. Gereon

örtlicher Luftschutzleiter an den Kölner Regierungspräsidenten, der um 13.00 Uhr erstellt wurde, war zwar die Zahl der englischen Flugzeuge weiterhin lediglich mit 50 bis 100 angegeben, doch hatte man mittlerweile 238 Spreng- und mindestens 20 000 Brandbomben registriert; Brände waren nun 2 377 aufgeführt, davon allein 1 500 Großbrände. Auch in den folgenden Tagen verschoben sich die Zahlen immer weiter nach oben[14], ohne daß letzte Klarheit gewonnen werden konnte.

Die sich in den unterschiedlichen Angaben niederschlagenden Unsicherheiten der entsprechenden Stellen[15] brachte die Verantwortlichen in Köln, allen voran den Polizeipräsidenten als örtlichen Luftschutzleiter, in eine mißliche Lage. Sie waren einerseits naturgemäß bestrebt, über die von ihnen angeordneten Maßnahmen ein möglichst positives Bild zu zeichnen. Hierzu war es jedoch notwendig, schnell präzise Angaben an die verschiedenen anfragenden Stellen weitergeben zu können.[16] Neben der Prestigefrage hing von einem realistischen Gesamtüberblick andererseits die bedeutend wichtigere Frage eventueller Unterstützung für Köln durch die Zentralinstanzen in Berlin ab. Hier befanden sich die verantwortlichen Personen des Köl-

[14] Vgl. dazu die „vorläufigen Berichte“ 3.–5. vom 1., 2. und 4. 6. 1942, alle in HStAD, BR 1131/56.

[15] Ein wesentlicher Grund für mangelnde Kommunikation zwischen den verschiedenen Einsatzstellen lag unmittelbar nach dem Angriff darin, daß das gesamte Telefonnetz zunächst zusammengebrochen war.

[16] Neben den regelmäßig zu erstattenden Meldungen nach Berlin und München la-

ner Luftschutzes und der lokalen NSDAP-Organisation in einem gewissen Dilemma: Sie durften die Schadensangaben nicht zu übertrieben ausfallen lassen, um in Berlin nicht auf Dauer unglaubwürdig zu werden. Gleichzeitig konnten sich jedoch zu niedrig angesetzte Werte fatal auswirken, da deren Höhe die Grundlage für die zu erwartenden Hilfeleistungen darstellen würde.

Es wurde daher von Seiten der Gauleitung und des Polizeipräsidenten alles daran gesetzt, Meldungen, die dem Ausmaß des Angriffes nicht gerecht wurden, zurückzuhalten bzw. zu unterbinden. Schon am 31. Mai um 17.00 Uhr intervenierte das Gaupropagandaamt beim Kriegsführungsstab des Propagandaministeriums in Berlin energisch gegen Meldungen, die seitens des Luftwaffenführungsstabes in Umlauf gesetzt wurden. Es wurde nachdrücklich darum gebeten, diesen Angaben entgegenzutreten, „da diese in keiner Weise mit dem bisherigen Umfang der Schäden übereinstimmen". Genauere Angaben sollten anderthalb Stunden später nach Berlin durchgegeben werden. Diese Ankündigung ließ sich allerdings nicht in die Tat umsetzen, so daß Gaupropagandaleiter Ohling um 19.40 per Fernschreiben mitteilen mußte, daß genaue Angaben am 31. Mai nicht mehr zu erwarten seien, „da bei den umfangreichen Schäden immer nur Teilergebnisse durchgegeben werden können". Sobald anderntags eine „einigermaßen stichhaltige Übersicht" vorliegen würde, ginge sie dem Propagandaministerium unmittelbar zu.[17] Die Intervention hatte Erfolg. Die vom Luftwaffenführungsstab in Vorschlag gebrachte Sondermeldung für den offiziellen Wehrmachtsbericht, die von etwa 70 englischen Bombern ausging, lehnte Hitler angesichts der Schäden in Köln „aus psychologischen Gründen schärfstens ab und vertrat darüber hinaus den Standpunkt, daß diese Erfolgsmeldung auf keinen Fall zutreffen könne".[18]

Aber nicht nur in Berlin, sondern auch in Köln selbst mußte von zuständiger Stelle sehr bald interveniert und getadelt werden. Angesichts der offensichtlich nur sehr zögerlich und zudem äußerst ungenau eintreffenden Schadensmeldungen der einzelnen Luftschutzreviere und Luftschutzabschnitte sah sich Polizeipräsident Hoevel als örtlicher Luftschutzleiter genötigt, eine vorrübergehende Nachrichtensperre zu verhängen. Die von den LSA's gemeldeten Zahlen hinsichtlich der Bombenabwürfe erschienen ihm, wie er in einer handschriftlichen Notiz

gen dringende Anfragen vor vom Höheren SS- und Polizei-Führer West in Düsseldorf, von dem in Oslo weilenden Oberpräsidenten und Gauleiter Terboven, seit 1940 auch Reichskommissar für die besetzten norwegischen Gebiete, und dem Befehlshaber im Luftgau VI, General Schmidt (vgl. dazu ebenda).

[17] Abschriften beider Fernschreiben in BA/MA, RL 4/397, Bl. 2322.

[18] Schramm 1982, Bd. 2, S. 394. Für den offiziellen Text vgl. Wehrmachtsberichte, Bd. 2, S. 146. Vgl. auch WB, 1. 6. 1942 (MA): „Blutig heimgezahlt!". Zur Auseinandersetzung zwischen Luftwaffenführungsstab, Kölner Gauleitung, Goebbels und Hitler vgl. auch die Tagebuchauszüge von Goebbels, hier abgedruckt als Quelle 23.

[19] HStAD, BR 1131/56.
[20] Vgl. ebenda: handschriftliche Notiz für Major Niemeyer vom 2. 6. 1942. In nahezu unveränderter Form stellten diese Zahlen dann auch den „4. vorläufigen Bericht“ vom 2. 6. 1942 dar, der u. a. an Terboven nach Oslo durchgegeben wurde.
[21] Vgl. BA/MA, RL 4/397, Bl. 2358 ff.

niederlegte, sehr niedrig und irreführend. Er ordnete an, daß die Luftschutzreviere eine „gewissenhafte Prüfung“ vorzunehmen hätten, die v. a. hinsichtlich der Zählung von Sprengbomben sehr leicht sei, „wenn man sich Mühe gibt und nicht gleichgültig schätzt“. Mehr Sorgfalt erwartete Hoevel auch bei der Schätzung der abgeworfenen Brandbomben, die nicht nur nach brennenden Häusern, sondern unter Einbeziehung der „tausend anderen, die auf Straßen und Anlagen fielen“, vorzunehmen sei. Diese befohlenen Meldungen hatten bis zum 2. Juni um 17.00 Uhr zu erfolgen. Bis zu diesem Zeitpunkt untersagte Hoevel jeden weiteren Schadensbericht an den Kölner Regierungspräsidenten. Telefonische Anfragen von dieser Seite oder vom Befehlshaber der Ordnungspolizei in Münster seien lediglich bezüglich der Zahl der Toten und Verletzten zu beantworten, alle Angaben über Bombenzahlen seien als „zweifelhaft einzustellen“.[19]

Eile in der Schadensermittlung war tatsächlich geboten, denn nicht nur das Propagandaministerium in Berlin wartete auf den schon am 31. Mai angekündigten Bericht, sondern v. a. Hitler wollte – wohl nicht zuletzt wegen der Meinungsverschiedenheiten mit dem Luftwaffenführungsstab – auf dem Laufenden gehalten werden. Da die organisatorischen Probleme nicht schnell genug auszuräumen waren, der Druck auf die Verantwortlichen aber stündlich zunahm, wurde offensichtlich die handschriftliche Fassung des „3. vorläufigen Berichts“ vom 1. Juni, 14.00 Uhr, zur Grundlage genommen und mit Ergänzungen versehen, die besonders die Zahlenangaben zur Bombenmenge erheblich erhöhten. Diese Informationen wurden Gauleiter Grohé zugeleitet, der sie in einem Telefonat [am 1. oder 2. Juni?] an Hitler weitergab.[20] In einem Fernschreiben an das Propagandaministerium, ebenfalls unterzeichnet von Grohé und abgeschickt am 2. Juni um 22.18 Uhr, hatte sich die angegebene Zahl der Sprengbomben mit 832 im Vergleich zum „4. vorläufigen Bericht“ nahezu verdoppelt.[21]

Trotz der unmißverständlichen Aufforderung an die LSA's durch Polizeipräsident Hoevel, bis zum 2. Juni fundierte Berichte abzuliefern, ließ die Präzision der übermittelten Auskünfte auch in den folgenden Tagen noch sehr zu wünschen übrig. So sah sich das Kommando der Kölner Schutzpolizei am Abend des 5. Juni veranlaßt, von den drei Abschnitten per Fernschreiben „erneut eine Gesamtschadensmeldung“ einzufordern, „da die bisherigen Meldungen kein klares Bild ergeben". Den Berichten mußten Skizzen der einzelnen Luftschutzreviere beigegeben werden, „in denen die Sprengbomben und Minen genau und die Ausdehnung der Brände durch rote Schraffierungen angegeben sein müssen".[22]

Wohl aufgrund der daraufhin eingehenden Meldungen wurde am 10. Juni 1942 vom Major der Schutzpolizei Niemeyer der Abschlußbericht formuliert, der jene Zahlenangaben enthielt, die – mit verschiedenen geringen Abweichungen – auch in allen späteren Quellen verwandt wurden. Demnach waren auf Köln 864 Sprengbomben mit einem Gewicht von 250 bis 500 kg, 110 000 Stabbrandbomben, 565 Kanister und Phosphorbomben sowie 20 Luftminen von jeweils 1 800 kg abgeworfen worden.[23] Es wurden insgesamt 12 840 Häuserschäden registriert, davon 3 330 totale, 2 090 schwere und 7 420 leichte. Allein etwa 12 000 dieser Schäden waren nach Angaben des Polizeipräsidenten durch Brandbomben verursacht worden. Hierdurch waren in Köln 13 010 Wohnungen total vernichtet, 6 360 schwer zerstört, während 22 270 leichte Schäden aufwiesen.[24] Eine Schätzung von städtischer Seite ging im Herbst 1942 davon aus, daß für die Beseitigung dieser Schäden bei Einsatz der gesamten Kräfte der Kölner Bauwirtschaft (Stand 1928) wenigstens sechs Jahre erforderlich seien. Die Zahl der Todesopfer wurde offiziell zunächst mit 469 angegeben, die der Verletzten mit 5 027.[25]

Schadensbekämpfung I: Organisation und Pannen

Die im Vorstehenden recht ausführlich dargestellte Entwicklung bis zum offiziellen Abschlußbericht soll kein reines Zahlenspiel darstellen, sondern vielmehr zweierlei verdeutlichen: Zum einen wurde das ganze Ausmaß des Angriffs nur sehr langsam erfaßt; die Anzahl der angreifenden Flugzeuge und die von ihnen über Köln abgeworfene Bombenlast waren in bislang bekannte oder für möglich gehaltene Größenordnungen zunächst nicht einzuordnen. Erst nach und nach wurden sich die Verantwortlichen bewußt, daß hier etwas quantitativ Neues geschehen war, wenn sie auch nach wie vor nicht in der Lage waren, dessen gesamte Dimension zu erfassen. Die ersten Schätzungen von 30 oder 40 eingeflogenen Bombern waren ja keine offiziellen, Propagandazwecken dienenden und daher geschönten Angaben,

[22] HStAD, BR 1131/56. In der Akte sind lediglich zwei „Gesamtschadensmeldungen der LSA's II und III vom 9. bzw. 8. 6. 1942 enthalten. Die angeforderten Skizzen konnten dagegen nicht aufgefunden werden.

[23] Vgl. den Bericht Niemeyers vom 10. 6. 1942 für den Regierungspräsidenten in HStAD, BR 1131/56. Dazu, daß sämtliche Schätzungen von deutscher Seite zu niedrig lagen, vgl. den Aufsatz von Gebhard Aders.

[24] Im Herbst 1942 wurde eine bedeutend weitreichendere Statistik präsentiert. Hiernach waren von den 58 000 Häusern in Köln 2 089 total zerstört, 2 381 wiesen schwere und mittlere, 23 638 leichte Schäden auf. Bei den 228 000 Wohnungen lauteten die Zahlen 9 745, 8 986 und 74 597. (HAStK, ZS Kriegschronik 1939 – 1944, Bd. 64, Bl. 19; vgl. dort auch zum folgenden.)

[25] Im Abschlußbericht Grohés vom 15. 6. 1942 hatte sich die Zahl der Todesopfer auf 486 (einschl. 58 umgekommener Wehrmachtsangehöriger) erhöht, während das Reichspropagandaamt Köln-Aachen schon am 12. 6. 1942 insgesamt von 494 Toten sprach. Zu den Zweifeln an den Zahlen

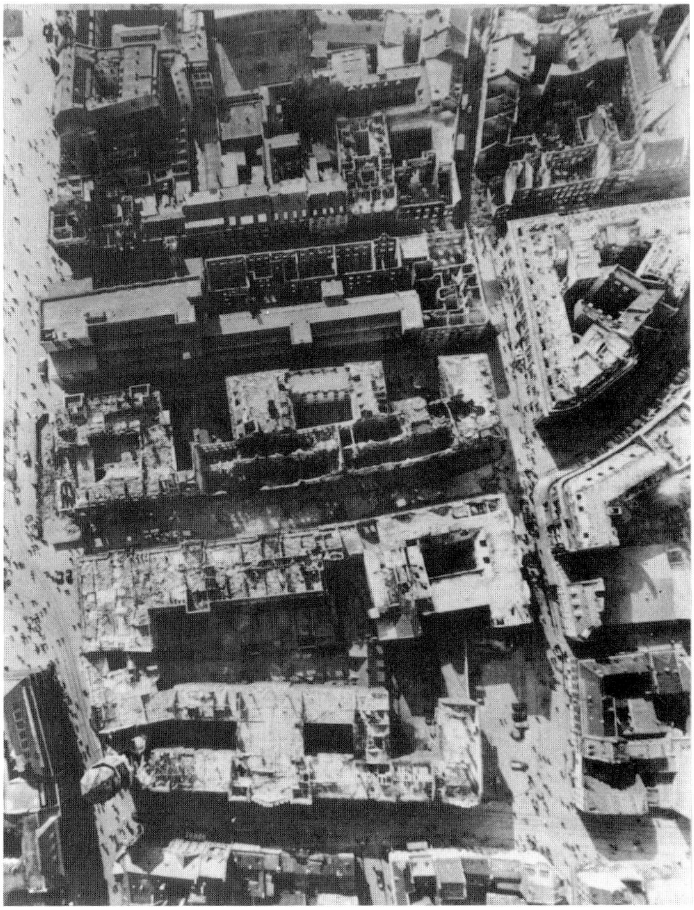

Deutsche Luftaufnahme vom 1. 6. 1942: die Umgebung des Neumarkts, links unten die Schildergasse und der Turm des Polizeipräsidiums

sondern Teil der internen und somit geheimen Berichterstattung. Auch Propagandaminister Goebbels, der laufend aus erster Hand unterrichtet wurde, ging in seinen Tagebucheintragungen nicht über 300 Flugzeuge hinaus, und selbst im September 1942 schätzte ein Kölner Verantwortlicher deren Zahl weiterhin auf lediglich 200 bis 400.[26]

Zum anderen offenbaren die Verzögerungen, ungenauen Angaben u. ä. aber auch recht weitreichende Organisationsmängel, die nach dem Angriff in verschiedenen Bereichen in Erscheinung traten. Teils reichten die Löschkräfte des „Feuerschutz- und Entgiftungs-Dienstes" (FuE) nicht aus, teils versagten sie. Verstärkungskräfte erschienen zu spät, die FuE-Kräfte reagierten nur auf Befehle von Offizieren der Feuerschutzpolizei, „die stur

vgl. die Berichte des Schweizer Generalkonsuls von Weiss, hier abgedruckt als Quelle 25. Auf eine detailliertere Schadensübersicht wird an dieser Stelle verzichtet. Vgl. dazu neben dem hier als Quelle 24 abgedruckten Bericht Grohés v. a. den offiziellen, 190 Seiten starken Abschlußbericht des Polizeipräsidenten (HAStK, Best. 100/5).

[26] Vgl. unten Quelle 23 und HAStK, ZS Kriegschronik 1939 – 1944, Bd. 64, Bl. 14 ff.: „Erfahrungen aus dem großen Fliegerangriff vom 31. 5. 1942" (Vortrag vom 11. 9. 1942).

„Großschadensstelle“ Remscheider Straße

ausgeführt wurden, um dann evtl. untätig zu sein, obwohl es nebenan auch brannte“. An der Großschadensstelle „Remscheider Straße“ in Kalk kam es beispielsweise zu erheblichen Konflikten zwischen einem zivilen und einem Wehrmachtskommando, das von der Stadt Köln zu Aufräumungsarbeiten eingesetzt worden war. Dieses Kommando forderte den Führer des mit der Bergung von Toten und Verletzten beauftragten Instandsetzungsdienstes dazu auf, seine Kräfte zurückzuziehen, „da die Weiterarbeit Sache der Wehrmacht sei“, was der Leiter des Instandsetzungsdienstes „strikte ablehnte“ und sich damit letztlich auch durchsetzte.

Auch das Meldewesen zwischen den kleinen Einheiten und der Einsatzzentrale wurde kritisiert. Da es in seiner Funktion auf intakten Fernsprechleitungen basierte, mußte es in der Nacht zum 31. Mai ebenso wie diese zusammenbrechen. Selbst die farbliche Gestaltung der Meldezettel war den Anforderungen des Großangriffs nicht mehr gewachsen und führte zu zahlreichen Irrtümern, da sowohl die Formulare für Meldungsweitergabe wie für den Einsatzbefehl blau gefärbt waren. Sogar bei der Erstversorgung der Verletzten traten Kompetenzstreitigkeiten auf. Der Luftschutz-Sanitätsdienst beklagte sich darüber, daß

[27] Die Angaben und Zitate aus Berichten der LSA's I (8.6.1942) und III (4. 7. 1942) sowie des Führers des Luftschutzsanitäts-Dienstes (7. 7. 1942), alle in HStAD, BR 1131/56.

[28] Vgl. RGBl. I 1940, S. 45f. Vgl. hierzu auch Beer 1990, S. 47ff.

[29] Vgl. HStAD, RW 23/23, Bl. 2–31.

auch andere Kräfte, wie z.B. das „Rote Kreuz" oder einfach helfende Nachbarn, sich der Verletzten angenommen hätten. Er forderte für die Zukunft, daß es Ziel bleiben müsse, „daß möglichst alle Verletzten durch den LS-San.-Dienst erfaßt werden", und verlangte, „das Erforderliche zwecks Abstellung der Mängel zu veranlassen".[27]

Zu ganz erheblichen Kompetenzstreitigkeiten und Organisationspannen kam es offenbar hinsichtlich des „Sondereinsatzes der NSDAP". Am 28. Dezember 1939 war eine Anordnung erlassen worden, die die „Verwaltungsführung in den Landkreisen" regelte, „sinngemäß" aber auch für Stadtkreise Geltung hatte.[28] Hierin wurde festgelegt, daß die „Menschenführung" im Kriege alleinige Aufgabe der NSDAP und hier im besonderen der jeweiligen Kreisleiter sei, die für die Stimmung und Haltung der Bevölkerung verantwortlich zeichnen sollten. Besonders sollten die „seelischen Kräfte aller Volksgenossen zur Verteidigung des Reiches" gestärkt werden. Gleichzeitig wurde aber auch festgelegt, daß die Oberbürgermeister bzw. die Landräte „in allen Fragen die zusammenfassende maßgebende Stelle" seien und die Kreisleiter „sich jeglichen Eingriffs in die laufende Verwaltungsführung zu enthalten" hätten.

Unter den Bedingungen des Luftkrieges, so war anzunehmen, bedurfte die betroffene Bevölkerung einer besonders intensiven Betreuung, um die „Heimatfront" stabil zu halten. Daher ging auch die Kölner NSDAP noch vor Beginn des deutschen Westfeldzuges im Mai 1940 und des eigentlichen Bombenkrieges daran, die Grundlagen für eine effektive Betreuung etwaiger Fliegergeschädigter zu schaffen, um so die allgemeine Stimmung in Schadensfällen stabilisieren und gleichzeitig das Ansehen der Partei in der Bevölkerung erhöhen zu können. Das Ergebnis dieser Bemühungen war ein geheimes, 30 Seiten umfassendes Papier zum „Sonder-Einsatz der NSDAP" vom 1. April 1940.[29]

Der vom Kreisleiter Köln-Nord, Bruno Neumann, verantwortlich gezeichnete Einsatzplan enthält die „Anweisungen an die Einsatzbefehlsstelle, die Befehlsvermittlungsstellen und die Ortsgruppen". Aufgrund der exponierten Lage Kölns, so heißt es unter dem einleitenden Punkt „Allgemeines", müsse bei zu erwartenden und tatsächlichen Feindeinwirkungen mit Beschädigungen, Brand und Vergasung gerechnet werden. „Die der Polizei, dem Luftschutz und der Technischen Nothilfe zur Verfügung stehenden Kräfte reichen zur Durchführung der hieraus entstehenden Aufgaben nicht aus und [daher] ist, unter klarer Begrenzung der Aufgabengebiete, der Einsatz der NSDAP, der angeschlossenen Verbände und Gliederungen erforderlich." Die hier angesprochene klare Abgrenzung wird im Einsatzplan nicht weiter differenziert und definiert, so daß beim „Ernstfall" Konflikte und Probleme wahrscheinlich waren.

Der Einsatzplan, der im Mai 1942 noch Gültigkeit besaß, sah eine Dreigliederung vor. Mit der Durchführung des „Sondereinsatzes" war die NSDAP-Kreisleitung Köln-Nord beauftragt[30], in deren Haus zunächst auch die „Einsatzbefehlsstelle" untergebracht war, die – in Verbindung mit Polizei und örtlichem Luftschutzleiter – den Einsatz der NSDAP bestimmen und koordinieren sollte. Die mittlere Befehlsebene wurde drei „Befehlsvermittlungsstellen" zugewiesen, die ihren Sitz in den Kreisamtsleitungen der „Nationalsozialistischen Volkswohlfahrt" (NSV) hatten. Wurden Anordnungen, „die den Einsatz der Partei betreffen, ... ausschließlich durch die Einsatzbefehlsstelle gegeben", so waren die Vermittlungsstellen für deren Weiterleitung an die zahlreichen „Ortsgruppen-Befehlsstellen" zuständig. Ihre weiteren Aufgaben bestanden in der „Durchführung der Verpflegung in den Räumungsgebieten", der vorläufigen Unterbringung Fliegergeschädigter in Notquartieren sowie in der Sicherstellung von deren Hausrat. Die unterste Ebene des Einsatzplanes bildeten die Kölner NSDAP-Ortsgruppen – im April 1940 immerhin 125 –, die die eigentliche Arbeit vor Ort verrichten, so u.a. die von den „Befehlsvermittlungsstellen" angeordneten Maßnahmen in den drei oben umrissenen Bereichen durchführen sollten. Nach Eintritt eines Schadens im Gebiet einer Ortsgruppe waren „alle verfügbaren Politischen Leiter, darüber hinaus alle verfügbaren Männer, sofort zum Einsatz zu bringen". Gesondert geregelt war das Verhalten im Rahmen eines eventuellen „Sondereinsatzes", in der Regel Hilfeleistungen an sogenannten „Großschadensstellen". Zu solchen Einsätzen hatten die „Politischen Leiter" unbedingt in Uniform zu erscheinen, wobei zudem alle hieran beteiligten Männer eine Armbinde mit dem Aufdruck „Sondereinsatz der NSDAP" zu tragen hatten. Gleichzeitig war aber – entsprechend der Anordnung vom 28. Dezember 1939 – eindeutig festgelegt, daß auch der Einsatz der Partei „dem Kommando des örtlich eingesetzten Polizeioffiziers" unterstehen würde.

Die Intention des noch weitaus detaillierteren Papiers lag auf

[30] Zu diesem Zeitpunkt war das Kölner Stadtgebiet noch in die drei Parteikreise -Nord, -Süd und -rechtsrheinisch aufgeteilt. Unter den Einwirkungen des Krieges wurde im April/Mai 1941 faktisch die Zusammenlegung zum NSDAP-Kreis Köln durchgeführt, mit dessen Leitung Gauleiter Grohé den bisherigen Kreisleiter Köln-Süd, Alfons Schaller, beauftragte. Offiziellen Charakter bekam diese Umstrukturierung offenbar erst am 1. 8. 1942.

[31] HStAD, BR 1131/56: LSA III, 4. 7. 1942, Betrifft: Aufgetretene Mängel aus dem Luftangriff vom 30./31. 5. 1942.
[32] HStAD, RW 23/122, Bl. 146.

der Hand: Aufgrund ihrer weitverzeigten Organisation glaubte die NSDAP, gerade durch den sofortigen Einsatz ihrer Ortsgruppen-Funktionäre bei der Betreuung von Fliegergeschädigten und der öffentlichkeitswirksamen Arbeit an Großschadensstellen stärkeren Rückhalt in der Kölner Bevölkerung zu erzielen. Dieses 1940 ohne konkrete Erfahrungswerte konzipierte Modell scheint spätestens unter der Wucht des „1000-Bomber-Angriffs" arg ins Wanken geraten zu sein.

Zunächst kam es bezüglich des „Sondereinsatzes der NSDAP" an der Großschadensstelle Remscheider Straße zu erheblichen Unstimmigkeiten, deren tatsächliches Ausmaß in der einzigen hierzu erhaltenen Quelle sicherlich nur sehr vorsichtig und eher zurückhaltend wiedergegeben ist. Die Tätigkeit des Sondereinsatzes der NSDAP, so das Ergebnis einer Offiziersbesprechung für den Bereich des Luftschutzabschnittes III am 25. Juni 1942, habe hier „viel zu wünschen übrig" gelassen. Das habe v. a. daran gelegen, „daß sich der Führer des Sondereinsatzes nicht an die Richtlinien über den Sondereinsatz der NSDAP hielt". Es habe keine Kontaktaufnahme mit dem zuständigen Polizeiführer stattgefunden, wodurch eine wirkliche Zusammenarbeit verhindert worden sei. Vielmehr sei die Tätigkeit des Sondereinsatzes nach eigenem Ermessen des NSDAP-Funktionärs ausgeführt worden, was sich in allen Bereichen „unangenehm" bemerkbar gemacht habe. Weiterhin sei der Einsatz dadurch behindert worden, daß zum Sondereinsatz gehörige Personen weder durch Uniform noch Armbinde kenntlich gewesen seien. Schließlich wurde noch bemängelt, daß bis zum 25. Juni 1942 noch immer die genauen Angaben über die neuen Anschriften der Ausquartierten nicht vorliegen würden.[31] Nach dieser Schilderung waren die wesentlichsten Bestimmungen, die der Plan vom April 1940 hinsichtlich des „Sondereinsatzes der NSDAP" enthielt, nicht eingehalten worden.

Aber auch die praktische Umsetzung der allgemeineren Aufgaben von Einsatzbefehlsstelle, Befehlsvermittlungsstellen und Ortsgruppen ließen offensichtlich sehr zu wünschen übrig. Schon am Montag nach dem Angriff, dem 1. Juni, teilte die Einsatzbefehlsstelle in einem Rundschreiben mit, daß „mit sofortiger Wirkung" ein neuer Dienstplan in Kraft treten werde.[32] Dieser Plan wies im Vergleich zu dem vom April 1940 eine völlig andere Gliederung auf. Der bisherigen mittleren Ebene, den „Befehlsvermittlungsstellen", war allem Anschein nach ihre wichtige Mittlerfunktion zu den Ortsgruppen entzogen worden. Stattdessen war nun die Einsatzbefehlsstelle selbst stark unterteilt, wobei die einzelnen Ressorts nach Art von Sachreferaten aufgebaut waren. Neben einem „Chef vom Dienst" und dessen Vertreter wurden fünf weitere Abteilungen gebildet, die für Nachrichten-, Kurier- und Fahrdienst, Verpflegung, allgemeine Ernährungsfragen, Obdachlosen-Unterbringung sowie Möbeltransport und -unterstellung verantwortlich zeichneten und denen jeweils „Obergemeinschaftsleiter" vorstanden. Die wichtigste Stelle dieser neuen Organisationsform war – wohl v. a. aufgrund von Erfahrungen aus dem einen Tag zurückliegenden Angriff – der Nachrichten-, Kurier- und Fahrdienst, der als Verbindungsstelle zu den Ortsgruppen fungierte. Die Abteilung wurde vom „Leiter der Inspektion" geführt, dem für die Gebiete der ehemaligen drei Kölner Parteikreise jeweils ein weiterer Inspekteur zur Seite gestellt wurde.

Diese Umorganisation war offenbar dringend notwendig gewesen, denn einleitend zu einem detaillierten Fragebogen, den die NSDAP-Kreisleitung Köln am 2. Juni an alle Ortsgruppenleiter verschickte, wurde unverblümt kritisiert, daß die „verschiedensten Anfragen der Einsatzbefehlsstelle vom gestrigen Tage … entweder garnicht oder nur unvollständig beantwortet" worden seien. Der Ton des Schreibens war auch im weiteren unmißverständlich deutlich: Um eine wirkungsvolle Arbeit der Partei zu gewährleisten, sei „die genaueste Kenntnis der Lage erforderlich". Daher wurden die Ortsgruppenleiter angewiesen, die ihnen vorgelegten Fragen umgehend schriftlich zu beantworten und den Boten, die das Papier unmittelbar an die Ortsgruppen zustellten, das Ergebnis sofort mit zurückzugeben.[33]

Das Schreiben dürfte nicht überinterpretiert sein, wenn aus ihm eine herbe Kritik an dem Parteieinsatz nach dem „1000-Bomber-Angriff" herausgelesen wird. Noch Brisanteres läßt sich aus einem anderen ungewöhnlichen Umstand ableiten. Das Schriftstück trägt den Briefkopf der Kreisleitung Köln-Stadt, ist aber nicht von Kreisleiter Alfons Schaller unterzeichnet, sondern von dessen Bruder Richard in seiner Funktion als stellvertretender Gauleiter. Es ist mehr als wahrscheinlich, daß sich hinter dieser höchst unüblichen Konstellation massive Vorwürfe an den Kreisleiter verbergen. Daß dieser ins Kreuzfeuer der Kritik geraten sein muß, läßt sich durch andere Indi-

[33] Ebenda, Bl. 137.

zien erhärten. Alfons Schaller unterzeichnete am 3. Juni in seiner Funktion als Leiter der Einsatzbefehlsstelle Köln zwar noch einige Rundschreiben an die Ortsgruppenleiter, doch wurde er am 4. Juni allem Anschein nach zunächst für einige Tage ins Abseits gestellt. An diesem Tag wurden sämtliche Ortsgruppenleiter zu einer dringenden Besprechung ins Rathaus vorgeladen; ihre Teilnahme war zur unbedingten Pflicht erklärt worden, eventuelle andere Verpflichtungen mußten in jedem Fall zurückstehen.[34] Aus den bislang vorliegenden Unterlagen geht leider nicht hervor, was Anlaß und Inhalt der wichtigen Sitzung war, aber es ist anzunehmen, daß hier massive „Manöverkritik" geübt und daraus parteiinterne Konsequenzen gezogen wurden. Jedenfalls wurden die Rundschreiben der Einsatzbefehlsstelle an den folgenden Tagen nicht mehr von Alfons, sondern von Richard Schaller unterzeichnet, was nun insofern auch in einen formalen Rahmen eingepaßt war, als wahrscheinlich bei der Besprechung im Rathaus ein „Sonderstab des Stellvertr. Gauleiters bei der Einsatzbefehlsstelle Köln" ins Leben gerufen worden war. Die Dinge blieben weiterhin im Fluß. Bereits am 8. Juni wurden die Rundschreiben wieder von Alfons Schaller unterschrieben, nun jedoch nicht mehr als Leiter der Einsatzbefehlsstelle, sondern für den „Sondereinsatzstab der Partei".[35]

Mit dieser Neuschöpfung scheint ein Diskussionsprozeß abgeschlossen worden zu sein, der unmittelbar nach dem Angriff bzw. als Folge der aller Wahrscheinlichkeit nach reichlich aufgetretenen Pannen in Gang gekommen war. Das Resultat war ein gedruckter, streng vertraulicher „Einsatzplan für den Einsatz der Partei bei Bekämpfung der Schadensfolgen bei Fliegerangriffen".[36] Über „Zweck und Sinn" dieses Einsatzes hieß es einleitend, der Angriff vom 30./31. Mai und die darauffolgenden Maßnahmen aller zuständigen Dienststellen hätten „klar erwiesen, daß bei einem planvollen Einsatz der Abwehrkräfte das Ziel des Feindes nicht oder nicht in dem gewünschten Umfange erreicht" würde. Sowohl der Partei wie den Behörden habe der englische Angriff und die Bekämpfung der Folgen „wertvolle Erfahrungen geliefert", die mit weiteren Erkenntnissen aus früheren Bombardements zu einer neuen Dienstanweisung Anlaß gegeben hätten.

Auch in dem neuen Einsatzplan beanspruchte die NSDAP die Bereiche, die sich „aus dem der Partei vom Führer zugewie-

[34] Vgl. ebenda, Bl. 129.

[35] Vgl. ebenda, Bl. 82.

[36] BAK, NS 26/144. Das gedruckte Exemplar trägt das Datum vom 18. 6. 1942. Allein am frühen Datum läßt sich ermessen, wie eilig die Kölner NSDAP die Umorganisation betrieb.

senen Auftrag der Menschenführung" ergeben würden. Um diesen Aufgaben gerecht werden zu können, sei aufgrund der Erfahrungen aus dem letzten Angriff die bisherige Einsatzbefehlsstelle bei der Kreisleitung zum „Einsatzstab der Partei Köln" erweitert worden. Der Stab stand nun wieder unter der Führung des Kreisleiters. Wie schon der eilig eingesetzte Dienstplan vom 1. Juni sah auch das Papier vom 18. Juni eine – nun noch weiter differenzierte – Aufteilung nach Sachgebieten vor. In Zukunft sollte es neben dem Kreisleiter und dem Chef vom Dienst folgende Funktionen geben: je einen „Beauftragten" für das Nachrichtenwesen, für Schadensmeldungen, für Menschenbetreuung, für die Inspektion, für Presse- und Aufklärungsdienst sowie für Gesundheitswesen. Hinzu traten noch „Verbindungsmänner" zum Oberbürgermeister[37], Polizeipräsidenten, Wehrmachtskommandanten und zu den verschiedenen Wirtschafts- und Ernährungsämtern. Diese Umstrukturierung muß als eindeutige Reaktion auf Probleme im Umfeld des „1000-Bomber-Angriffes" zurückgeführt werden. So heißt es beispielsweise bei der Definition des „Beauftragten für das Nachrichtenwesen", dessen vornehmste Aufgabe sei die Sicherstellung eines in jedem Falle funktionierenden Kurierdienstes. „Es genügt nicht, auf dem Papier eine wunderbare Organisation aufzubauen", diese müsse „nach jedem Angriff" auch funktionieren. Dem „Beauftragten für Menschenbetreuung" wurde aufgetragen, dafür Sorge zu tragen, „daß weder Partei noch Behörde überrascht werden, mag der Angriff auch noch so groß sein".

Ohne an dieser Stelle auf weitere Einzelheiten des neuen Einsatzplanes einzugehen, wird doch deutlich, daß der Angriff vom 30./31. Mai 1942 die Kölner NSDAP vor erhebliche Probleme gestellt hatte. Die theoretischen Planungen hinsichtlich des „Sondereinsatzes" nach Fliegerangriffen scheinen in vielen Fällen nicht in die Tat umgesetzt worden zu sein. Das lag sicherlich einerseits an der Unzulänglichkeit von Parteifunktionären; ob Kreisleiter Alfons Schaller hierzu gezählt werden muß, ist aus den vorliegenden Quellen zunächst nicht zu entscheiden. Andererseits verdeutlichen die weitreichenden Umstrukturierungen aber auch die neue, zuvor nicht für möglich gehaltene Dimension, in die der Luftkrieg nun eingetreten war. Das Ausmaß der Schäden und der notwendig werdenden Sofortmaßnahmen waren in einer solchen Größenordnung vorher kaum Bestandteil von Planungen gewesen.

[37] Der „Verbindungsmann" zwischen Einsatzstab der NSDAP und Oberbürgermeister war durch eine Verfügung des OB bereits am 5. 6. 1942 eingesetzt worden. Dies ist ein weiterer Hinweis auf die Bedeutung der Sitzung am 4. 6. 1942.

Schadensbekämpfung II: Rettungs- und Sofortmaßnahmen

Schenkt man hingegen den von den zuständigen Stellen erstellten Erfahrungsberichten vollen Glauben, stellte die nach dem Angriff einsetzende Schadensbekämpfung oftmals ein wahres Muster an vorbildlicher Organisation dar. Auffällig ist dabei allerdings, daß die jeweils berichtende Seite gerade ihre Maßnahmen besonders lobend hervorhob.[38] Der Selbstschutz[39], so Gauleiter Grohé, habe „hervorragend gearbeitet", der „Sondereinsatz" der NSDAP sei umgehend angelaufen und habe trotz Ausfall des Telefonnetzes sofort funktioniert. Dies sei besonders auf den in „kürzester Zeit" aufgebauten Kurierdienst zurückzuführen gewesen, den hauptsächlich die „Hitler-Jugend" (HJ) durchgeführt habe. Dessen Effektivität sei so groß gewesen, daß selbst Wehrmacht und Behörden darauf zurückgegriffen hätten.

Überhaupt: Die Ortsgruppenleiter hatten „ihre Aufgabe im wahrsten Sinne des Wortes gemeistert", die Kölner Bevölkerung eine „erhabene Haltung" an den Tag gelegt und keinerlei „Mißstimmung" gezeigt. Abschließend gewann die lokale NSDAP dem Angriff auch positive Seiten ab: „Das Ansehen der Partei hat durch diese Arbeit eine gewaltige Steigerung erfahren."[40]

Negative Aspekte wurden im allgemeinen auf Sachzwänge und materielle Gründe zurückgeführt; die Kölner selbst standen den verschiedenen Berichten zufolge praktisch geschlossen hinter den sich aus der Kriegssituation ergebenden Idealen. Von entscheidender Bedeutung, führte etwa der Leiter der Werkluftschutz-Bereichsstelle Rheinland in seinem Erfahrungsbericht zum „1000-Bomber-Angriff" aus, sei der „Geist, in welchem der Kampf gegen die Einwirkungen der zu einem Terrorangriff eingesetzten feindlichen Flugzeuge geführt wird". Er resümierte: „Dieser Geist, der sich in einem Zusammenwirken der Werkluftschutz-Kräfte untereinander und mit der Bevölkerung kundtat, muss als vorbildlich bezeichnet werden."[41]

Hier gilt es zu relativieren. So berichtete der Schweizer Konsul von Weiss nach Bern, die Kölner Bevölkerung habe während und nach dem Angriff „den Kopf und die Nerven vollständig verloren".[42] Viele Häuser wären mit „relativer Leichtigkeit" zu löschen gewesen, die Hausbesitzer und Wohnungsinhaber hätten es aber nicht über sich gebracht, den Luftschutzkeller für einen Augenblick zu verlassen. Es stelle sich darüber hinaus die Frage, wie es dazu hätte kommen können, „dass die Feuerwehr,

[38] Es wird im folgenden keine Vollständigkeit angestrebt. Dies muß einer umfassenderen Untersuchung vorbehalten bleiben.

[39] Unter „Selbstschutz" ist der Einsatz aller nicht in andere Funktionen eingebundenen Kölner zu verstehen, die versuchen sollten, v. a. durch Brandbomben verursachte Entstehungsbrände sofort zu löschen. Hierauf wird noch einzugehen sein.

[40] Zitate aus „Einsatzplan für den Einsatz der Partei bei Bekämpfung der Schadensfolgen bei Fliegerangriffen" (BAK, NS 26/144, S. 10 und 12).

[41] HStAD, BR 1131/57.

[42] Die den Angriff betreffenden Passagen seiner Berichte sind hier als Quelle 25 abgedruckt.

Übung zum Selbstschutz: Vorführung der Bekämpfung von Brandbomben

die Polizei und der Ordnungsdienst so vollkommen versagt haben". „Die sonst als musterhaft bezeichnete deutsche Ordnung und Disziplin waren durch diesen gewaltigen Angriff vollständig desorganisiert."

Es gibt keinen Grund, den Ausführungen des Schweizer Konsuls zu mißtrauen. Der vielbeschworene „Selbstschutz" wurde im deutlichem Gegensatz zur Beurteilung durch Gauleiter und Reichsverteidigungskommssar Grohé auch von offizieller Seite massiv kritisiert. Hob dieser in seinem Abschlußbericht hervor, „dass es vor allem der tatkräftigen Hilfe aller Kreise der Bevölkerung zu verdanken ist, dass zahlreiche Brände in Wohnungen gelöscht oder auf ihren Herd beschränkt werden konnten"[43], kamen die Verantwortlichen des Luftschutzes zu völlig anderen Erkenntnissen. In vielen Fällen hätten die Kräfte des Selbstschutzes „bis zum Äussersten ihre Pflicht nicht getan", so beispielsweise der LSA I in seinem Erfahrungsbericht. Bei stärkerem Engagement wäre ein großer Teil der aufgetretenen Brände zu verhindern gewesen. In zahlreichen Häusern seien erst gar keine Selbstschutz-Kräfte auf ihrem Posten gewesen, sondern

[43] Hier abgedruckt als Quelle 24.

[44] HStAD, BR 1131/56.
[45] BAK, R 2/29918, Bl. 205 f.
[46] Welche Gefahren der Selbstschutz in sich barg, geht u. a. aus der hier abgedruckten Quelle 3 hervor.

hätten sich in Luftschutzräumen aufgehalten oder seien ohne Abmeldung verreist.[44]

Erhebliche Defizite stellte auch der „Vertreter des Reichsinteresses" in Köln fest, der für das Reichsfinanzministerium die Abwicklung der Kriegsschädenregulierung überwachte. Angesichts der großen Schäden und der damit zu erwartenden Entschädigungsansprüche wurde offenbar erwogen, gegen Geschädigte wegen „Unterlassen von Massnahmen wirksamer Brandbekämpfung in der Nacht vom 30./31. Mai 1942" zu ermitteln.[45] Der federführende Beamte kam zu dem Ergebnis, die Schadenshöhe sei vor allem dadurch bedingt, daß zu dem Zeitpunkt, als Brandbomben leicht zu löschen gewesen wären, große Mengen von Sprengbomben geworfen worden seien; zudem habe die Flak sehr stark geschossen. Die Bevölkerung habe die Weisung gehabt, während der „unmittelbaren Feindeinwirkung" die Luftschutzräume aufzusuchen und nur in Feuerpausen die Häuser nach Brandbomben abzusuchen. Da der Begriff der „Feuerpause" naturgemäß aber sehr dehnbar auszulegen sei, könne in keinem Fall ein Verschulden der Geschädigten angenommen werden. Insgesamt sei das Verhalten der Kölner sehr unterschiedlich gewesen. Teile der Selbstschutzkräfte hätten unter Lebensgefahr Brandbomben entfernt, während der größte Teil der Bevölkerung das Ende des unmittelbaren Angriffs oder sogar das Ende des Alarms in den Luftschutzräumen abgewartet habe. Erschien ein solches Verhalten angesichts der ungeheuren Wucht des Angriffs noch akzeptabel[46], so wurde dagegen kritisiert, daß von vielen Geschädigten „auch nach der Entwarnung nicht genügend dafür Sorge getragen wurde, um die gefährdeten Sachen, soweit möglich, der Brandeinwirkung zu entziehen. In Einzelfällen soll die Äusserung gefallen sein, ruhig brennen zu lassen, da alles ersetzt werde." Im allgemeinen sei die Bevölkerung aber bemüht gewesen, möglichst viel zu bergen; wohl nicht zuletzt, weil mittlerweile zwar bekannt geworden war, daß eine großzügige geldliche Entschädigung gewährt wurde, es aber äußerst schwierig war, die beschädigten und verlorenen Gegenstände auch tatsächlich wieder zu beschaffen.

Sicherlich verbietet es sich, angesichts des über Köln hereingebrochenen Chaos einseitige Wertungen vorzunehmen; auch der Berichterstatter des Reichsfinanzministerium war sich darüber im klaren, daß es praktisch unmöglich war, ein „richtiges Bild über die Vorgänge nach dem Grossangriff ... und das hierbei gezeigte Verhalten der Geschädigten zu gewinnen". Andererseits war es aber in keinem Fall so „erhaben", wie es die NSDAP glauben machen wollte. Der Partei ging es bei ihren Lobeshymnen vorrangig darum, ihren eigenen Rückhalt in der Bevölkerung zu sichern, um so die Akzeptanz zu erhöhen und die „Heimatfront" stabil zu halten. Das verbot aber deutliche Kritik. So betonte auch der „Vertreter des Reichsinteresses", Nachforschungen hinsichtlich unterlassener Rettungsmaßnahmen und die Aufrollung aller damit zusammenhängenden Fragen würde „erhebliche Beunruhigung in die ohnehin hart getroffene Bevölkerung der Stadt Köln bringen". Das war aber nicht nur nicht erwünscht, sondern von oberster Stelle quasi verboten: Von Seiten des Regierungspräsidenten wurde wiederholt darauf hingewiesen, der Reichsinnenminister lege besonderen Wert darauf, „dass die Bevölkerung anlässlich von Vorkommnissen, die mit Fliegerangriffen zusammenhängen, nicht allzu sehr beunruhigt wird". Andererseits war den Verantwortlichen bewußt, daß die gesamte Brandbekämpfung vorrangig mit dem Funktionieren des Selbstschutzes „steht und fällt".[47] Der einzig gangbare Weg, die Diskrepanz zwischen dem Anspruch an die Effektivität des „Selbstschutzes" und tatsächlicher Einsatzbereitschaft zu verringern, wurde offenbar in Propagandaartikeln gesehen, die die persönlichen Vorteile einer mutigen Brandbekämpfung in Privathäusern hervorhoben.[48]

Was es bei aller Kritik an den Rettungsarbeiten aber immer zu berücksichtigen gilt, ist der deutliche Mangel an notwendigem Personal und Geräten. Nach offiziellen Angaben wüteten in Köln nach dem Angriff allein mehr als 2500 Großbrände, insgesamt sollen es über 12000 gewesen sein. Dieser immensen Zahl standen lediglich 66 Motorspritzen gegenüber, die im Laufe der Nacht noch durch hinzugerufene Kräfte aus der Nachbarschaft und anderen rheinisch-westfälischen Großstädten um 88 Geräte ergänzt werden konnten. Angesichts einer solchen Diskrepanz war eine effektive Brand- und Schadensbekämpfung nahezu ausgeschlossen, zumal 16 der 25 Kölner Luftschutzreviere durch die Auswirkungen des Angriffs völlig oder teilweise funktionsunfähig geworden waren. Folgerichtig stellte der Befehlshaber der Ordnungspolizei im Bereich des Wehrkreises VI, Lankenau, in seiner bereits zitierten Analyse die Frage, „ob wir personell und materiell den Anforderungen, die die Schadensbekämpfung an uns stellt, auch heute noch gewachsen sind".[49] In

[47] So der Befehlshaber der Ordnungspolizei im Wehrkreis VI, Lankenau, in einer Analyse des Angriffs auf Köln. (BAK, NS 19/14, Bl. 155 ff., hier Bl. 160.) Ähnliches galt für den „erweiterten Selbstschutz", Werkluftschutz u. ä. Hierzu führte ein Kölner Verantwortlicher (vermutlich Beigeordneter Brandes) in einem Erfahrungsbericht zum Angriff aus, die Bewachung von Lagerplätzen, Büros und Kaufhäusern gegen Brandbomben sei als unzureichend zu bezeichnen. (Vgl. HAStK, ZS Kriegschronik 1939–1944, Bd. 64, Bl. 14 ff.)

[48] Vgl. als Beispiel den Artikel zum „Weißen Haus" in der Elisenstraße, hier abgedruckt als Quelle 18.

[49] BAK, NS 19/14, Bl. 155 ff., hier Bl. 158.

der Nacht vom 30. zum 31. Mai jedenfalls hatten weder die eingesetzten Kräfte noch das verfügbare Material ausgereicht, um der weitreichenden Schäden Herr zu werden; auch dies ein weiterer Beleg für das zuvor nicht vorstellbare Ausmaß des Angriffs.

Neben den Lösch- und Rettungsarbeiten mußten zahlreiche Sofortmaßnahmen ergriffen werden, um der betroffenen Bevölkerung zu helfen und das öffentliche und wirtschaftliche Leben schnellstmöglich wieder in Gang zu bringen.[50] Im Vordergrund standen dabei zunächst die Sicherstellung von Ernährung und Unterkunft, wobei sich die NSDAP gemäß ihres Anspruches auf den Bereich der „Menschenbetreuung" hier ihre Rechte hatte festschreiben lassen. Die Arbeitsaufteilung zwischen Partei und Stadtverwaltung (Abt. Fliegerschäden) war bis zum 30./31. Mai 1942 in einem Abkommen geregelt, wonach die NSDAP für „die erste Erfassung, Sammlung und unentgeltliche Unterbringung der obdachlos gewordenen Fliegergeschädigten in Privatquartieren, die Ausstellung der grünen Ausweiskarten (bevorzugte Abfertigung, Kaufmöglichkeiten), die Sorge für den Abtransport und die Unterstellung des Hausrats sowie die Mitarbeit bei der Verteilung der Verpflegung" verantwortlich sein sollte. „Der Stadtverwaltung obliegt die Bereitstellung von Notunterkünften, die Unterbringung von Obdachlosen, die nicht in Privatquartieren untergebracht werden konnten, die Durchführung der Gemeinschaftsverpflegung und die fürsorgerische Betreuung der Fliegergeschädigten." Der Inhalt dieser Abmachung, so heißt es im offenbar von städtischer Seite erstellten Vortragsmanuskript vom September 1942, habe nach den Erfahrungen des Angriffs „notwendigerweise umgestaltet werden" müssen.[51]

Eine absolut vorrangige Aufgabe bestand zunächst in der Versorgung der vom Angriff unmittelbar betroffenen Bevölkerungskreise. Auch wenn das zuständige Ernährungs- und Wirtschaftsamt der Stadt in einem Bericht vom 11. Juni 1942 betonte, die „große Bewährungsprobe ... glänzend bestanden" zu haben[52], waren doch erhebliche Probleme aufgetreten. Zunächst einmal zeigte sich auch auf diesem Sektor, daß ein Angriff solchen Ausmaßes in den deutschen Planungen nicht vorgesehen war. Obwohl in Köln bereits auf eine zweijährige Erfahrung mit Luftangriffen zurückgegriffen werden konnte, war bis zum 31. Mai die Notverpflegung von nur 24000 Per-

[50] Im folgenden kommen nur einige solcher Maßnahmen zur exemplarischen Darstellung.

[51] HAStK, ZS Kriegschronik 1939–1944, Bd. 64, Bl. 14 ff.: Erfahrungen aus dem großen Fliegerangriff vom 31. 5. 1942 (Vortrag im Haus der Technik in Essen am 11. 9. 1942); ebenda, Bd. 63, Bl. 1 ff.: Bericht des Oberbürgermeisters an den Gauleiter über die Maßnahmen der Stadtverwaltung nach dem Fliegerangriff vom 30./31. Mai 1942. Hiernach auch die folgenden Zahlen.

[52] HAStK, ZS Kriegschronik 1939–1944, Bd. 85, Bl. 1 ff.: Vertraulicher Bericht des Beigeordneten Bönner an die Mitglieder des Beirates für das Ernährungs- und Wirtschaftsamt, 11. 6. 1942. Auch in BAK, R 2/29904, Bl. 192 ff.

sonen gewährleistet.[53] Das schien auch durchaus reichlich bemessen, hatte die Höchstzahl der nach einem Fliegerangriff „zu verpflegenden Volksgenossen" bis dahin doch bei 9000 gelegen.
Nun jedoch traten erhebliche Probleme auf, zumal ein großer Teil der theoretisch verfügbaren Küchen für Massenspeisung nicht einsatzbereit war. So sollen sämtliche NSV-Küchen durch Angriffseinwirkung ausgefallen sein. Dem ist jedoch nur schwer Glauben zu schenken, da die Zerstörung der NSV-Gauleitung am Blaubach ja nicht gleichzeitig den Ausfall der über das Stadtgebiet verteilten Verpflegungsstellen bedeutete.[54] Wie dem auch sei, die 16000 bis 17000 verfügbaren Essenportionen reichten bei weitem nicht aus, so daß sofort bei den um Köln liegenden Wehrmachtsstellen Feldküchen angefordert wurden. Deren Zahl belief sich schließlich auf 120 mit einer Kapazität von etwa 20000 Portionen täglich. Am 31. Mai wurden rund 22000 Fliegergeschädigte auf diese Weise verpflegt; der Höhepunkt war am 4. Juni mit etwa 35000 Personen erreicht. Wegen des Ausmaßes des Angriffs mußte die üblicherweise auf drei Tage beschränkte „markenfreie Beköstigung" auf sechs Tage ausgedehnt werden, da es angesichts der Großzahl der Geschädigten nicht möglich war, alle Betroffenen in drei Tagen durch die Bezirksstellen des Ernährungs- und Wirtschaftsamtes mit den notwendigen Marken zu versehen. Am 7. Tag, so wurde vom zuständigen Beigeordneten Bönner nicht ohne Stolz verkündet, „traten jedoch auch hier die Bewirtschaftungsvorschriften wieder voll in Kraft". Eine Konsequenz dieser Erfahrungen war es, daß die Kapazität der Notverpflegung zukünftig auf 50000 Portionen erhöht wurde, ein Faktum, das auch im neuen „Einsatzplan" der NSDAP festgeschrieben wurde, wobei es nun allerdings ausdrücklich hieß, die Sicherstellung dieser Zahl sei Aufgabe der Stadtverwaltung.

Wie an zahlreichen anderen Punkten stellt sich auch hier die Frage nach dem Verhältnis und der Kompetenzverteilung zwischen Stadtverwaltung und NSDAP. Das Ernährungs- und Wirtschaftsamt konzedierte in seinem Erfahrungsbericht zwar, unmittelbar nach dem Angriff wäre die erste Verpflegung wegen der Vielzahl der Verpflegungsstellen „teilweise" durch die Ortsgruppen erfolgt, doch wurde der letztliche Erfolg dieser Sofortmaßnahme eindeutig in den eigenen Bemühungen gesehen. Die seit Jahren aufgebaute und verfeinerte Organisation habe sich

53 Diese sollten zu je 7300 von städtschen und NSV-Küchen und 9400 von „sonstigen Küchen" (Werkskantinen etc.) verpflegt werden.

54 In allen Quellen wird lediglich der Ausfall der NSV-Küchen bekanntgegeben, ohne daß nähere Details hierzu geliefert werden. Eventuell spiegelte die angegebene Zahl dieser Küchen lediglich den theoretischen Anspruch der NSDAP auf den Bereich der „Menschenbetreuung". Ein Versagen der NSV bei diesem Angriff kann auch aus der Tatsache abgeleitet werden, daß sie im Gegensatz zum „Einsatzplan" vom April 1940 im neuen Papier vom 18. 6. 1942 in den Planungen der Partei nur noch eine völlig untergeordnete Rolle spielte.

Notverpflegung aus einer Feldküche der Wehrmacht

glänzend bewährt, nichts habe nach dem Angriff abgeändert werden müssen, „sondern vom ersten Tage an konnte das Ernährungsamt die Fäden fest in der Hand halten". Nicht für eine Stunde habe die Versorgung der Bevölkerung mit lebensnotwendigen Nahrungsmitteln eine Unterbrechung erfahren. „Es kann auch keinem Zweifel unterliegen, daß dieser große Erfolg in erster Linie der weitsichtigen Planung und eingehenden Vorbereitung zu verdanken ist."

Hier scheint von Seiten der Stadtverwaltung ein spitzer Pfeil in Richtung auf die lokale Parteiorganisation abgeschossen worden zu sein. Der Totalausfall aller NSV-Küchen sprach nicht gerade für eine organisatorische Meisterleistung, auch wenn Gauleiter Grohé in seinem Abschlußbericht naturgemäß die Leistung der NSDAP in Fragen der „Menschenbetreuung" in höchsten Tönen lobte. Die Ortsgruppenleiter hätten unmittelbar nach dem Angriff für die Ernährung der Obdachlosen Sorge getragen, bis die Ingangsetzung des städtischen Ernährungsapparates sichergestellt gewesen sei. Die Zahl der von den Ortsgruppen allein bis zum Vormittag des 31. Mai ausgegebenen Portionen wird von Grohé auf 26000 beziffert; zum gleichen Zeitpunkt habe es die Stadtverwaltung lediglich auf 10000 ge-

Kölner Mädchen beim Kartoffelschälen für die Notverpflegung von Fliegergeschädigten

bracht. Gleichgültig, wer welche Verdienste für sich in Anspruch nahm, nach den vorliegenden Quellen kann davon ausgegangen werden, daß die Notverpflegung der Fliegergeschädigten trotz einiger Anlauf- und Organisationsschwierigkeiten in halbwegs geordneten und zufriedenstellenden Bahnen verlief; angesichts der Größe des Angriffs eine nicht unerhebliche Leistung.[55]

Den Verantwortlichen war bewußt, daß solche Notmaßnahmen allein kaum ausreichten, um die Stimmung in der schockierten Bevölkerung günstig zu beeinflussen. Ein Weg, der in solchen Situationen häufig beschritten wurde, war der der Ausgabe von Sonderzuteilungen. „Ganz Deutschland", so Josef Fischer in seinem Erlebnisbericht, „ist zum Arsenal für Köln geworden." Tatsächlich zeigten sich alle Stellen bereit, der Kölner Bevölkerung relativ unbürokratisch Hilfe zuteil werden zu lassen. Bereits am 31. Mai bewilligte das Provinzialernährungsamt erhebliche Sonderzuteilungen, deren Ausgabe unmittelbar durch die Lokalpresse bekanntgegeben wurde.[56] Ausnahmsweise wurden nicht ausschließlich Fliegergeschädigte, sondern die

[55] So sollen rund 1 000 Mitarbeiter des Ernährungs- und Wirtschaftsamtes noch am 31. Mai jeweils 1 200 Bezugsscheine an Bombengeschädigte ausgegeben haben. (Vgl. Fischer 1970, S. 101.)

[56] Vgl. dazu die verschiedenen Bekanntmachungen, abgedruckt u. a. im WB, 1. 6. 1942 (AA), 2. 6. 1942 (AA), 3. 6. 1942 (AA), 5. 6. 1942.

RUHE

Zerstörtes Wohnhaus

Kaufhaus Cords in der Zeppelinstraße

[57] Vgl. unten Quelle 24.

[58] Das folgende nach HAStK, ZS Kriegschronik 1939–1944, Bd. 85, Bl. 1ff.: Vertraulicher Bericht des Beigeordneten Bönner an die Mitglieder des Beirates für das Ernährungs- und Wirtschaftsamt, 11. 6. 1942.

gesamte Bevölkerung mit Lebensmittel-Sonderzuteilungen bedacht, da – so Gauleiter Grohé – „durch den Angriff alle Kölner Volksgenossen, sei es durch direkten Fliegerschaden, sei es durch Mithilfe bei der Brandbekämpfung oder sei es durch Aufnahme von Obdachlosen, in Mitleidenschaft gezogen wurden".[57] Diese Maßnahme entsprang aber sicherlich auch dem Bestreben, die Stimmung in Köln zu bessern. Zudem kann davon ausgegangen werden, daß angesichts der Schwere des Angriffs und der großen Zahl der Geschädigten eine saubere Trennung zwischen den einzelnen Gruppen in den ersten Tagen organisatorisch kaum durchführbar war.

Auch auf anderen Gebieten der Versorgung wurden Sofortmaßnahmen eingeleitet.[58] Die gleichzeitige Zerstörung von Wohnungen mit all ihrem Inhalt und sämtlicher großer Kaufhäuser verursachte einen gewaltigen Mangel an Textilien, Schuhen und anderen Versorgungsgütern des täglichen Lebens. Hilfe wurde durch das Entgegenkommen des Bezirkswirtschaftsamtes und der Reichsstelle für Bekleidung in Berlin zuteil, die umgehend einen Sonderbeauftragten nach Köln entsandte. Ergebnis der gemeinsamen Bemühungen, die offenbar vom Kölner Ernährungs- und Wirtschaftsamt und der lokalen Industrie- und Handelskammer koordiniert wurden, war „die beschleunigte Heranschaffung von Spinnstoffen aller Art", wobei die ergangenen Anordnungen ausdrücklich den „Charakter von Sofortmaßnahmen" trugen. Auf diesem Wege wurde von der Reichsstelle für Bekleidung umgehend Ober- und Unterkleidung für 30000 Personen nach Köln in Marsch gesetzt; gleichzeitig erging die Zusage über weitere Textilmangelware für 60 000 Kölner. Darüber hinaus wurden dem Kölner Handel spezielle Schecks übergeben, mit denen für nochmals 30 000 Personen Kleidungsstücke direkt beim Fabrikanten abgefordert werden konnten. „Erfreulich war auch die Feststellung, daß Hersteller und Großhändler aller Sparten aus dem übrigen Reichsgebiet Ware zur Behebung des Notstandes in Köln anboten, wenn der Bedarf bescheinigt werde." Von dieser Möglichkeit machte das Ernährungs- und Wirtschaftsamt „in allen Fällen Gebrauch". Da die privaten Verluste immens und viele Einzelhandelsgeschäfte zerstört waren, wurde gleichzeitig der Verkauf von Textilien an Nichtfliegergeschädigte für vierzehn Tage gesperrt.

Die Sonderzuteilungen erstreckten sich auch auf andere Güter. So wurden allein in der ersten Woche nach dem 31. Mai 30 000 Paar Straßen- und 10 500 Paar Hausschuhe an Fliegergeschädigte ausgegeben. Zudem stellte das Kölner Wirtschaftsamt die umgehende Lieferung von weiteren 30 000 Paar Straßen- und 25 000 Paar Arbeitsschuhen sicher, so daß am 11. Juni 1942 resümiert werden konnte, die Deckung des ersten Bedarfs sei nunmehr sichergestellt.[59] Schließlich kam es noch zur Sonderzuteilung von zehn Millionen Zigaretten, 650 000 Zigarren und ebensoviel Päckchen Tabak sowie von einem Stück Einheitsseife und je 125 Gramm Seifenpulver an die gesamte Kölner Bevölkerung. Alles in allem, so läßt sich zusammenfassen, wurde nach dem „1 000-Bomber-Angriff" für Köln eine breit gestreute Welle von Hilfsmaßnahmen organisiert, die ihren Zweck scheinbar auch nicht verfehlten. Jedenfalls wurde registriert, daß die Sonderzuteilungen zur Besserung der Stimmung in der Stadt beitrugen[60], wenn es offensichtlich auch zu erheblichen Beunruhigungen kam. Immerhin sah sich die Kölner Wirtschaftskammer Ende Juni veranlaßt, darauf hinzuweisen, daß die „in vereinzelten Kreisen des kaufenden Publikums" laut gewordene Besorgnis, in der Versorgung der Fliegergeschädigten mit Textilwaren und anderen Gebrauchsgegenständen könnten Schwierigkeiten auftreten, jeder Grundlage entbehre. Ausreichende Mengen seien vorhanden oder würden noch „dauernd anrollen"; sollten Stockungen auftreten, so seien diese nur vorübergehender Natur.[61]

Ein weiteres vorrangiges Problem ergab sich aus dem bereits oben skizzierten hohen Zerstörungsgrad an Wohnraum. Fast

[59] Über Kontakte zum Landeswirtschaftsamt sollte auch die Wiedererstattung von zerstörtem Hausrat organisiert werden. Wie dies letztlich geschah, wird noch behandelt werden.

[60] Vgl. BAK, R 22/3374, Bl. 85 (R).

[61] HStAD, RW 22/123, Bl. 19.

10 000 total zerstörte Wohnungen, 9 000 mit schweren und nahezu 75 000 mit leichten Schäden, solch ein Verlust war bei einem Gesamtbestand von etwa 228 000 Wohnungen nur schwer zu kompensieren. Ehe sich Stadtverwaltung und Partei aber um mittel- und längerfristige Lösungen bemühen konnten, galt es, die durch den Angriff unmittelbar obdachlos gewordenen Kölner zu versorgen. Nach amtlichen Angaben belief sich deren Zahl auf 59 100, wovon 45 000 von den Ortsgruppen der NSDAP erfaßt worden seien. Bei diesen Angaben erscheint jedoch Vorsicht angebracht. Josef Fischer spricht – offensichtlich auf der Grundlage zeitgenössischer Quellen – von 100 000 Obdachlosen, die sich bereits sechs Stunden nach dem Angriff vor den Hilfsstellen gesammelt hätten.[62] Der Schweizer Konsul von Weiss berichtet von 100 000 bis 150 000 Kölnern, die ihre Wohnung verloren hatten.[63] Zu deren vorläufiger Unterbringung waren Notunterkünfte in Schulen eingerichtet worden, die nach übereinstimmender Beobachtung aller Stellen aber „auffallend wenig“ genutzt wurden.[64]

Vor allem beim Wohnungsproblem zeigte sich ein Verhalten, das am ehesten mit dem Begriff der „Nachbarschafts- oder Verwandtenhilfe“ umrissen werden kann. Die meisten der wohnungslos gewordenen Kölner kamen demnach bei Verwandten, Freunden oder Nachbarn unter, so daß der „Vertreter des Reichsinteresses“ im September ans Reichsfinanzministerium berichten konnte, die Unterbringung der Fliegergeschädigten sei in Köln deshalb in erheblichem Umfang möglich gewesen, „weil die Inhaber von Wohnungen in der allergrosszügigsten Weise Zimmer mit und ohne Kochgelegenheiten zur Verfügung gestellt haben“.[65] Inwieweit hier auch die Anordnung des Kölner Oberbürgermeisters vom 1. Juni 1942 betreffend der Meldung von freiem Wohnraum Wirkung zeigte, ist nicht zu entscheiden. Jedenfalls waren Ermittler der „Wohnungsfürsorge für Fliegergeschädigte“ damit beauftragt, nicht vollausgenutzten Wohnraum in Köln zu erfassen.[66]

Die von den Kölnern an den Tag gelegte Privatinitiative war nicht unbedingt im Sinn von Partei und Stadtverwaltung, da sie dem von diesen Seiten forciert betriebenen Evakuierungsvorhaben entgegenlief. Wohnraum war in Köln schon vor dem „1 000-Bomber-Angriff“ knapp gewesen. So hatte der Oberbürgermeister bereits am 20. April 1942 beim „Vertreter des Reichsinteresses“ einen Antrag zur Errichtung von 52 Baracken-

[62] Vgl. Fischer 1970, S. 105.

[63] Vgl. unten Quelle 25.

[64] Dennoch wurde die Zahl der verfügbaren Plätze in Notunterkünften unter dem Eindruck der Wucht des Angriffes nach dem 31. Mai 1942 auf insgesamt 32 000 erhöht.

[65] BAK, R 2/497, Bl. 23 (R). Im übrigen reklamierte die NSDAP den Erfolg solcher Privatinitiative für sich. Die Ortsgruppen hätten anhand ihrer Karteien diese Privatquartiere vermittelt, so daß die Notquartiere in der zweiten Nacht nach dem Angriff kaum mehr benutzt worden seien, hieß es in einem Propagandaartikel. (Vgl. WB, 5. 6. 1942 (MA): „So wurde Köln geholfen“.) Fischer 1970, S. 105, führt aus, daß die NSDAP so etwa 20 000 Privatquartiere erfaßt hatte, hiervon aber rund die Hälfte durch Fliegerschaden wieder ausfiel.

[66] Vgl. Amtsblatt der Regierung Köln (1942), S. 69, und WB, 5. 6. 1942 (AA): „Wohnungsfürsorge für Fliegergeschädigte“.

einheiten für Obdachlose gestellt. Nach dem Angriff sah sich die Stadtverwaltung genötigt, einen weiteren Antrag einzureichen, dessen Größenordnung sich nunmehr auf etwa 1 000 Barackeneinheiten belief.[67] Ein solches Bestreben zur Schaffung von neuem Wohnraum sollte aber nicht den Fliegergeschädigten im allgemeinen, sondern nur einer bestimmten Gruppe unter ihnen zugute kommen. Die Baracken waren notwendig, um Arbeitskräfte der Rüstungsindustrie und im besonderen solche unterzubringen, die für die dringenden Wiederaufbauarbeiten unverzichtbar waren.[68] Die Kölner selbst aber, und hier vor allem Frauen, Kinder und ältere Personen, sollten möglichst schnell und in möglichst großer Zahl die Stadt verlassen.

Am 3. Juni wurden die Ortsgruppenleiter seitens der Einsatzbefehlsstelle der NSDAP eindringlich auf den Aufruf des Gauleiters aufmerksam gemacht, „daß alle auch in Privat- und Notquartieren untergebrachten Personen, die nicht berufstätig sind, zur Evakuierung erfasst, gesammelt und nach hier gemeldet werden müssen". Es müsse unbedingt erreicht werden, daß noch belegte Not- und vorübergehend belegte Privatunterkünfte schnellstens freigemacht würden, auch wenn zunächst davon abgesehen werden könne, Totalgeschädigte, die bei Verwandten auf längere Sicht untergekommen seien, zur Evakuierung zu drängen. Die Aktion lief unter dem Stichwort „Evakuierung Omnibus".[69] Am gleichen Tag berichtete der Schweizer Konsul von Weiss, er habe aus zuverlässiger Quelle erfahren, der Kölner Polizeipräsident ziehe die Räumung der Stadt von Frauen und Kindern in Erwägung.[70]

Auch wenn eine solch tiefgreifende und kaum durchsetzbare Maßnahme nicht zum Tragen kam, wurde der Druck auf die Bevölkerung doch sichtlich verstärkt. Am 8. Juni wurden die Ortsgruppenleiter zur „sofortigen Durchkämmung der Privatquartiere" angewiesen, um so deren Belegung festzustellen und der Frage nachzugehen, „ob bereits Abmachungen für eine Dauereinquartierung getroffen wurden". Wo dies nicht der Fall sei, müsse auf die Evakuierung der nicht berufstätigen Frauen, der Kinder und „alter Leute" gedrängt werden. In einem weiteren Rundschreiben vom gleichen Tag wurde zudem zur Feststellung aufgefordert, „welche alten Leute nicht berufsfähig sind und eine eigene Wohnung besitzen". Diese sollten darüber aufgeklärt werden, daß sie in gute Privatquartiere und Gasthäuser außerhalb Kölns einquartiert werden könnten, wobei die

[67] Vgl. BAK, R 2/497, Bl. 24.
[68] Vgl. dazu unten.
[69] HStAD, RW 22/123, Bl. 129.
[70] Vgl. unten Quelle 25.

„Kurz vor der Abfahrt!" Propagandafoto zur Evakuierung

Transportkosten – allerdings nicht die Aufenthaltskosten! – von der NSDAP übernommen würden. Als Gegenleistung wurde erwartet, daß die Betreffenden die Möbel zusammenräumen und die freiwerdenden Wohnungen vermieten würden. Viel Erfolg war solchen Aktionen allem Anschein nach nicht beschieden: Aus dem Einzugsbereich der Ortsgruppe Stadtgarten meldeten sich ganze elf Personen.[71] Josef Fischer berichtet:

„Nach vier Tagen ist es mit Mühe und Zwang gelungen, viertausend Einwohner von hunderttausend Obdachlosen zu evakuieren. Die Obdachlosen, die sich bei den Ortsgruppen gemeldet haben, wurden gefragt, ob sie freiwillig Köln verlassen möchten. Sie antworten ja und erhalten einen Fahrschein für den Omnibus, der sie hinausfahren soll. Zur Stunde der Abfahrt aber sind von sechzig bis siebzig Fahrgästen nur zehn bis höchstens zwanzig erschienen. In einem Falle kamen von sechzig nur zwei."[72]

Auch in ihrem neuen „Einsatzplan" vom 18. Juni 1942 kam die Partei hinsichtlich dieser Problematik zu einem wenig erfreulichen Ergebnis:

„Nach dem Angriff in der Nacht vom 30. zum 31. Mai 1942

[71] HStAD, RW 22/123, Bl. 80.
[72] Fischer 1970, S. 206.

hat sich herausgestellt, daß die Bevölkerung nicht aus Köln flüchtete, sondern daß es mit die schwerste Aufgabe war, diejenigen Obdachlosen, deren Verbleib in Köln als unzweckmäßig erschien, zur Evakuierung zu bewegen. Hier konnte nur durch freundliches Zureden, verbunden mit sanftem Druck, ein Erfolg erzielt werden."[73]

Nach Aussage der vorliegenden Quellen wurde das gesamte Evakuierungsprogramm von den verschiedenen Stellen ohnehin wenig planvoll angegangen. So berichtete der „Vertreter des Reichsinteresses" nach Berlin, im Rahmen der Evakuierungen nach dem „1000-Bomber-Angriff" hätten anfänglich die städtischen und die Parteidienststellen jeweils selbständig gehandelt. „Weil beide Stellen infolge des Massenanfalles von Umquartierungen von den gegenseitigen Maßnahmen nicht rechtzeitig unterrichtet werden konnten, traten Verzögerungen in der Versorgung der Evakuierten ein. Auch Doppelzählungen waren nicht zu vermeiden."[74]

Im Abschlußbericht von Gauleiter Grohé wird die Zahl derer, die letztendlich „durch Sammeltransporte in die ausserhalb Kölns vorgesehenen Quartiere gebracht" wurden, mit 14439 angegeben; andere Quellen, wie beispielsweise Konsul von Weiss, sprechen von weitaus höheren Zahlen.[75] Von den unterschiedlichen Angaben muß nicht zwangsläufig eine falsch sein. Vielmehr muß der jeweils verwandte Begriff der „Evakuierung" hinterfragt werden. Grohé spricht ausschließlich von solchen Kölnern, die auf die – immer drängenderen – Angebote der Partei eingingen, Köln offiziell verließen und damit Wohnraum für andere Zwecke freimachten. Von Weiss faßt unter diesem Begriff offenbar auch jene Kölner, die der Stadt auf eigene Initiative den Rücken kehrten. Deren Zahl mag unmittelbar nach dem Angriff recht groß gewesen sein, doch war ihre Abreise quasi inoffiziell, so daß sie jederzeit zurückkehren konnten, da sie ja den Anspruch auf Wohnraum nicht abgetreten hatten. Über solche, nicht registrierte „Evakuierungen" und die stets präsenten Organisationsprobleme und -mängel gibt eine Notiz aus den Akten des Reichsfinanzministeriums nähere Auskunft:

> „Bei dem Terrorangriff auf Köln war die Ausstellung von Abreisebescheinigungen und Ausweisen selbst bei Fällen behördlich durchgeführter Evakuierungen nicht möglich. Außerdem verliessen viele, ob geschädigt oder nicht, die Stadt, ohne daß

[73] BAK, NS 26/144.
[74] BAK, R 2/494, Bl. 120 (R).
[75] Vgl. auch Pettenberg 1985, S. 101, der die Zahl 200000 nennt.

[76] BAK, R 2/29904, Bl. 207.

[77] Vgl. HStAD, BR 1131/57: Erfahrungsbericht über den Einsatz des Werkluftschutzes. Dort noch weitere detaillierte Angaben.

die Behörden von dem Verlassen Kölns Kenntnis erhielten. (...) Hinzu kam, daß auch seitens der NSV Evakuierungen ohne Rücksicht darauf, ob es sich bei den Betreffenden um Fliegergeschädigte handelte, durchgeführt wurden. (...) Aus Unkenntnis oder aus bösem Willen unterliessen die Geschädigten oder Flüchtlinge die Antragstellung bei den Aufnahmegemeinden und verliessen diese wieder, ohne daß die Personalien usw. ermittelt wurden."[76]

Man wird nach dem 31. Mai 1942 demnach von einer recht hohen Mobilität der Kölner Bevölkerung – ob nun fliegergeschädigt oder nicht – ausgehen können. Zu groß war der Schock, zu groß die Angst vor weiteren Großangriffen. Erst nach und nach wird sich die Stadt wieder mit ihren Bewohnern gefüllt haben; beides, Exodus wie Rückkehr, waren Verhaltensweisen, auf die die NSDAP trotz aller Bemühungen nur wenig Einfluß nehmen konnte.

Bestandsaufnahme

Nach der mehr oder minder geglückten Durchführung der verschiedenen Sofortmaßnahmen galt es für die verantwortlichen Stellen, das gesamte Ausmaß der Zerstörungen mit all seinen Rückwirkungen auf das städtische Leben zu erfassen. Die Bestandsaufnahme fiel in nahezu allen Bereichen erschreckend aus. Einzig die Kölner Produktionsgüterindustrie und hier vor allem die Rüstungsindustrie waren vergleichsweise glimpflich davon gekommen. 227 Kölner Betriebe mit eigenem Werkluftschutz, d. h. etwa 50% der lokalen Werkluftschutzbetriebe, waren in irgendeiner Form von dem Angriff betroffen. Allerdings hatte die angesichts der Größe des Angriffs nur relativ kleine Zahl von 16 Unternehmen einen Totalschaden zu verzeichnen, davon allein 14 Werke mit weniger als 100 Beschäftigten; von den Großbetrieben mit einer Belegschaft von über 1 000 war keiner völlig zerstört. 156 der 227 betroffenen Unternehmen wiesen lediglich Kleinschäden auf.[77] Allein die Anlagen der rüstungswirtschaftlich relevanten Betriebe Westwaggon, Bamag und Ostermann (Ehrenfeld) wiesen größere Zerstörungen auf. Entsprechend konnte auch das Rüstungskommando Köln beruhigt feststellen, daß die Auswirkungen in keinem Ver-

Der Eingang zum ausgebrannten Kaufhof. Der Anschlag verweist auf einen Notverkaufsraum in der Brückenstr. 17

hältnis zur Größe des Angriffs stehen würden. „Durch Einleitung von Sofortmaßnahmen konnte den Firmen bei der Wiederaufnahme ihrer Fertigung schnellstens geholfen werden, sodaß der Produktionsausfall im ganzen gesehen gering blieb.“[78]

Weitaus gravierender waren die Rückwirkungen auf den Sektor Handel und Gewerbe, die weitreichende Einschränkungen für den gesamten Versorgungsapparat und damit für die Kölner Bevölkerung mit sich brachten. Schon seit Kriegsbeginn waren zahlreiche Einzelhandelsgeschäfte durch Einberufung der Geschäftsinhaber zur Wehrmacht oder Bombeneinwirkung in Wegfall gekommen.[79] Nun aber waren sämtliche 14 großen Kauf- und Warenhäuser völlig zerstört, hohe Prozentsätze der Geschäfte aller Branchen ausgefallen.[80] Hierdurch wurden nicht nur große Warenmengen vernichtet, sondern der gesamte Verteilerapparat erheblich beeinträchtigt. Auch wenn die Warenhäuser schnell Notverkaufsräume einrichteten, blieben die Folgen des 31. Mai 1942 für die Verbraucher lange spürbar.[81]

Die Gewerbetreibenden selbst zogen dagegen nach Angaben des „Vertreters des Reichsinteresses“ in einigen Fällen sogar Nutzen aus der neuen Situation. Da nach dem 31. Mai 1942 große Warenmengen zusätzlich nach Köln gelangt seien, hätten Umsätze und damit Gewinne häufig höher gelegen als im Vorjahr. Zudem sei es den Kaufhäusern durch den erzwungenen Umzug

[78] BA/MA, RW 21/35, Bl. 3ff.: Rückblick über die rüstungswirtschaftliche Entwicklung in der Zeit vom 1. 6. – 30. 9. 1942.

[79] Vgl. hierzu Rüther 1990, S. 311.

[80] Vgl. neben den Zahlenangaben in Quelle 24 mit leicht abweichenden Angaben Fischer 1970, S. 93, und HAStK, ZS Kriegschronik 1939 – 1944, Bd. 111: Wirtschaftlicher Lagebericht, 29. 6. 1942.

[81] Es sei an dieser Stelle ausdrücklich darauf hingewiesen, daß die Auswirkungen des „1000-Bomber-An-

griffs" ohnehin nicht isoliert beurteilt werden können. Sie müßten in eine umfassendere Untersuchung einbezogen werden, die die Sozial- und Wirtschaftsgeschichte Kölns während des gesamten Zweiten Weltkrieges zum Thema hat.

[82] BAK, R 2/497, Bl. 22 (R).

[83] Vgl. BAK, R 2/29909, Bl. 152, 199 und 229. Vgl. auch die Zahlen bei Fischer 1970, S. 102.

[84] BAK, R 2/29904, Bl. 210f. Dort auch zum folgenden.

[85] In diesem Zusammenhang steht wahrscheinlich eine Neustrukturierung des Kriegsschädensamtes, die vom Oberbürgermeister am 2. 7. 1942 verfügt wurde. Vgl. Verwaltungsblatt der Hansestadt Köln 1942, S. 68.

[86] Vgl. hierzu ausführlicher Fischer 1970, S. 102f., der besonders die z. T. schlechten Leistungen dieses Aushilfspersonals hervorhebt. Fischer scheint auch zu diesem Themenkomplex über sehr detailliertes Material verfügt zu haben.

in kleinere Ausweichunterkünfte möglich gewesen, ihre Unkosten nicht unerheblich zu senken.[82]

Entschädigung

Aus den durch Luftangriffe verursachten Schäden erwuchsen den Geschädigten Ersatzansprüche, die der hierfür zuständigen Feststellungsbehörde eingereicht werden mußten. Nach einem Jahr Bombenkrieg waren im Mai 1941 28 000 solcher Meldungen bei der Kölner Behörde eingegangen, wovon zu diesem Zeitpunkt lediglich 5 500 (etwa 20%) abgewickelt waren. Bis Mitte September 1941 waren die entsprechenden Zahlen auf rund 90 000 Schadensansprüche und 46 000 (etwa 51%) Bearbeitungen angewachsen. Bis März 1942 schließlich stiegen die Anträge zur Regulierung von Sach- und Gebäudeschäden, Einnahmeausfällen und Mehraufwendungen auf über 115 000; immerhin fast 67 000 (etwa 58%) galten als erledigt.[83] Dieses nur unter größten Mühen erzielte relativ gute Ergebnis wurde mit dem 31. Mai hinfällig. Über der Feststellungsbehörde schlug eine Welle von Ersatzansprüchen zusammen, die die verfügbaren Kapazitäten weit überforderte. Bis Ende November 1942 waren mehr als 400 000 Anträge eingereicht, wobei ausdrücklich festgestellt wurde, daß sich die Zahl aufgrund der Schäden beim „1 000-Bomber-Angriff" auch weiterhin ständig erhöhen würde. Immerhin war es gelungen, über 230 000 Anträge (etwa 58%) zu bearbeiten.[84]

Das war allerdings nur durch eine starke Konzentration von städtischem Personal beim zuständigen Kriegsschädensamt sowie eine erhebliche Ergänzung von außen möglich gewesen.[85] So war die Zahl der Arbeitskräfte von 374 vor dem 31. Mai 1942 zeitweilig auf 670 Personen erhöht worden, von denen der größte Teil aus anderen Städten und Behörden nach Köln abgeordnet war.[86] Hinzu kamen noch 34 Richter und Anwälte sowie 203 Sachverständige. Aber schon Anfang Dezember 1942 war die Zahl der Beschäftigten auf 568 reduziert worden, unter denen sich nur 55 städtische Beamte, aber 456 Aushilfskräfte befanden; weitere Reduzierungen drohten. Hiervor wurde dringend gewarnt, da infolge von Fliegerschäden auch sämtliche anderen Abteilungen der städtischen Verwaltung so stark mehrbelastet seien, daß eine neuerliche Kompensation von Personalverlusten

abgeschreckt zu haben; andernfalls wäre die Herkunft der Güter in den Bekanntmachungen kaum so deutlich benannt worden.[99]

Sofern solche Skrupel überhaupt vorhanden waren, wurden sie in den meisten Fällen wohl durch die Versorgungsschwierigkeiten beseitigt oder zumindest überdeckt, die nach dem 31. Mai 1942 bei Möbeln herrschten. Im Juni wurde in Köln ein Bedarf von rund 35 000 Zimmereinrichtungen registriert[100], und auch eine Aufstellung in den Akten des Reichsfinanzministeriums vom November des Jahres zeigt deutlich, daß die zugeteilten Mengen den Bedarf der Kölner bei weitem nicht decken konnten.[101]

Nach weiteren Querelen mit dem Ostministerium und notwendigen Organisationsarbeiten wurden die ersten Lifts offenbar im Juli 1942 auf den Weg nach Köln gebracht. Mitte des Monats waren rund 250 von ihnen per Schiff und weitere 16 per Bahn eingetroffen. Während die 16 Container, die am Bahnhof Gereon ankamen, in der Stadt verblieben und zur „Verwertung" in eine Halle der Messe kamen, wurden die Schiffsladungen zunächst nach Neuwied weitergeleitet, da in Köln selbst kein ausreichender Lagerplatz vorhanden war. In Neuwied wurden die Lifts gesichtet und vorsortiert, um dann im Bedarfsfall nach Köln transportiert zu werden. Bis Ende Oktober 1942 waren auf diese Weise etwa 400 Lifts und eine große, nicht näher angegebene Zahl von Koffern und Kisten für den Bedarf Kölner Fliegergeschädigter aus Antwerpen eingetroffen.

Die Maßnahme, die unter dem Tarnnamen „Aktion M" firmierte, wurde auch 1943 weitergeführt, wobei sich allerdings die Zuständigkeiten änderten. Am 28. November 1942 hatte Gauleiter Grohé in seiner Funktion als Reichsverteidigungskommissar dem Kölner Oberfinanzpräsidenten kurzerhand die Verantwortung über die Verteilung des jüdischen Besitzes entzogen und den Bonner Kreisleiter Eichler als seinen Beauftragten mit dieser Aufgabe betraut. Als Argument hatte er hierbei angeführt, er halte die neue Aufgabenverteilung für zweckmäßig, „weil die Verwertung des Judenvermögens an sich für die Reichsfinanzverwaltung eine verwaltungsfremde Aufgabe darstellt, der Partei aber hierfür ein gut ausgebauter Apparat zur Verfügung steht".[102] Auch dieser Entscheidung lag offenbar wieder das Bestreben der NSDAP zugrunde, sämtliche öffentlichkeitswirksamen Maßnahmen in ihre Regie zu übernehmen,

[99] Es wurden nicht sämtliche Gegenstände versteigert. Dinge, die keinen Abnehmer fanden, sollten zu einem niedrigen Preis der NSV überlassen werden.
[100] Vgl. Rüther 1990, S. 312.
[101] Vgl. BAK, R 2/29904, Bl. 218.
[102] BAK, R 2/32064, o.P.: Oberfinanzpräsident Köln an Reichsminister der Finanzen, 9. 12. 1942.

denn Grohé hatte noch im Juli 1942 der Finanzverwaltung ausdrücklich alle Kompetenzen in dieser Frage zugestanden, da sie „bereits über einen eingespielten Apparat für die Erfassung und Verwertung von Wohnungseinrichtungen und sonstigem Hausrat von der seit Oktober 1941 laufenden Judenabschiebung her" verfüge.[103] Inwieweit Grohés Maßnahme zudem von Korruptionsvorfällen beeinflußt war, die im Rahmen der Verteilung des aus Antwerpen eintreffenden Gutes um sich griffen und später noch eine regelrechte Affäre nach sich zogen, kann derzeit nicht mit Sicherheit entschieden werden. Jedenfalls willigte der Oberfinanzpräsident, wenn auch ungern, in die neue Regelung ein.

Grohé hatte sich ohnehin schon früher in dieser Frage engagiert. Noch bevor auf dem oben geschilderten Weg die ersten Lifts in Köln eintrafen, waren auf seine Veranlassung rund 850 Wohnungseinrichtungen aus Hilversum in Schleppkähnen nach Köln gebracht und in der hierfür „sichergestellten Messehalle" eingelagert und schließlich versteigert worden.

Schließlich wurde noch eine dritte Methode praktiziert, mit der fliegergeschädigte Kölner in den Besitz von jüdischem Hausrat kamen. Unter der Bezeichnung „Aktion 3" war schon vor dem 31. Mai 1942 eine Maßnahme geplant worden, in deren Zuge bei niederländischen Spediteuren lagernder Besitz von ehemals in Köln wohnenden, nun emigrierten Juden zur Ausstattung von Fliegergeschädigten zurücktransferiert werden sollte. Angesichts der Schäden nach dem „1000-Bomber-Angriff" wurden die Kölner Bemühungen verstärkt, wobei sich in diesem Fall der Gauwirtschaftsberater und Präsident der Kölner Industrie- und Handelskammer, von Schröder, engagierte. Am 6. Juni 1942 forderte er den Reichskommissar für die besetzten niederländischen Gebiete dazu auf, „zur Steuerung der Notlage in Köln" aktiv zu werden und ebenso wie der Militärbefehlshaber in Belgien und Nordfrankreich Lieferungen aus jüdischem Besitz zu initiieren. Den kurzfristig zu deckenden Bedarf bezifferte von Schröder auf 20000 bis 30000 Zimmereinrichtungen.[104] In Anbetracht des hohen Bedarfs wurden die angeforderten Sendungen nicht mehr durch das Kriterium bestimmt, daß deren Besitzer ehemals in Köln lebende Juden waren, sondern den interessierten „Gaubezirken", neben Köln-Aachen auch Münster, Lübeck und Baden, wurden am 25. Juni 1942 kurzerhand Listen von holländischen Spediteuren übermittelt. Die bei diesen lagernden jüdischen Güter konnten nun nach

[103] Evtl. war Grohé unzufrieden über die Tatsache, daß die Finanzverwaltung für Restbestände, die von der NSV übernommen wurden, Bezahlung verlangte. In seiner Neuregelung jedenfalls erhielt die NSV solche Gegenstände nun unentgeltlich. Auch der Handel und Gebrauchthandel sollten stärker eingeschaltet werden.

[104] Vgl. zu diesen Vorgängen BAK, R 177/775.

Deutschland abgefordert werden. Für Köln-Aachen waren das vier Rotterdamer Speditionen.

Die nach dem „1 000-Bomber-Angriff" auftretenden Versorgungsprobleme in Köln wurden also zu einem nicht unerheblichen Teil auf Kosten von Verfolgten des NS-Regimes gelöst oder gemindert.[105] Das gesamte zweite Halbjahr 1942 hindurch und auch in den folgenden Jahren wurde den Kölnern immer wieder öffentlich Gelegenheit geboten, bei Versteigerungen oder auf andere Art „nichtarische" Gegenstände zu erwerben.

Auch eine andere „Hilfe", die ihnen zuteil wurde, konnte die Bevölkerung nicht übersehen. In immer stärkerem Maße wurden Zwangsarbeiter, Kriegsgefangene und schließlich KZ-Häftlinge eingesetzt, um die Schäden nach Bombenangriffen zu beheben und die gefährliche Arbeit der Blindgängerbeseitigung durchzuführen. Allerdings war der Rückgriff auf Kriegsgefangene zur Schadensbehebung kein Ergebnis des 31. Mai 1942, sondern wurde schon vorher praktiziert. Bereits nach dem bis dahin schwersten Luftangriff am 8. Juli 1941 waren mehrere hundert Kriegsgefangene als Dachdecker, Glaser, Schreiner u. a. in Köln eingesetzt worden.[106] Nach dem „1 000-Bomber-Angriff" lag deren Zahl aber weitaus höher, ohne daß gesicherte Erkenntnisse hierzu vorliegen. Bei den Aufräumungsarbeiten unmittelbar nach dem Angriff sollen etwa 2 000 Kriegsgefangene eingesetzt worden sein.[107] Aber auch die in zahlreichen Lagern untergebrachten ausländischen Zwangsarbeiter halfen bei der Brandbekämpfung mit; der Leiter der Werkluftschutz-Bereichsstelle Rheinland stellte ausdrücklich fest, die „in mehreren Werken eingesetzten Ausländer – darunter viele Ukrainer – und Kriegsgefangene (Franzosen)" hätten sich „sehr gut bewährt".[108]

Nach diesen Sofortmaßnahmen war es notwendig, leichte Schäden an Häusern, d. h. besonders Scheiben, Türen und Dächer zu reparieren. Hierzu wurden in Köln nach Stand vom 8. August 1942 – vermutlich wieder in sogenannten „Handwerkerkompanien" – 1.669 Kriegsgefangene eingesetzt. An „ausländischen Arbeitskräften" wurden im Zusammenhang mit diesen Arbeiten zudem 50 Italiener und 35 Franzosen genannt.[109] In solchen Statistiken blieb die Zahl derer, die als Zwangsarbeiter in den Kölner Industriebetrieben Wiederaufbauarbeit leisteten, ungenannt.

Auch eine weitere Maßnahme, die allerdings erst im September 1942 eingeleitet wurde, kann zumindest indirekt mit

[105] Nach den schweren Angriffen im Juni und Juli 1943 wurden zudem sechs bis acht Waggons mit Einrichtungsgegenständen und Textilien aus jüdischem Besitz von der „Treuhandstelle" in Prag an den Oberfinanzpräsidenten in Köln zur Weitergabe an Fliegergeschädigte überstellt. Vgl. dazu Adler 1974, S. 597f.

[106] Vgl. zum gesamten Vorgang HStAD, BR 1131/178.

[107] Vgl. Fischer 1970, S. 103.

[108] HStAD, BR 1131/57.

[109] Vgl. HAStK, ZS Kriegschronik 1939 – 1944, Bd. 64, Bl. 42. Insgesamt waren zu diesem Zeitpunkt 13 550 Arbeitskräfte mit Reparaturarbeiten in Köln beschäftigt. Neben den Kriegsgefangenen und Ausländern waren das: 6 443 Meister und Gesellen aus Reihen des Kölner Handwerks, 2 763 Kräfte aus dem Landes- und Reichseinsatz, 1 032 Hilfskräfte der Bauindustrie, 450 deutsche Soldaten des Landesbaubataillons 7, 755 Angehörige der Luftschutzpolizei, 180 Kräfte des Sondereinsatzes der Technischen Nothilfe und 173 auswärtige Arbeitskräfte.

dem „1000-Bomber-Angriff“ in Zusammenhang gebracht werden. Bereits am 3. Juni 1942 hatte Gaupresseamtsleiter Ohling im Auftrag von Grohé Presseberichte an den Reichsführer-SS, Heinrich Himmler, geschickt, die ihm, so das Begleitschreiben, „einen Überblick über die ungeheuren Verwüstungen in den Wohnvierteln der Hansestadt Köln, die Haltung der Bevölkerung und die Maßnahmen der eingesetzten Kräfte“ geben sollten.[110] Später wurde Himmler darüber hinaus noch ein Fotoalbum überreicht, das die Zerstörungen Kölns dokumentierte. Grohé unterließ es dann schließlich nicht, dem „lieben Parteigenossen“ am 17. Juni 1942 auch ein Exemplar seines Abschlußberichtes zukommen zu lassen. Ergänzend wurde dem Bericht ein Stadtplan beigegeben, in den die Bombenschäden eingezeichnet waren, die Köln bereits vor dem „1000-Bomber-Angriff“ zu verzeichnen hatte, die „aber noch nicht wieder beseitigt sind“.[111] Es ist anzunehmen, daß Grohé versuchte, den SS-Führer für die Durchführung von Hilfsmaßnahmen zu gewinnen.

Sollte dies von Beginn an das Bestreben des Gauleiters gewesen sein, so wurde es im September 1942 schließlich erfolgreich umgesetzt. Ende August/Anfang September 1942 unternahm Himmler eine Besichtigungsreise durch die bombengeschädigten Gebiete West- und Norddeutschlands und besuchte hierbei Mainz, Wiesbaden, Düsseldorf, Münster, Osnabrück, Bremen, Hamburg, Lübeck und am 1. September 1942 auch Köln. Nach seiner Rückkehr nach Berlin wandte er sich am 9. September 1942 in zwei Schreiben an den Leiter des SS-Wirtschafts-Verwaltungshauptamtes, Pohl, und an den Chef der Ordnungspolizei in Berlin.[112] Seines Erachtens, so Himmler im Schreiben an Pohl, sei in Zukunft noch mit weiteren und stärkeren Luftangriffen zu rechnen, weshalb er beabsichtige, „mit unseren Kräften“ zu helfen. Er wies Pohl an, aus KZ-Häftlingen sogenannte „Bau-Brigaden“ aufzustellen, „die wir in den luftgefährdeten Städten nach einem Angriff als besondere Truppe stadtviertelweise einsetzen“. Zunächst sollten drei solcher Verbände aufgestellt und ein Mitarbeiter Pohls nach Köln, Mainz, Hamburg und Lübeck geschickt werden, „um an Ort und Stelle zu sehen, wie der Einsatz sein soll und wo am meisten geholfen werden kann“. Dem Berliner Chef der Ordnungspolizei teilte Himmler mit, daß er die KZ-Häftlinge u. a. beim Bombenräumen einzusetzen gedachte: „Ich stelle fest,

[110] BAK, NS 19/14, Bl. 164.
[111] BAP, 17.01, Film 3348, Aufn. 2580527.
[112] Das folgende nach BAK, NS 19/14, Bl. 11,114 ff.,131 ff. und 136 f.

daß immerhin noch in einer ganzen Anzahl von Fällen das Suchen dieser Bomben durch Häftlinge reine Theorie ist; meistens beschäftigen sich damit die sehr braven Feuerwerker, ... und unsere Strolche sitzen wohlbehalten im Zuchthaus und Konzentrationslager".

Himmlers Auftrag wurde umgehend ausgeführt. Bereits am 16. September 1942 teilte Pohl ihm mit, die drei Bau-Brigaden würden ab dem 25. September auf Abruf bereit stehen. Die am 9. September befohlene Dienstreise des Mitarbeiters von Pohl hatte offenbar ergeben, daß Köln den größten Bedarf an Hilfskräften hatte, jedenfalls standen schon am 18. September 300 Häftlinge der „Baubrigade Buchenwald ... abmarschbereit, Richtung Köln".[113] Weitere 700 sollten drei Tage später folgen. Ebenfalls am 18. September war ein SS-Obersturmbannführer nach Köln geschickt worden, „um wegen des Einsatzes dieser Häftlinge alles weitere mit dem Gauleiter und dem Polizeipräsidenten zu besprechen".

Damit war die „SS-Baubrigade III" ins Leben gerufen worden, die in den folgenden Jahren auf dem Gelände der Kölner Messe untergebracht war und für brisante Aufräumungs- und Bombenbergungsaktionen eingesetzt wurde, denen viele Kölner ihr Leben verdanken. Hierzu einige Zahlen: Im 3. Quartal 1943 wurden durch die Häftlinge der Baubrigade, zu dieser Zeit 1127, 37 verschüttete Frauen und Kinder geborgen, 5884 Wohnungen eingeräumt und notdürftig bewohnbar gemacht, Lebensmittel, Wertsachen und Kunstgegenstände gerettet, Bergungs- und Löscharbeiten durchgeführt sowie „4500 Gefallene ... geborgen und ... in tagelangen Einsätzen eingesargt". Im 4. Quartal 1943 bewegte das Sprengkommando der Baubrigade III 5900 Kubikmeter Schutt und entschärfte 478 Blindgänger. Im 1. Quartal 1944 schließlich, als das Kommando durchschnittlich 1140 Häftlinge umfaßte, arbeitete eine Arbeitsgruppe „im pausenlosen Einsatz an der zerstörten Gas- und Wasserzufuhr, sodaß innerhalb 5 Tagen die Versorgung des Stadtteiles mit Gas und Wasser wieder funktionierte". Zudem wurden 702 Blindgänger unschädlich gemacht.[114]

Diese Auflistung vermittelt sicherlich nur einen Ausschnitt von dem, was die Mitglieder der Baubrigade leisteten, und nichts davon, was sie erlitten. Auch dieser dunkle Punkt der Kölner Geschichte im Dritten Reich bedarf noch einer dringenden Aufarbeitung.[115]

[113] Diese 300 Häftlinge, so hatte Himmler Grohé am 17. 9. 1942 mitgeteilt, sollten zunächst die notwendigen Lagerunterkünfte errichten.

[114] Angaben nach BAK NS 19/14, Bl. 28, 35 und 42.

[115] Die Projektgruppe Messelager hat u. a. zu diesem Komplex umfangreiches Material gesammelt und bereitet eine Publikation vor.

Das Ausmaß der Katastrophe vom 31. Mai 1942 konnte auch von den Medien nicht mehr verschwiegen werden. Waren in den Jahren zuvor die Bombenangriffe auf Köln von der lokalen Presse auf Anweisung des NS-Propagandaapparates nur in kurzen Notizen behandelt worden, so sah man sich nun gezwungen, die Offensive zu suchen. Goebbels schätzte die Stimmung wohl richtig ein, als er abweichend von der früheren Taktik durchsetzte, daß eine „ziemlich ausführliche Schilderung, die in keiner Weise beschönigend wirken soll", in den Bericht des Oberkommandos der Wehrmacht aufgenommen wurde. Auch der Presse wurde nun die Möglichkeit zu umfangreicherer, aber natürlich weiterhin zensierter Berichterstattung gegeben; Goebbels gab für die gesamte Rheinprovinz einen Bericht frei, „der ungeschminkt die Wahrheit sagt".[116]

[116] Vgl. Quelle 23.

In den auf den 31. Mai folgenden Tagen und Wochen wurden die Kölner geradezu mit einer Flut von Zeitungsartikeln überzogen, die die „wahnwitzige" Tat der englischen „Mordbrenner" geißelten, der – so eine immer wiederkehrende Propagandafloskel – unschuldige Säuglinge, Kinder, Kranke, Greise und Gebrechliche zum Opfer gefallen seien. Doch sofort war auch von Abwehrerfolg und Vergeltung die Rede: Man habe es den Briten „blutig heimgezahlt", berichtete der „Westdeutsche Beobachter" schon am Morgen des 1. Juni 1942 über die Abschüsse von britischen Bombern. Und abends: „Vergeltung für Köln: Bomben auf Canterbury!" Die besondere Betonung lag auf Anerkennung und (Eigen-) Lob: Die „bewundernswerte Ruhe und vorbildliche Disziplin" der Kölner Bevölkerung wurde herausgestellt, überall hätte „Ruhe und Gelassenheit" oder „Würde und Ruhe" geherrscht. Das größte Lob aber galt der NSDAP: „Die Partei ist auf dem Posten." Bei aller Hervorhebung von „Kameradschaft und Nachbarschaftshilfe", „tapferen Frauen" u.ä., die „vorausschauende Planung" und der „schnelle Einsatz" der Partei stellten alles in den Schatten. Als Resümee blieb: „Wir lassen uns nicht unterkriegen!"

Auch Schmerzliches wurde immer wieder ins Gedächtnis zurückgerufen: Der Verlust des „alten Köln", vor allem seiner romanischen Kirchen und historischen Häuser, die von den „britischen Kulturschändern" vernichtet worden seien – kein Wort davon, daß Canterbury ebenfalls und ausschließlich ein kulturelles Zentrum war. Besonders die Kirchen wurden nun für die Propaganda instrumentalisiert. Zuvor bei den Nationalsozialisten nicht thematisiert, sondern eher totgeschwiegen, wurden ihnen jetzt ganze Artikelserien gewidmet, deren Intention es war, den Haß auf England zu schüren und damit gleichzeitig die „Heimatfront" zu stärken. Höhepunkt dieser massiven Propagandakampagne war schließlich die vom Kölner Toni Winkelnkemper verfaßte Broschüre „Englands Luftkrieg gegen Zivilbevölkerung: Der Großangriff auf Köln. Ein Beispiel". Sie war eine Hymne auf Partei und Bevölkerung – „Ganz Köln, eine Mannschaft!" – und auf den eisernen Durchhaltewillen: „Was das Beispiel des bisher größten Luftangriffs an Verlusten und Opfern, an Widerstandskraft und Überwindungswillen in Köln aufzeigte, ist allen [angegriffenen deutschen Städten und Dörfern] gemeinsam. (...) Sie alle sind unter den Schlägen der britischen Luftwaffe in ihrem Siegeswillen noch härter und entschlossener geworden."

Der so eingeschworenen „Volksgemeinschaft" wurde aber gerade nach „Terrorangriffen" noch von anderer Seite Schutz und Abwehrbereitschaft suggeriert: Die Sondergerichte rückten mit Beginn des Krieges immer stärker ins Zentrum der allgemeinen Justiz und wurden vor allem zur Ahndung der kriegsbedingten Kriminalität herangezogen.[117] Hierunter waren neben Vergehen gegen die Kriegswirtschaftsverordnung vor allem Vergehen gegen Paragraph 4 der „Volksschädlings-Verordnung" vom 5. September 1939 zu verstehen. Hiernach wurde die vorsätzliche Ausnutzung des Kriegszustandes, z.B. Diebstähle während der Verdunklung oder nach Luftangriffen, mit hohen Strafen bis hin zur Todesstrafe geahndet, „wenn dies das gesunde Volksempfinden wegen der besonderen Verwerflichkeit der Straftat erfordert". Den Angeklagten wurde faktisch kaum eine Chance zur Verteidigung gelassen, da sie in aller Regel im Schnellverfahren abgeurteilt wurden und keine Revision zugelassen war.

„Zur Aufrechterhaltung von Sicherheit und Ordnung" wurde die Kölner Justiz im Sinne der „Volksschädlings-Verordnung" nach dem 31. Mai 1942 umgehend tätig. Die „anfallenden Strafsachen", so berichtete Gauleiter Grohé, seien „sofort bearbeitet und innerhalb 24 Stunden abgeurteilt worden".[118] Hierbei wurde eine 26jährige Näherin zum Tode verurteilt, weil sie sich nach dem Angriff einen Koffer, Kleidungsstücke und sonstige Gegenstände angeeignet hatte.[119] Das Urteil vom 2. Juni wurde

[117] Vgl. Im Namen 1989, S. 206ff., und Wüllenweber 1990.

[118] Vgl. Quelle 24.

[119] Vgl. u.a. WB, 3. 6. 1942 (MA). Das Urteil ist in Auszügen abgedruckt in Im Namen 1989, S. 220f. Die Akten im HStAD, NW 174/231, konnten nicht eingesehen werden, da die notwendige Genehmigung des Justizministeriums NRW noch nicht vorlag.

sofort vollstreckt und die Hinrichtung auf großen Plakaten in der gesamten Stadt bekanntgemacht. Hierzu wurden die Plakate von der Kreisleitung der NSDAP an die Ortsgruppen geleitet, die verpflichtet wurden, für die Aushängung an allen öffentlichen Stellen zu sorgen.[120]

Mit solchen Urteilen sollte zweierlei erreicht werden: Einerseits galt es, Fliegergeschädigte, aber auch das „gesunde Volksempfinden" zu beruhigen[121], andererseits mit massiver Abschreckung weiteren Straftaten vorzubeugen. So hieß es im Urteil gegen die Näherin, die Todesstrafe sei auch „aus Abschreckungsgründen erforderlich" gewesen. Die Höhe der eventuell drohenden Strafe zeigte offensichtlich in einzelnen Fällen auch Wirkung. Jedenfalls meldete sich ein 39jähriger Kölner Arbeiter am 3. Juni 1942 bei der NSDAP-Ortsgruppe Winand Winterberg und gestand, am 1. Juni wahrheitswidrig angegeben zu haben, er habe bei Löscharbeiten nach dem Angriff einige Kleidungsstücke eingebüßt, woraufhin ihm ein Scheck in Höhe von 228,– RM ausgehändigt worden sei. Zudem habe er Lebensmittelkarten für sieben Tage sowie einen Ausweis für Fliegergeschädigte bekommen. Dann habe er erfahren, „dass gegen diejenigen Schädlinge, die sich unter Ausnutzung des Fliegerangriffs persönlich bereicherten, scharf vorgegangen würde", worauf er sich freiwillig stellte. Der Beschuldigte gab sowohl die 228,– RM als auch die Essensmarken und den Ausweis zurück, was ihn aber nicht davor bewahrte, zu einer Zuchthausstrafe von drei Jahren verurteilt zu werden.[122]

Es ließen sich zahlreiche weitere Sondergerichtsurteile anführen, die unmittelbar aus dem „1000-Bomber-Angriff" resultierten und in denen für vergleichsweise geringfügige Delikte hohe Zuchthausstrafen verhängt wurden. Die Masse an Verfahren und Aburteilungen läßt sich allein schon daran ablesen, daß die Kölner Staatsanwaltschaft hektographierte Formblätter für die Anklageschrift einführte, in denen unter anderem der Passus „wird angeklagt, zu Köln nach dem Terrorangriff in der Nacht zum 31. Mai 1942 ..." ein fester Bestandteil war. Zu den allgegenwärtigen Propagandaplakaten, -bildern und -texten trat so immer stärker das Element des Terrors.

[120] Vgl. HStAD, RW 22/123, Bl. 128.

[121] Vgl. entsprechende Schlagzeilen in der Lokalpresse: „Das Eigentum der Fliegergeschädigten genießt unbedingten Schutz" oder „Das Eigentum Fliegergeschädigter ist unantastbar!" (Stadt-Anzeiger, 6. 6. und 9. 6. 1942).

[122] HStAD, Rep. 112/18031.

Ausblick

Der „1000-Bomber-Angriff" stellte in mehrfacher Hinsicht einen Einschnitt in der Geschichte Kölns während des Zweiten

Weltkrieges dar. Er war zwar lediglich der Auftakt zu den noch weitaus schwereren Bombardements, die besonders im Juni/Juli 1943 und dann im Oktober 1944 die gesamte Stadt in Schutt und Asche legten, ehe dann mit dem Luftangriff am 2. März 1945 der letzte Höhepunkt erreicht war. Aber gerade als solcher Auftakt setzte er sich auch als ein singuläres Ereignis im Bewußtsein der Kölner fest. Dies geschah weniger unter dem eher militärgeschichtlichen Aspekt, daß mit diesem Einsatz einer bisher unvorstellbar großen Zahl von Bombern auf ein einziges Ziel ein neues Kapitel in der unrühmlichen Geschichte des Luftkrieges eröffnet wurde. Vielmehr waren es die Größenordnung dieses Angriffs in Verbindung mit der unmittelbar erlebten Wucht seiner Wirkung, die die Psyche vieler Kölner als tiefer und langanhaltender Schock traf. Solche Hypothesen bedürfen allerdings der weiteren Forschung, die die gesamte Kriegszeit in den Blick nimmt: die Entwicklung der Versorgung und des Krankenstandes wären zwei Themen, die ausführlicher zu untersuchen wären, als das hier mit der Konzentration auf einen Angriff geleistet werden konnte.

Zudem müßten die fortschreitenden Veränderungen in der Bevölkerungs- und Sozialstruktur eingehend analysiert werden. Auch hier stellte der „1 000-Bomber-Angriff" in gewisser Weise einen ersten Einschnitt dar, denn die durch ihn hervorgerufenen Verschlechterungen der Lebensbedingungen und Ängste führten schon im Juli 1942 zur Einführung der „erweiterten Kinderlandverschickung", in deren Rahmen immer mehr Kinder und Jugendliche sowie Mütter mit Kleinkindern Köln verlassen konnten oder mußten; allein 1942 wurden insgesamt 62.145 Kölner auf diese Weise „verschickt".[123]

Aber auch das Leben der in Köln verbleibenden Jugendlichen erfuhr nach dem 31. Mai 1942 tiefgreifende Modifikationen. Erste Verwahrlosungserscheinungen hatten die überwachenden Stellen bereits mit Kriegsbeginn konstatiert. Da die Väter vielfach an der Front standen und die Mütter berufstätig waren, blieben mehr und mehr Jugendliche sich selbst überlassen; auch wurde der HJ-Dienst zusehends unattraktiver. Die von Regimeseite geforderte Ordnung und Disziplin blieb im allgemeinen jedoch noch erhalten. „Dieses Erscheinungsbild gilt bis zum 31. 5. 1942", berichtete der Jugendrichter beim Kölner Amtsgericht, zugleich Leiter der Abteilung Jugendhilfe bei der Gauhauptamtsleitung der NSV am 7. November 1943.[124] „Durch

[123] Vgl. Stadt-Anzeiger, 31. 12. 1942 (AA).
[124] BAK, R 22/1177, Bl. 426 ff.

den damaligen Terrorangriff trat eine wesentliche Änderung im Sinne einer Verschärfung ein." Noch nach anderthalb Jahren wurde dem Angriff demnach höchste Bedeutung beigemessen. Zugleich verdeutlicht der Bericht aber auch, daß solche Phänomene wie Jugendverhalten nur in einem größeren Zusammenhang darstellbar werden, indem er die Zeit vom 31. Mai 1942 bis Ende Juni 1943, d.h. den Zeitpunkt des schweren „Peter-und-Paul-Angriffs", als eine „Zwischenstufe" definiert. Danach eskalierten der Krieg und damit seine Auswirkungen auf alle Bereiche des öffentlichen und privaten Lebens dramatisch, bis die Amerikaner am 6. März 1945 zunächst das linksrheinische Köln befreiten.

Stellvertretend für die Gefahren und Ängste, die die Kölner im Bombenkrieg durchleben mußten, sei hier eine Passage aus dem Bericht des aus der Emigration zurückkehrenden Werner Hansen vom 20. April 1945 über seine ersten Erfahrungen im Nachkriegs-Köln zitiert:

> „Alle Schwierigkeiten dieser Übergangszeit werden vorläufig noch weitaus übertönt von der Tatsache, daß es keine Bombenteppiche mehr gibt. Ich kann nicht in Worten wiedergeben, was mir darüber erzählt wurde. Selbst starke Männer denken noch mit Grauen an diese Zeit, die all ihre Fronterlebnisse aus dem vorigen Krieg in den Schatten stellte. Fast alle haben dadurch irgendeinen kleinen Knacks bekommen. Entweder sind sie mit den Nerven runter, haben einen Herzfehler oder ihre Lunge ist nicht in Ordnung durch das lange Leben in feuchten Kellern oder in ungenügend gelüfteten großen Bunkern, die wie Zuchthäuser aussehen. Viele haben seit drei Jahren in solchen Bunkern gehaust. (...) Die Kölner können wieder lachen, und sie lachen ja so gern und herzlich. (...) Sie möchten schnell vergessen. Und es ist eine echte und tiefe Freude darüber vorhanden, daß es keine SS-Leute und politischen Leiter mehr in Köln und keine Bomben über Köln gibt."[125]

[125] Archiv der sozialen Demokratie, Best. IJB/ISK, Box 56.

„Gott strafe England!"
Kölner Schulchroniken vom Kriegsbeginn bis zum „1000-Bomber-Angriff"

Von Joachim Trapp

Mit Schulchroniken, in der Regel über Jahrzehnte hinweg kontinuierlich geführt – nicht selten zehn Jahre und länger von ein und demselben Schreiber –, stehen Quellen zur Verfügung, die charakteristische Veränderungen im Erleben des Schulalltags vom Kaiserreich bis in die Nachkriegszeit dokumentieren. Häufig auch als „Heimatchroniken" bezeichnet, werden sie zu Geschichtsbüchern der Stadt- und Ortsteile und spiegeln so die politische und soziale Entwicklung in der ersten Hälfte dieses Jahrhunderts aus der Perspektive derjenigen, die täglich Schule vor Ort zu organisieren hatten. Zwar ist in den erhaltenen Kölner Chroniken eine Tendenz zur Ausklammerung innerschulischer und schulpolitischer Konflikte wie auch die Vermeidung oppositioneller Stellungnahmen hervorstechend, doch werden Brüche in der Orientierung und gegenläufige Stimmungen in den Darstellungen zwangsläufig sichtbar, und sei es auch nur zwischen den Zeilen.

Mit der Machtübernahme und Gleichschaltung durch die Nationalsozialisten vollzieht sich auch in den Chroniken eine Politisierung der Eintragungen fast ohne Spuren von Gegenwehr. Schulchroniken wurden häufig in Monats- oder gar Halbjahresabständen unter Zuhilfenahme von Notizen weitergeführt. Erste Folgen von Ereignissen, die man beschrieb, waren daher bei der späteren „Reinschrift" in Ansätzen bereits sichtbar; das erleichterte die Einstellung auf die neuen Machthaber. Zwar entpuppen sich Schulchroniken auf diese Weise auch als Dokumente der Anpassung, zu Instrumenten „völkischer Geschichtsschreibung", wie es die Nationalsozialisten gerne gesehen hätten, wurden sie nur in Einzelfällen.

Vielleicht war dies der Grund dafür, daß der Kölner Regierungspräsident im März 1940 die Leiter der Volksschulen in einem Erlaß anwies, besondere Aufmerksamkeit der Führung ihrer Schulchroniken zu widmen. Diese sollten „kommenden Geschlechtern" von der „Teilnahme der Schule... an dem großen politischen Geschehen der Gegenwart" und der „Opferbereitschaft und Siegeszuversicht des Deutschen Volkes" künden.

Obwohl den Chronisten aufgegeben wurde, in erster Linie „die geschichtlichen Vorgänge des Heimatraumes" zu dokumentieren, bildeten bis zum Angriff auf die Sowjetunion Eintragungen zum Kriegsverlauf an den Fronten, Rechtfertigungen der Feldzüge, Siegesmeldungen, Loblieder auf die Wehrmacht Schwerpunkte in vielen Schulchroniken. Nicht selten gleichen sich die dargelegten Gedanken in verschiedenen Chroniken bis in die Wortwahl –, ein Indiz dafür, daß die Schulleiter bei ihren Eintragungen auf Propagandaphrasen beispielsweise des „Westdeutschen Beobachters" zurückgriffen. Manche Chronisten suchten sich darüber hinaus durch siegestrunkene Haßtiraden zu profilieren. Anderen blieb bestenfalls eine gewisse Kargheit in ihren Ausführungen zum Kriegsgeschehen als halbwegs risikolose regimekritische Stellungnahme. Denn Schulchroniken wurden von den Schulräten bei Revisionen in Augenschein genommen.

Die mit Kriegsbeginn einsetzenden Beeinträchtigungen und Störungen des Unterrichtsbetriebs wurden zunächst klaglos registriert: z. B. die Beschlagnahme von Schulgebäuden durch Wehrmacht und kriegswichtige Dienststellen (Anfang 1940 waren von den 141 Kölner Volksschulen bereits 44 gar nicht mehr und 55 nur noch teilweise in Betrieb), der durch Einberufungen verursachte Lehrermangel, die Organisation des Unterrichts in bis zu fünf andere Veranstaltungen „zur geistigen Betreuung der Schuljugend im Sinne einer Stärkung des Kampfwillens", Altstoffsammlungen, vorübergehende Schulschließungen infolge knapper Heizmittel, die Intensivierung der Seidenraupenzucht zur Rohstoffbeschaffung für die Fallschirmproduktion, Gesundheitsvorsorge und viele andere Einzelmaßnahmen.

Über die ersten Luftangriffe auf Köln, die mit der Nacht zum 13. Mai 1940 einsetzten, weisen die Chroniken zumeist nur knappe Notizen auf. Erst wenn der eigene Schulbezirk betroffen war, gehen die Chroniken ins Detail: über Bombenkrater auf freiem Feld bis zur Anzahl zerbrochener Fensterscheiben und Verletzungen einzelner Personen wird berichtet; vereinzelt werden Verwünschungen gegen die Briten laut: „Die Kölner Bevölkerung ... nimmt diese feige echt englische Kampfweise mit echtkölschem Gleichmut und Gelassenheit hin" (Chronik der Volksschule Ferdinandstraße). Eintragungen zum Kriegsgeschehen sind 1940 vor allem durch den militärischen Erfolg im

Westen und nicht zu beeinträchtigende Siegeszuversicht geprägt. Die ersten nächtlichen Bombenangriffe erschienen eher als Zwischenfälle, die an dem siegreichen Kriegsverlauf grundsätzlich nicht zweifeln ließen.

Die häufigen Nachtalarme allerdings führten in der zweiten Hälfte des Jahres 1940 zu ersten Zermürbungserscheinungen: Insbesondere die Kinder, meist unausgeschlafen, konnten selbst dem verkürzten, nach Nachtalarmen ohnehin später beginnenden Unterricht kaum mehr konzentriert folgen. Klagen über zunehmende Beeinträchtigungen des Unterrichts häuften sich. In den meisten Volksschulklassen stieg die Schülerzahl auf über 60. Im März 1941 wurde die Einrichtung von Brandwachen in allen Schulgebäuden angeordnet. Fortan hatten sich in jedem Schulgebäude mindestens drei Lehrer nachts zur Brandbekämpfung bereitzuhalten. Im August 1941 wurden auch Brandwachen tagsüber angeordnet.

Verunsicherungen über die eigene Lage in diesem Krieg kündigten sich in bis dahin ungewohnten Formulierungen an: Vom „bisher schlimmsten Angriff“ ist beispielsweise in der Chronik der Volksschule Neußer Straße im Juli 1941 die Rede. Am 8. Juli 1941 waren bei einem Angriff von ca. 40 britischen Flugzeugen 45 Menschen ums Leben gekommen, 174 Brände wurden gezählt. Als „noch furchtbarer als am 8. 7. 41“ wird der Angriff in der Nacht zum 14. März 1942 geschildert und „wieder ein furchtbarer Angriff namentlich auf die Innenstadt“ in der Nacht zum 28. April 1942. Verblüfft und empört wird als „besondere Niedertracht der Briten“ deren Konzentration auf zivile Ziele protokolliert. Schlimmer, so der Eindruck, der in den Berichten durchdringt, konnte es nicht mehr kommen.

Daß die bisherigen Eindrücke wider Erwarten rasch verblaßten, mußte wenige Wochen später der Schreiber der Volksschule Lustheider Straße feststellen. Fassungslos wird nach dem 31. Mai Bilanz gezogen: „Das war grauenhaft. Seit dem Tage von Sodom und Gomorrha, da Feuer und Schwefel vom Himmel herabregneten, war so etwas nicht da. Köln ist entsetzlich zugerichtet.“ Als Anschlag „auf friedliche Wohnungen, Kirchen, Schulen, öffentliche Gebäude, Hospitäler, Geschäftshäuser“ wird der Angriff in dem Bericht der Volksschule Neußer Straße gebrandmarkt; ausgeblendet dagegen nun der zuvor auch in Schulchroniken vielfach gefeierte Kampfeswille, die tatkräftige Entschlossenheit der „Heimatfront“.

Viele Darstellungen fallen ungewöhnlich ausführlich aus; persönliche Betroffenheit, Wut und Trauer kennzeichnen die Versuche einer Schilderung des Angriffs „auf unsere liebe alte Stadt Köln“ (Chronik Waisenhausschule Mülheim), „unser geliebtes Köln“: „Es war eine Schreckensnacht, die jedem Bewohner unvergeßlich sein wird und die die ganze niederträchtige Gesinnung der Engländer zeigt, die ihre Freude am Morden, Brandschatzen und Zerstören haben. Hunderte von Bombern kreisten stundenlang über unserer Vaterstadt. Bald glich ganz Köln in Wahrheit einem Flammenmeer. Nicht einzelne Häuser, nein ganze Straßenzüge, Kirchen, die schönsten unserer Stadt, lagen bald in Schutt und Asche. Und wer zählt die vielen verstümmelten, verkohlten Leichen von Kindern, Frauen und Greisen, die unter den Trümmern begraben lagen!“ (Chronik Volksschule Fühlingen). Diese und viele andere Eintragungen orientieren sich inhaltlich, z. T. auch im Wortlaut, an amtlichen Verlautbarungen und Propagandaschriften.

In vielen Berichten wird zwar das bislang unvorstellbare Ausmaß an zerstörten Sachwerten, Todesopfern und Verletzten beklagt, doch die Vernichtung unersetzlicher Kulturgüter, insbesondere der Altstadtkirchen und des vertrauten Stadtbildes mit dem Rheinpanorama traf besonders tief. Buchstäblich mit erhobener Faust kommentierte der Rektor der Volksschule Fühlingen: „Noch nach Jahrzehnten werden die Spuren dieses furchtbaren Terrorangriffes zu sehen sein und aus den Gedächtnissen [!] unserer Kinder und Kindeskinder nicht schwinden. Gott strafe England!“

An eine Fortsetzung des Unterrichtsbetriebs am Montag, dem 1. Juni, war nicht zu denken. Zwar wurden nur wenige Schulgebäude total zerstört (Pipinstraße, Kartäusergasse, Leyendeckerstraße, das Dreikönigsgymnasium am Thürmchenswall), doch wurde jedes noch betretbare Schulhaus als Notquartier für Fliegergeschädigte, Verletzte und ausgebombte städtische Dienststellen gebraucht. Ohnehin kamen nur wenige Schüler zum Unterricht. Die meisten waren mit Aufräumungsarbeiten beschäftigt. Der Beginn der Sommerferien wurde vom 26. auf den 4. Juni vorverlegt. Für alle Lehrer dagegen galt zunächst strikte Urlaubssperre. Die Schäden an den Schulgebäuden waren dem Schulamt detailliert zu melden. In einem Schadensbericht der Volksschule Zwirnerstraße, die vergleichsweise geringe Zerstörungen aufwies, sehen wir jeden Bombentreffer, jede zerbrochene Fensterscheibe, jeden verbrannten Schemel minuziös aufgelistet. In vielen Berichten über Gebäudeschäden werden darüber hinaus die Geschehnisse während des Angriffs, insbesondere das Vorgehen der Lösch- und Rettungstrupps geschildert.

Zwar wurde der Unterricht Ende Juli wieder aufgenommen; insbesondere wurden Maßnahmen zur Kinderlandverschickung verstärkt, die von den Eltern aber allenfalls zögernd akzeptiert wurden. Von einem geordneten Schulbetrieb in Köln konnte bis nach Kriegsende jedoch keine Rede mehr sein. Alle Lehrpersonen wurden zu Sondereinsätzen zur Versorgung der Obdachlosen, im Kriegsschädenamt, bei den Bezirksstellen der Verwaltung und den Ortsgruppen der Partei befohlen.

In den Chroniken werden Versuche unternommen, die schlimmsten Schäden im Ortsteil des eigenen Schulbezirks zu erfassen, Not und Verfassung der Menschen zu beschreiben. Der Chronist der Volksschule Lustheider Straße gibt ein Stimmungsbild, das den „1000-Bomber-Angriff" als eine Wende im Erleben dieses Krieges markiert: „An manchen Plätzen sitzen Frauen im Kreise, schälen Kartoffeln und treffen andere Kochvorbereitungen; später kommen die Menschen, die kein Heim mehr haben, an die fahrbaren Küchen, und dann sitzen sie auf Türstufen oder stehen mit ihrem Teller an einer Fensterbank. Auch in Gaststätten und anderen Sälen wird Essen ausgegeben. Die Tatsachen sind zu erschütternd um viel darüber zu reden. Früher hat der Schreiber eingehender berichtet und Zeitungsausschnitte beigefügt, aber da hat man eben gemeint, schlimmer könne es nicht kommen. Das verblaßt alles vor dem jetzt Geschehenen. Und kann man wissen –!"

Die bedrückenden Verhältnisse in Köln beeinträchtigten in den folgenden Monaten und Jahren auch die Weiterführung der Schulchroniken. So ausführlich wie über den „1000-Bomber-Angriff" wurde auch über die noch schwereren Schläge im Juni/Juli 1943 sowie April/Oktober 1944 nicht mehr berichtet. Die drohende Auflösung des Schulbetriebes erzwang eine Konzentration auf wichtigere Aufgaben. Man war mit der Organisation eines notdürftigen Unterrichts und der Kinderlandverschickung ohnehin überlastet. Der Krankenstand unter den (oftmals reaktivierten älteren) Lehrern verschärfte sich von Jahr zu Jahr. In der Volksschule Manderscheider Platz stieg die Zahl der durch Krankheit versäumten Tage von 1940 bis 1944 auf über das Zehnfache. Angesichts der eigenen Not und deprimierender Meldungen von der Front (insbesondere seit Stalingrad) nahm auch in den Berichten deutlich die Neigung zu Propagandaphrasen und Lobeshymnen ab. Die Schulchroniken wurden zu Dokumenten des sich abzeichnenden Zusammenbruchs.

Bemerkungen zur Quellenauswahl

Wie lassen sich ein Bombenangriff, seine unmittelbaren Auswirkungen und längerfristigen Folgen, die Art und Durchführung der verschiedensten Maßnahmen, vor allem aber das Erleben und die Reaktionen der betroffenen Bevölkerung adäquat darstellen? Wissenschaftliche Abhandlungen sind sicherlich ein Weg – und der ist in den oben abgedruckten Beiträgen eingeschlagen worden –, um die Rahmenbedingungen und die schriftlich dokumentierten Abläufe zu skizzieren, zu werten und kritisch zu hinterfragen. Aber gerade bei so punktuellen und gleichzeitig so einschneidenden Ereignissen wie dem „1000-Bomber-Angriff" sprechen authentische Quellen unterschiedlichster Herkunft oft eine deutlichere, in jedem Fall aber eindrücklichere Sprache.

Daher bot es sich an, die vorliegende Publikation auch als umfassendere Quellenedition zu gestalten. Ihre Absicht ist es, den „1000-Bomber-Angriff" aus möglichst vielen Perspektiven zu beleuchten, vom offiziellen Abschlußbericht des Gauleiters bis zu privaten Aufzeichnungen.

Zunächst wird auffallen, daß entgegen der Praxis bei vielen vergleichbaren Veröffentlichungen bis auf eine Ausnahme (Quelle 1) auf den Abdruck von Zeitzeugenberichten aus rückschauender heutiger Sicht verzichtet wird. Dieser Entscheidung liegt kein prinzipielles Mißtrauen gegen diese Quellengattung zugrunde, sondern die Erwägung, daß bei vermutlich den weitaus meisten Personen, die den Angriff miterlebt haben, die konkret damit zusammenhängenden Erinnerungen von späteren Kriegserlebnissen überlagert worden sind. Immerhin standen den Kölnern damals noch die schwersten Jahre des Krieges bevor, so daß es nach 50 Jahren naturgemäß schwerfällt, die einzelnen Angriffe säuberlich zu unterscheiden.

Der „1000-Bomber-Angriff" wird im vorliegenden Fall aber – ein sicherlich nicht ganz unproblematisches Vorgehen – als zunächst einmal singuläres und in seiner Bedeutung einschneidendes Ereignis aufgefaßt. Dies läßt sich kaum besser als im Rückgriff auf zeitgenössische Quellen dokumentieren, zumal solche in ausreichendem Maße vorliegen.

Auch unter diesen Quellen mußte ausgewählt werden. So wurde beispielsweise darauf verzichtet, verschiedene Lage- und

Erfahrungsberichte zum Abdruck zu bringen, die städtische Dienststellen, Instanzen des Luftschutzes oder andere, direkt mit dem Angriff und seinen Folgen in Verbindung stehende Personen und Institutionen verfaßten. Stellvertretend für sie steht der umfassende Abschlußbericht des Kölner Gauleiters Josef Grohé, der in den meisten seiner Teile auf Informationen fußt, die die oben genannten Stellen zuvor für ihn aufbereitet hatten.

Wichtiger erschien es, persönlich gefärbte Berichte und Texte in die Sammlung aufzunehmen, da erst durch sie der Schock halbwegs faßbar wird, den ein Angriff von solcher Wucht bei der Kölner Bevölkerung auslöste. Ob ein Pfarrer vor „seiner" brennenden Kirche steht, ein Lehrer „sein" geliebtes Köln mit all seinen Kulturschätzen zerstört sieht oder eine Familie gar den Verlust eines ihrer Mitglieder zu beklagen hat, gerade in solchen Dokumenten ist der Schrecken allgegenwärtig, den der Angriff des 31. Mai 1942 auslöste – und den allgemein jede kriegerische Auseinandersetzung mit sich brachte und bringt.

Solche persönlichen Äußerungen stehen im harten Kontrast zu Propagandatexten, mit denen das NS-Regime versuchte, den Abwehrwillen der Bevölkerung zu erhöhen. Ein zentrales Thema war hierbei der Aufruf zu im wahrsten Sinne des Wortes todesmutigem „Selbstschutz", d. h. die Forderung an jeden einzelnen, während und nach Bombenangriffen alles daranzusetzen, um einen weiteren Verlust an Häusern und dringend benötigtem Wohnraum sowie an Gebrauchsgegenständen zu verhindern. Aufschlußreich für das Verhältnis zwischen Front und „Heimatfront" ist auch der forsch-freche Ton in Quelle 19, mit dem gegenüber den Frontsoldaten die Vorgänge in ihrer Vaterstadt verharmlost, ja einfach negiert und zugleich beiderseitige uneingeschränkte Einsatzbereitschaft und Heldentum beschworen werden.

Diese mal belehrenden, mal humoristisch aufgemachten, in jedem Fall aber äußerst zielgerichteten Texte müssen stets mit der tatsächlichen damaligen Situation kontrastiert werden. Wer beispielsweise zuerst Quelle 3 oder 4 gelesen hat, wird Quelle 18 bis 20 mit anderen Augen sehen. Es wurde bewußt darauf verzichtet, die in der Kölner Tagespresse nach dem „1000-Bomber-Angriff" zuhauf veröffentlichten Propagandatexte abzudrucken. Sie sind für jedermann in öffentlichen Bibliotheken einsehbar und außerdem schlicht zu „platt" und eintönig.

Eine gewisse Sonderstellung nehmen die Berichte des in Köln

residierenden Schweizer Konsuls ein. Er verfügte als weitgehend neutraler Beobachter über ausgezeichnete Kontakte bis in die höchsten Positionen von Stadtverwaltung, Regierung, Partei und Wirtschaft. Zudem konnte er unter dem Schutz seines diplomatischen Status' relativ offen seine Eindrücke schildern. So zeichnete Konsul von Weiss ein Bild von der Situation in Köln im Juni 1942, das sich deutlich von parteioffiziellen, aber auch parteiinternen Verlautbarungen abhebt.

Sämtliche Quellen dürften auch ohne Vorinformationen relativ leicht verständlich sein. Daher wurde zugunsten einer guten Lesbarkeit auf weitreichende Erklärungen und Anmerkungen verzichtet.

II. Quellen
Der „1000-Bomber-Angriff" …

… *im persönlichen Erleben*

Quelle 1: Die Kölner Schreckensnacht der 1000 britischen Bomber: 31. Mai 1942[1]

Wenn wir das Rad der Geschichte fünfzig Jahre zurückdrehen, fällt unser Blick in den harten, überaus schneereichen Winter 1941/1942. Die deutschen Truppen blieben im Osten nach anfänglich erfolgreichen Kesselschlachten im Schlamm stecken, und dann erstarrten sie in der grausigen Kälte dieses Winters, dessen Macht unterschätzt worden war. Wir in der Heimat – mein Elternhaus stand in der Elisenstraße in Köln – begannen Morgen für Morgen mit dem Schneeschippen auf dem Bürgersteig, während sich am Bordsteinrand Berge nicht abgeholten Mülls und Unrats türmten, unserem Auge wohltuend verdeckt durch täglich frisch gefallenen Schnee, der allerdings bis zum Abend wieder mit neuer Asche und frischen Abfällen durchsetzt war.

Immer häufiger ertönte nachts die schlafraubende Alarmsirene, die uns erbarmungslos in den Keller trieb. Mit gelöschten Brandbomben, die unser Dach beschädigten und den Regen durch die Zimmerdecken sickern ließen, waren wir zunächst noch durch aufgestellte Eimer und aufgespannte Zelttuchplanen recht und schlecht fertig geworden. Dachreparaturen gab es nicht. Jedoch hatten wir immer noch ein wenn auch durchlöchertes Dach über dem Kopf. Endlich war der Winter dem Frühling gewichen. Aber die Frühlingsfreude jenes Jahres war gedämpft und beschattet.

Und dann kam für uns Kölner die „Nacht der 1000 britischen Bomber", der erste Großangriff auf Köln am 31. Mai 1942 von Samstag zum Sonntag nach Pfingsten. Auch unser Haus in der Elisenstraße, ein Einfamilienhaus mit den Büroräumen meines Vaters im Erdgeschoß und vielen schönen, von meinen Eltern mit Liebe zusammengetragenen Gegenständen, wurde in jener Nacht ein Raub der Flammen. Die heulenden Sirenen trieben meine Eltern und mich überhastet in den Keller. In kürzester Zeit fiel das elektrische Licht aus, ein böses Vorzeichen;

[1] Zeitzeugenbericht von Dr. Maria Krauss-Flatten, verfaßt 1991.

bald folgte das Getöse berstender Einschläge und das gespenstige Prasseln von Flammen über uns. Oben an der Tür zur Kellertreppe, die wir noch einmal einen Spalt zu öffnen versucht hatten, empfing uns ein Flammenmeer. Dies alles ließ uns in der Dunkelheit – nur von einer Kerze notdürftig erhellt – bald zur furchtbaren Gewißheit werden, daß der Weg, auf dem wir so oft hinunter und wieder heraufgekommen waren, uns nicht mehr zurückführen würde. Andererseits aber barg die schützende Hülle des Kellers den Erstickungstod in sich; denn es war ja nur eine Frage der Zeit, bis wann die lodernden Flammen den Keller erreichen würden. Plötzlich hörten wir Hammerschläge und durch den eingeschlagenen Durchbruch vom Nachbarhaus kamen Menschen in unseren dunklen Keller, die erregt berichteten, ja fast schrien, die ganze Straße brenne; wir müßten unbedingt weiter, um einen Ausweg zu finden. Sonst würden wir alle ersticken, denn der Rauch dringe schon in die Keller. Wir schlossen uns in Angst und Schrecken diesem traurigen Treck an und durchschlugen den Durchbruch an der anderen Seite unseres Kellers. Wenn wir die vom Luftschutz angeordneten Durchbrüche nicht gehabt hätten, wären wohl viele Tote in der Elisenstraße zu beklagen gewesen. So haben wir uns mit den anderen noch durch fünf Kellerdurchbrüche im Dunkeln weitergetastet. Nach jedem Durchbruch schlossen sich immer mehr verängstigte Menschen unserem Treck an. Wir waren eine Schicksalsgemeinschaft. Schlimm war, daß die Durchbrüche wegen der unterschiedlichen Kellerlage verschieden hoch angebracht waren. Bei einem Durchbruch mußten wir auf einen Stuhl klettern, beim anderen landeten wir gleich auf dem Erdboden und beim dritten war erst eine kleine Leiter zu ersteigen. Es war nicht so einfach, dies in der Dunkelheit zu bewältigen, zumal auch eine Reihe älterer Menschen den Strapazen dieser unterirdischen Klettertouren ausgesetzt waren. Wir hatten die Haus-Nr. 26 und in Nr. 16 waren wir angekommen. Dort glaubten wir, die Luft dieses Kellers sei etwas besser und wir könnten freier atmen; der Hustenreiz hatte uns schon sehr zugesetzt. Aber leider erwies sich unsere Hoffnung als trügerisch. Nach kurzer Zeit erschienen zwei Soldaten im Keller, die kategorisch erklärten, wir müßten noch während des Angriffs über den rückwärtigen Kellerausgang ins Freie, da wir hier unweigerlich ersticken würden. Einer müsse sich am anderen festhalten, damit niemand verloren gehe. Angeführt von den Soldaten sind

Die Elisenstraße nach dem 31. Mai: An der Ecke Auf dem Berlich ...

wir noch beim Getöse des Angriffs, während rechts und links brennende Balken stürzten und Funken sprühten, im Gänsemarsch über die Burgmauer am lichterloh brennenden Zeughaus, damals Finanzamt, vorbei zur Komödienstraße gestolpert. Dort haben wir, während die Feuersbrunst einen unvorstellbaren Sturm entfacht hatte, auf den Bierfässern im Keller der Wirtschaft Bendheuer den Rest der Nacht verbracht, wir mit den vielen anderen, mit denen wir im Grauen jener Nacht und in der Angst, wie es weitergehen würde, verbunden waren. Die Nerven waren zum Zerreißen gespannt. Der Widerschein der Katastrophe lag in unseren brennenden, vom Rauch rotentzündeten Augen. Nicht aus der Sicht von Zuschauern hatten wir diese Nacht erlebt. Das Grauen war mitten unter uns. Der Ernstfall war für uns eingetreten. Das Gefühl von trostloser Armseligkeit, das ich auf den Bierfässern im Keller der Wirtschaft Bendheuer empfunden habe, wird mir unvergeßlich bleiben. Aber wir waren dankbar, daß wir mit dem Leben davongekommen waren.

Als der Sonntag heraufdämmerte, lag über Köln eine riesige Brandwolke. Unsere Stadt hatte ihr Gesicht verändert. Alles roch nach Brand und Untergang. Es war nicht mehr das Köln, in dem wir tags zuvor noch einhergegangen waren. Es war ein anderes Köln, in dem es an jenem Tag nicht recht hell werden wollte und in dem wir in seltsamer, fast abenteuerlicher Aufmachung umherirrten, so wie uns die mitternächtliche Alarmsituation ausgerüstet hatte. Ich erinnere mich, daß mein Vater in der Eile nur Pantoffeln übergestreift hatte, die ihn aber bei längerem Gehen sehr behinderten. Auch Anzug und Mantel gehörten zur

... und mit dem EL-DE-Haus, Sitz der Kölner Gestapo

sogenannten „Kellermontur“, waren also alles andere als feudal. Ähnlich notdürftig waren auch meine Mutter und ich in dem überhasteten Alarmaufbruch ausstaffiert. Hätten wir geahnt, was uns blühte, hätte sich wohl jeder die beste Garnitur aus seinem Kleiderschrank statt der alten Kellerklamotten übergezogen. Meine Mutter hatte eine Handtasche mit sehr viel Schlüsseln bei sich. Aber es waren keine Schlösser mehr da, auf die die Schlüssel paßten.

War es eine Ironie des Schicksals, daß wir an jenem Sonntagmorgen in unserer qualmenden und vor Schutt und Balken kaum betretbaren Elisenstraße sehen mußten, daß fast alle Häuser unserer ruhigen Straße, die meist Ärzte, Rechtsanwälte und Notare beherbergten, durch Brand vernichtet waren, während das Haus an der Straßenecke zum Appellhofplatz, das berüchtigte EL-DE-Haus, in dessen Keller sich die grausamen Folterungen der Geheimen Staatspolizei abspielten, nahezu verschont geblieben war? Unsere harmlosen Privathäuser, in denen so manche das Nazi-Regime ablehnende Menschen wohnten, waren der Furie des Krieges erbarmungslos zum Opfer gefallen. War es eine Ironie des Schicksals, als wir mit übermüdeten Augen vor dem Schuttberg unseres im Feuer vergangenen Hauses gewahrten, daß an der steil aufragenden Hauswand mit den fast gespenstig anmutenden leeren Fensterhöhlen das Notarschild meines Vaters nahezu unbeschädigt hing, während sämtliche

Notarakten – durch dreißig Jahre sorgfältig gehütet – bis zur letzten Urkunde vernichtet waren? Vielleicht war es gut, daß der Schleier der Zukunft uns nicht ahnen ließ, das geborgene Notarschild werde noch dreimal bis Kriegsende seinen Standort wechseln müssen, weil das jeweils mühsam bezogene Notariat-Notquartier bei jedem weiteren Großangriff auf Köln wieder in der Versenkung verschwand. War es eine Ironie des Schicksals, daß mein Bruder mühsam in Ferienwochen seine wertvolle theologische Bibliothek in unseren Luftschutzkeller geschleppt hatte, aber nicht eines von mehr als viertausend Büchern vom tobenden Feuer verschont blieb? Nur vor dem Koks im Heizungskeller hatte der Brand halt gemacht, gleichsam als sei er in seiner unermeßlichen Gier endlich gesättigt. Eine uns zuvor zugegangene Ansichtskarte hatte in einem Schrank im 2. Stock unseres Hauses gelegen. Sie war nur an den Rändern verkohlt im Feuersturm über den Rhein getrieben worden, der Hölle entkommen und schließlich in einem Garten in Kürten im Rheinisch-Bergischen Kreis, 20 km von Köln entfernt, gelandet. Der Finder der Karte, der die Adresse noch gut entziffern konnte, schickte uns diese Karte mit aufklärenden Worten zurück.

Dank möchte ich sagen für alle warmherzige Hilfsbereitschaft, die uns in jener schweren Zeit zuteil geworden ist. Die Freunde, die uns aus ihrer Habe – ohne zu wissen, ob sie sich jemals wieder auffüllen ließ – mit dem Notwendigsten ausstatteten, sie schlugen eine Brücke von Mensch zu Mensch, sie schufen Bindungen, die bis heute ihre Leuchtkraft nicht verloren haben.

Von Jahr zu Jahr wird die Zahl derer, die den Krieg miterlebt hat, in stark abfallender Kurve immer kleiner. Von der Generation meiner Eltern, die mit uns die Schrecken des Krieges erlitt, lebt niemand mehr, und auch meine Generation hat sich schon so gelichtet, daß die erschreckenden Erfahrungen jener Jahre immer blasser werden und die Leiden jener Zeit zunehmend dem Vergessen anheimfallen. Ich habe versucht, mit ein paar harten Strichen nachzuzeichnen, wie sich mir jene turbulente Phase des Krieges in Köln dargestellt hat. Was sich damals vollzog, scheint mir eine Rückblende wert zu sein.

Quelle 2: Brief von Johannes Rings an einen Bekannten[2]

Köln-Li[ndenthal], 9. 6. 1942. Lieber Herr B.! Sie müssen es auf den „totalen Krieg“ mit all seinem Unheil zurückführen, daß

[2] HStAD, Rep. 112/7208. Johannes Rings war in der Weimarer Republik eine der führenden Persönlichkeiten des Kölner Zentrums, u. a. von 1900 bis 1933 Stadtverordneter und von 1919 – 1928 stellvertretender Parteivorsitzender. Nach der NS-Machtergreifung zog er sich ins Privatleben zurück. Als die Gestapo am 23. 7. 1944 die Wohnung von Konrad Adenauer durchsuchte, fand sie Rundschreiben und Briefe von Rings, deren Inhalt in den Augen der Gestapo der „Zersetzung der Wehrmacht“ gleichkam. Daher fand auch bei Rings eine Hausdurchsuchung statt, wobei weitere Schreiben gefunden wurden, von denen eines hier abgedruckt ist. Rings wurde von der Gestapo festgenommen. Nur wegen seines hohen Alters (geb. 1856) verzichtete die Gestapo – wenn auch ungern – auf „wirksame staatspolizeiliche Maßnahmen“ und forderte noch im Februar 1945 den Staatsanwalt auf, gegen Rings ein Sondergerichtsverfahren zu eröffnen. Hierzu ist es glücklicherweise nicht mehr gekommen.

ich Ihren lieben Brief vom 22. 5. 42 erst heute beantworte, daß ich Ihnen besonders danke für das schöne Gebetbroschürchen vom hl. Geist, zu dem wir Christen – wie ich seit langem glaube – zu wenig beten, wie mir vor vielen, vielen Jahren ein braver kathol. Lehrer im Nassauischen sagte, nicht genug beten. Täte es nicht sehr not, daß die Menschheit zu ihm betete, daß er die Gehirne derer erleuchtete, die die ganze Welt in ein namenloses Unglück gestürzt haben, dessen Folgen die Menschen viele Jahrzehnte, wenn von uns keiner mehr redet, werden tragen müssen? Wir gehören ja mit zu den Leidtragenden; aber verdient die Menschheit, die zu einem großen Teil, ja zum größten Teil von dem wahrhaftigen Gott nichts wissen will, ein besseres Los wie das, das ihr gegenwärtig auferlegt ist? Niemals sind in der Welt derartige, der Menschheit hohnsprechende Verbrechen begangen worden wie in den letzten Jahren! Und geschehen noch Tag für Tag!

Wiederholt habe ich versucht, die Ihrigen telefonisch zu erreichen, um mich nach dem Schicksal Ihrer Familie zu erkundigen. Der Fernsprech-Verkehr – wenigstens für einzelne Bezirke der Stadt – war aber bis gestern gestört, und als ich heute vorm. 73538 anrief, bekam ich 2mal 73537. So muß ich mich denn der Hoffnung hingeben, daß Ihre Angehörigen von dem Unheil, das am 31. 5. über unsere Vaterstadt hereingebrochen ist, und das keinen Bezirk der Stadt – sei es Süden, Westen, Osten, Norden oder die Stadtmitte – verschonte, nicht betroffen worden sind. Ich darf auch annehmen, daß Sie von Ihren Angehörigen näher unterrichtet worden sind. Freilich, auch diesen wird es unmöglich gewesen sein, Ihnen auch nur entfernt die Katastrophe zu schildern, die über unsere gute Colonia hereingebrochen ist, Ihnen zu sagen, was alles dem „totalen“ Krieg allein in Köln zum Opfer gefallen ist. Nach meiner Auffassung handelt es sich nicht um Millionen-, sondern um Milliardenverluste. Sind doch ganze Straßenzüge in den verschiedensten Teilen der Stadt vernichtet worden. Der Kaufhof (früher Tietz) und Filialen, Michels (Hohestraße und Schildergasse), Peters (der gewaltige Häuserblock), Cords, Hunderte von Geschäftshäusern – vielleicht sind [es] ihrer Tausende –, Stätten friedlicher, aber auch dem Kriegstreiben dienender Arbeit wurden zu Trümmern. 39 Ärzte, etwa 30 Rechtsanwälte verloren ihre Praxis- bzw. Bureauräume. Die Riesengebäude der Eisenbahndirektion am Kaiser-Fr.-Ufer und an der Trankgasse: alles Schutt! Der

Blick vom Rathausturm auf die Firma Brügelmann/Biergans in der Mühlengasse

Mülheimer Bahnhof desgleichen. Fabrikgebäude in großer Zahl dito. Das große Textilhaus Fr. Brügelmann, ein [über] die Mühlengasse, Altermarkt, Becher- und Neugasse sich erstreckender Gebäudekomplex mit Waren im Werte von Hunderttausenden – alles Trümmer. Das Textilhaus Sinn am Altermarkt mit vielen anderen desgl. Millionenwerte an Waren und Lebensmitteln verbrannten (bei der Edeka – Einkaufsgenossenschaft der Lebensmittelhändler 20000 Liter Speiseöl). Kurz: es ist ganz und gar nicht möglich, Ihnen ein auch nur annähernd entsprechendes Bild zu geben. Tagelang war der Straßenbahnverkehr stillgelegt, ist auch bis heute noch nicht intakt. Am Straßenbahnhof Braunsfeld verbrannten von 150 Strassenbahnwagen alle bis auf 6! Wer von Köln nach Aachen reisen will, muß erst nach Ehrenfeld pilgern, um dort seine Reise anzutreten.

Und die herrlichen Kölner Kirchen?! (Siehe Anlage!)[3]

Wir selbst? Es war eine furchtbare, schreckenerregende Nacht, die wir, meine Töchter, mein Schwiegersohn und meine Enkelinnen verlebten. Nicht als ob wir den Tod gefürchtet hätten. Wir waren auf alles gefaßt. Sie wissen, daß wir und mein

[3] In der genannten Anlage ist eine namentliche Aufstellung der zerstörten und beschädigten Kölner Kirchen enthalten.

Schwiegersohn am Ostermontag schwer betroffen wurden. Wir – meine Töchter und ich – konnten Gott sei dank in unserem recht desolaten Hause bleiben. In dem Hause – d. h. im Resthause – befanden sich noch mancherlei Sachen; die Hauptsache an Möbeln war am 6. 5. in die Turnhalle des Gymnasiums an der Gyrhofstraße verbracht worden. Die Möbel der benachbarten Familien, deren Häuser auch vernichtet waren, ebenso. All dieser Hausrat, dessen Wert mindestens 120 000 DM betrug, ist am 31. Mai mit der Turnhalle in Flammen aufgegangen. So besitzt mein Schwiegersohn gleich seinen Nachbarn – darunter Liegenschaftsdirektor R. (dessen Frau nach 5 qualvollen Wochen zu Tode kam) und Stadtbaurat Sch. G. (der mit seiner ältesten Tochter, Mutter eines 8 Monate alten Töchterchens, gleichfalls sein Leben lassen mußte) auch noch nicht einen Stuhl, den er sein eigen nennen könnte. Und in dieser Lage befinden sich Tausende Kölner Familien. Vier-, nach anderer Meldung sechstausend Häuser sollen völlig zerstört und für immer unbewohnbar sein, 12 000 teilweise zerstört. Der arme M., der hoffen durfte, sein am 11. April stark beschädigtes, aber reparables Haus in absehbarer Zeit wieder beziehen zu können, wurde in der Nacht zum 31. um diese Hoffnung gebracht. Das Gebäude wurde restlos vernichtet. Wir hatten das große Glück, von einem Italiener, der in unser Haus geflüchtet war, aufmerksam darauf gemacht zu werden, daß die uns gegenüber liegenden, Ostermontag zerstörten Häuser – d. h. deren Reste durch Brandbomben in Brand geraten waren. Das ununterbrochene Niederprasseln von Brand- und Sprengbomben machte es unmöglich, den Keller, in den wir uns geflüchtet, zu verlassen. Als das Bombardement einen Augenblick, d. h. eine Minute schwieg, gingen meine Töchter mit dem Italiener zum Speicher, um nachzusehen, ob bei uns noch alles „klar" sei, mußten aber feststellen, daß das Dachgebälk durch eine Brandbombe brannte. Wir hatten die Badewanne und andere Behälter mit Wasser gefüllt, so daß es nicht an Löschwasser fehlte. Die „Feuerwehr des Hauses" gab sich denn auch mutig an die Arbeit. Dann setzte aber das Bombardement erneut derart ein, daß die „Feuerwehr" flüchten mußte. Als sie wieder im Keller angelangt war, meinte der Italiener: „Schade, noch 4 oder 5 Eimer Wasser, dann hätten wir den Brand gelöscht, dann brauchte das Haus nicht abzubrennen. Ungeachtet der drohenden Gefahr – es prasselten Brand- und Sprengbomben ohne Unterlaß herunter, dazu die

Flakgeschosse – begaben die Mutigen sich wieder hinauf; mittlerweile hatte das Feuer sich bis in das Schlafzimmer – d. h. durch die Decke – durchgefressen und das Bett in Brand gesetzt. Das Bettzeug wurde durchs Fenster in den Garten geschmissen, und es gelang, das Feuer zu löschen. So wurde denn unser Haus verschont. Man ist soweit, daß man ein in Brand geratenes Bett und eine durchgebrochene Zimmerdecke schon gar nicht mehr anschlägt. Als der Angriff gegen 3.30 sein Ende fand, wagten wir uns an die Straße. Die uns gegenüberliegenden Ruinen (deren Gebälk) und die des Gymnasiums, die Turnhalle mit ihrem kostbaren Inhalt brannten lichterloh. Rundum – soweit der Blick reichte – rechts, links, vor und hinter uns: ein einziges Feuermeer oder vom Feuer herrührende Wolken. Ein furchtbarer Anblick. Das Feuer ergriff dann andere benachbarte Häuser auf der anderen Seite der Straße. Hier beteiligten sich meine Töchter und Enkelinnen mit den Prof. Dr. K. und N. an der Rettung eines Hauses, dessen Eigentümer nebst Frau (Plutokraten) im „wohlverdienten" Wochenende weilten und den Hausschlüssel mit ins Wochenende genommen hatten, damit auch dieser sich „erhole". Später mußten sie dann noch in unser Nachbarhaus Nr. 41 auf den Speicher, um auch hier das mittlerweile ausgebrochene Feuer zu löschen. In welcher Gefahr wir alle gestanden, das kam uns erst später zum Bewußtsein, als wir sahen, daß Dutzende von Brandbomben in unmittelbarster Nähe des Hauses niedergefallen waren. Wären die auf Straßen und Plätze niedergeregneten Bomben restlos auf die Häuser gefallen – Köln hätte zu bestehen aufgehört.

Zuerst hätte ich von den Opfern reden sollen! Die Zahl der zu Tode gekommenen Flaksoldaten beläuft sich auf 60! Die der Bevölkerung wurde zuerst von der NSDAP mit 117, später mit 200 angegeben, beträgt aber weit mehr. Am Samstag wurden laut „Stadt-Anzeiger" auf dem Südfriedhof 300 beerdigt. Die Verletzten? Sonntag, 31. 5., waren allein in der Lindenburg 270 chirurgisch, 170 augenklinisch behandelt, und zwar bis nachmittags 5 Uhr. Damit war die Arbeit der Ärzte und Schwestern nicht erledigt. Immer neue Patienten kamen herbei. Die Zahl der Obdachlosen wird mit 220000 angegeben.

Wird Köln nunmehr verschont bleiben? Das ist die Frage, die Erwachsene und die Jugend stellen. Wer kann sie beantworten! Man sollte meinen, weitere Angriffe hielten auch die Engländer für zwecklos. Aber die Sirene meldete sich auch in der vergange-

[4] Archiv der Kaiserin-Augusta-Schule, Köln.

nen Nacht. Von 1 – 3 Uhr saß die Bevölkerung im Keller. Daß die Nerven der Menschen, daß namentlich die Jugend ungeheuren Schaden an der Gesundheit allein schon durch die zahlreichen schlafgestörten Nächte davonträgt, sollte auch dem letzten Fanatiker einleuchten. Aber diese Kerle muß man hören! „Die letzten Nadelstiche!!!! – „Die letzten ohnmächtigen Angriffe!" – „Das letzte Aufflackern!" Und die Kirchenhasser? Angesichts der St. Apostelkirche wagte ein Kerl zu sagen: „Die Bombe hat einmal das Richtige getroffen; die Schwarzen haben ja den Krieg angefangen!" – In einem von 27 Personen angefüllten Keller wagte eine Lehrerin in den Stunden der furchtbaren Bombardements den Vorschlag, ein ‚Vater unser' gemeinsam zu beten. Ein – vermutlich hysterisches – Weib gab zur Antwort: „Der Herrgott hat mir noch keine Schnitte Brot gegeben; ich vertraue auf Adolf Hitler." Worauf das Weib die Antwort erhielt: „Der hat Ihnen Bomben und Granaten gegeben. Vertrauen Sie weiter auf ihn." Müßten nicht alle Anwesenden in solchen und ähnlichen Fällen diese Vermessenen der Verachtung und Zurechtweisung aller anheimfallen lassen, die noch christlich denken und fühlen? Aber das ist das Schlimme: der Mut, seiner christlichen Überzeugung Ausdruck zu geben, sich als Christ zu bekennen, wird nur von wenigen aufgebracht!

Mein Wunsch: daß die Ihrigen von jeglichem Kriegsunheil bewahrt und gesund bleiben. Freuen würde ich mich, wenn wir noch einmal die Gelegenheit hätten, ein Stündchen zusammen zu sein. Es wäre so vieles, über das man sich gerne ausspräche.

Herzliche Grüße – auch von meinen Töchtern

Quelle 3: Bericht der Familie H.[4]

Zu dem herben Verlust, den wir durch das plötzliche Hinscheiden unserer lieben Beatrix erlitten, erhielten wir, Mutter und Geschwister, so viele Beweise aufrichtiger Anteilnahme und tiefen Mitgefühls, dass es leider nicht möglich ist, sie im einzelnen zu beantworten. Wir legen deshalb einen kurzen Bericht über die Ereignisse der furchtbaren Nacht bei.

Nach fast fünf Wochen Ruhe heulten in der mondklaren Samstagnacht des 30. Mai gegen 12 1/2 Uhr die Sirenen, und kurz darauf setzte schon Flakfeuer ein. Beatrix war wie immer als erste auf. Mutter und Möni waren noch auf dem Schlafzimmer

(Tante Agnes befand sich in diesen Tagen bei Freunden in Zingsheim in der Eifel), als schon die ersten Brandbomben auf unsere Pfarrkirche St. Aposteln niederprasselten, deren Turm auch gleich Feuer fing. Kaum waren Mutter, Beatrix, Möni und Fräulein He. (vom 2. Stock) mit den Koffern im Keller, als schon die zweite Welle kam und Stabbrandbomben warf. Da ein Einschlag im Hause deutlich gehört wurde, eilten Beatrix, Möni und Fräulein He. auf den Speicher, wo die Dielen schon brannten. Doch hatte das Löschen mit Sand und Wasser Erfolg. Danach begaben sich alle wieder in den Luftschutzkeller. Kurz nach dem Fallen einer Sprengbombe in der Nähe wurde der Kellerdurchbruch von Bewohnern des Nebenhauses durchschlagen. Die Nebenhäuser Nr. 6 und 8 standen in hellen Flammen. Darauf liefen Beatrix und Möni nach oben, um Haupt- und Nebendach mit Schlauch und Handfeuerspritze unter Wasser zu halten. Weitere Brandbomben fielen. Eine im Schlafzimmer von Beatrix im ersten Stock konnte, obwohl sie schon in grosser Flamme brannte, noch gelöscht werden, eine zweite auf dem Bürgersteig vor den Fenstern ebenfalls. Zwei Häuser links und drei Häuser gegenüber brannten lichterloh. Beatrix stand abwechselnd an den beiden Fenstern des oberen Speichers und pumpte mit der Feuerspritze, während Möni Wasser trug und das Bleidach des Anbaus feucht hielt. Der Funkenregen war gefährlich, zumal das Dach durch den sich erhebenden Wind immer mehr bedroht wurde. Zwischendurch fielen weitere Sprengbomben unter lautem Getöse. Der Himmel war eine einzige undurchdringliche graue Rauchmasse, unheimlich erhellt von den furchtbar brennenden Häusern unseres Stadtviertels.

Qualm und Rauch in und ausser dem Hause wurden dichter und beissender, besonders auf dem Speicher. Beatrix entdeckte nun, leider zu spät, dass es in einer Mansarde brannte, wohl hervorgerufen durch eine schon zeitlich ziemlich früh gefallene Brandbombe. Ein Nachbar, der zu Hilfe gekommen war, wurde leider sofort zurückgeholt, da der Dachstuhl seines eigenen Hauses Feuer gefangen hatte. Beatrix und Möni versuchten noch weiter, das Feuer zu bekämpfen, aber Wassermangel machte alle Anstrengungen bei dem schon so weit vorgeschrittenen Brande aussichtslos. Als die beiden, von der Erfolglosigkeit weiteren Löschens überzeugt, den Speicher verlassen wollten, fiel Beatrix, vermutlich durch Rauchvergiftung und Erschöpfung, ohnmächtig zusammen. Möni versuchte mit ihren gleichfalls geschwächten Kräften vergeblich, Beatrix weiterzuziehen, bis sie vor lauter Rauch und Qualm nichts mehr sah und verzweifelt den Ausgang suchte, den sie nur mit Mühe fand. Auch alles weitere Bemühen, Beatrix zu bergen, durch den Vetter, Dr. Josef Sch., durch Polizei und Soldaten und später den Bruder Franz, war wegen Hitze und Rauch ohne Erfolg.

Als Franz wie gewöhnlich während des Alarms von seiner Wohnung in Köln-Marienburg telefonisch anrief, bekam er noch einen verhältnismässig guten Bescheid, dass die Brandbomben gelöscht, dass aber auch die Kräfte von Beatrix und Möni bald zu Ende seien. Von einer inneren Unruhe getrieben und ohne die Entwarnung abzuwarten, fuhr er auf einem schnell geliehenen Rad, das leider keine Luft hielt, auf Umwegen in die brennende Stadt. Endlich vor dem Hause angelangt, sah er den schon brennenden Dachstuhl und hörte unten im Hausflur von Möni, dass Beatrix noch oben sei. Zweimal versuchte er noch vergeblich, nach oben vorzudringen. Da schon die Holztreppe zum oberen Speicher brannte, war an ein Betreten des Speichers ohne eigene Lebensgefahr nicht mehr zu denken. Es blieb ihm, während Möni bei Dr. Sch. im Hause 42 erschöpft zusammenbrach, nichts mehr übrig, als mit dem Mute der Verzweiflung das Nötigste zu retten, wobei ihm ein Urlauber, dessen Wohnung auch schon ausgebrannt war, Hilfe leistete.

Die Mutter war bereits gegen 1/2 3 Uhr von ihrem Neffen Dr. Sch. bis zu dessen Haustür Benesisstrasse 42 gebracht worden. In der Aufregung muss sie aber den rettenden Eingang verfehlt haben und kam erst nach langem Umherirren durch brennende und qualmerfüllte Strassen gegen 1/2 7 Uhr zu ihren verbliebenen Kindern.

Ihre erste Frage war: „Wo sind meine Kinder!?"

Nach 16 Tagen versuchte man, den noch brennenden Schutt auszuschaufeln und Reste unserer lieben Beatrix zu finden.

Nichts blieb ...., nur Schutt und Asche.

Sie starb in treuester Pflichterfüllung und Aufopferung für die Ihrigen, indem sie Hab und Gut, Leib und Leben ihrer Lieben zu schützen suchte.

Quelle 4: Achtundneunzig Minuten[5]

Köln in der Nacht zum 31. Mai 1942. Kurz nach Mitternacht heulen die Sirenen. Englische Bomber erscheinen über der

[5] Stiftung Bundeskanzler-Adenauer-Haus, Rhöndorf: VI-A 17: Privatkorrespondenz 1942/43. Der Text ist mit großer Wahrscheinlichkeit vom Kölner Zentrums- und CDU-Politiker Peter-Josef Schaeven verfaßt. Dies legt zumindest ein mit seinem Namen gezeichneter, in vielen Passagen gleichlautender Artikel („Es geschah, als der Vollmond leuchtete") nahe, der aus Anlaß der zehnjährigen Wiederkehr des „1000-Bomber-Angriffes" am 30. 1. 1952 in der Kölnischen Rundschau abgedruckt wurde. Der hier abgedruckte Text ist jedoch authentischer, da er offenbar unmittelbar nach dem Angriff verfaßt wurde.

Stadt. Die erste Bombe fällt um 0.47 Uhr, die letzte um 2.25 Uhr. Diese 98 Minuten zerschlagen das Angesicht der Stadt – ehemals heiter, seit Jahren schon kriegsgezeichnet.

Pausenlos ist der Bombenhagel. Unter ihm zittern in den Luftschutzkellern 760 000 Menschen. Lodert das Feuer im eigenen Haus, so stürzen sie hinaus zur Rettung oder zur Flucht. Ist dazu nicht mehr die Zeit oder aber ist der Weg versperrt, so kriechen sie durch die Nachbarkeller irgendwo ins Freie.

Wenn nun aber Flüchtlinge aus entgegengesetzten Richtungen zusammenstoßen? Oder eine neue Flamme ihnen entgegenschlägt? Oder das Haus stürzt unter einer gewaltigen Sprengbombe zusammen? Darüber können die Geretteten berichten – die Toten schweigen!

Noch während des Höllenlärms sehen sie das brennende Köln. Die anderen sehen es nach der Entwarnung. Sie stürzen auf die Dächer und sehen ein Bild, wie nie mehr seit dem Brande Roms. In Flammen Häuser und Kirchen – in Rauch und Staub gehüllt die ganze Stadt. Über Köln türmt sich der Rauch zu gewaltigen Wolkenbildern. Den Alpen gleich stehen sie über dem Häusermeer, durchglüht vom Feuer und umkränzt vom heraufziehenden Morgenrot.

Es brennt, so weit das Auge reicht.

Am Rhein sinkt der herrliche Turm von St. Martin zusammen, und rotglühend steht St. Aposteln über dem Herzen von Köln.

Es ist ein Inferno.

Der Sonntag zieht herauf und die Massen, die das Unglück nicht betroffen, ziehen durch die Stadt. Sie kehren müde und entsetzt heim. An den Schuhen klebt der Dreck, die Kleider riechen nach Rauch und die Augen sind rotgerändert.

Die anderen stehen vor ihrem zerstörten Haus und sortieren auf der Straße im strömenden Regen den Rest ihrer Habe. Oder sie haben gar nichts mehr und starren zum verbrannten Haus hinauf – ins Leere.

In der Stadt sieht's schrecklich aus. Die Straßen sind voller Qualm und der Schutt verbrannter oder zerstörter Häuser liegt hoch in und vor den Trümmerstätten. Aus den Kellerlöchern steigt die Hitze auf. Es brennen die Kohlenvorräte. Es brennt überhaupt noch tagelang und an mancher Stelle erst nachträglich.

Stolpernd sucht der Beobachter seinen Weg. Es liegt allerhand Zeug herum und die Drähte der Oberleitung schleifen am Bo-

Groß St. Martin

den. Die Elektrische fährt nicht, aber unzählige Autos rasen – mit und ohne Winkel, es ist eben etwas Außergewöhnliches.

Man sieht Feuerwehren und Autobusse aus ganz Westdeutschland. Drüben der Polizeibeamte soll Auskunft erteilen, er ist aus Stuttgart und war noch nie in Köln. Militärkommandos sperren ab oder reißen Giebel ein, irgendwo ist ein neuer Brand ausgebrochen. Wo ist es am schlimmsten? Diese Frage kann der Beobachter nicht beantworten. Er kann seine Eindrücke zunächst nur nach Gesichtspunkten sortieren.

Die Straße der armen Leute, der Leute mit den vielen kleinen Kindern. In der Kleinen Witschgasse sind rechts und links zwischen Rhein und Follerstraße alle Häuser ausgebrannt. Die Fassaden stehen noch. Dahinter ist nichts mehr. Durch die Straße zieht nur noch der Bombenbummler. Sonst ist alles tot. Wo sind die Leute? Wo die vielen kleinen Kinder? Wo sind die Möbel? Sind sie alle verbrannt?

Die Rheinstraße – gleich nebenan – ist absolut tot. Der Zustand ist so wie in der Kleinen Witschgasse, aber an beiden En-

Zerstörter Straßenbahnwagen

den steht je ein Posten, und deshalb fehlt hier auch der Neugierige. Der Anblick dieser leeren, toten Straße ist unheimlich.

Die bürgerliche Wohnstraße, in der zurückgezogene, stille Leute wohnen. Am Römerturm stehen rechts und links Fassaden.

Die vornehme Straße. Am Sachsenring sind viele Häuser ausgebrannt oder durch Sprengbomben getroffen.

Das ganz feine Viertel. Die Marienburg war schon immer durch Brand- und Sprengbomben in Mitleidenschaft gezogen. Jetzt ist's wieder ganz schlimm.

Die Straße der freien Berufe. In der Elisenstraße steht nur noch ein unbeschädigtes Haus, die anderen sind ausgebrannt. An den Türen hängen Schilder. Auf dem einen steht Rechtsanwalt, auf dem anderen Notar. Dort wohnte ein Spezialarzt für Hals, Nase und Ohren und hier ein Grundstücksmakler. Wo

Das Kaufhaus Peters in der Breite Straße

sind die Akten, wo das Instrumentarium? Wo ist die Praxis dieser Leute? Wo sind die Leute selber?

Die Straße mit den vielen kleinen Läden. Ausgebrannte Häuser, ausgebrannte Läden. Zusammengestürzte Häuser, zusammengequetschte Läden. So sieht die Weyerstraße aus. Man steht vor einem Trümmerhaufen und weiß nicht, was für ein Laden an der Stelle war. Merkwürdig: Jetzt fährt man schon 25 Jahre mit der Elektrischen durch diese Straße, und nun weiß man plötzlich nicht, ob hier eine Metzgerei oder eine Bäckerei gestanden hat.

Die populäre Geschäftsstraße. Auf der Breitestraße sieht's schrecklich aus. Geschäfte, ohne die man sich diese sympathische Straße nicht vorstellen kann, liegen am Boden. Franzky und van Norden existieren nicht mehr. Die große Ecke an Carl Peters ist tot. Alle vier großen Kaufhäuser an diesem geschäftlichen Zentralpunkt sind völlig ausgebrannt. Dazu Michel & Co., Kaufhof nebst einiger Filialen, Brügelmann, Biergans, Andreas Sinn und das große Geschäft Weiß an der Ecke der Langgasse, sie alle sind nicht mehr. Ganz unglaublich: In den oben genannten 98 Minuten sanken alle großen Geschäfte dahin. Nur C & A und Hettlage sind im wesentlichen verschont geblieben.

Die exclusive Geschäftsstraße. Auch in der Zeppelinstraße liegen rechts und links die großen Häuser am Boden oder sind verbrannt.

In der Altstadt, im Hintergrund der Rathausturm

Der Neumarkt ist ringsum von Zeugen der Schreckensnacht umgeben. Das geschlossene Bild des Platzes ist zerrissen.

Mein altes, liebes Köln.

Der herrliche Altermarkt ist zu einem Drittel vernichtet. Am Heumarkt sind wundervolle alte Häuser dem Angriff zum Opfer gefallen. In der Rheingasse und am Filzengraben sind entzückende und wertvolle Zeugen der Vergangenheit vernichtet. Das schönste Haus der Stadt, Vanderstein – Bellen am Heumarkt, existiert nicht mehr. Am Eigelstein, am Hafen, im Markthallenviertel, bei Maria im Kapitol und an vielen anderen Stellen ist das alte Köln dahingesunken. Der herrliche Turm von St. Martin

Das Faßbinderzunft-
haus im Filzengraben

Blick in die ehemaligen Festsäle der Wolkenburg

starrt ohne Helm empor, das Stadtbild ist dadurch verdorben. Der Läuteturm von Maria im Kapitol ist gleichfalls ausgebrannt.

Berühmte kölsche Kneipen stehen nicht mehr. Das Weinhaus Duhr und die prachtvollen alten Giebelhäuser rechts und links liegen am Boden. Das Gildenhaus, et Stäänche, Kolter und Denant, leider auch der berühmte Früh sind verbrannt oder vernichtet. Die Gaffel auf dem Eigelstein steht nicht mehr, ebenso das Haus Overstolz. Vom Dombräu und dem weitbekannten Dominikus Schmitz auf der Breitestraße ist keine Spur mehr vorhanden.

Das gesellige Köln. Außer den Kneipen und vielen Kinos beklagt Köln den Verlust der herrlichen Messehalle, der Wolkenburg und der Lesegesellschaft. Das Civilkasino ist nicht mehr. Worte sind hier überflüssig.

Kunst und Wissenschaft. Das Rautenstrauch-Joest-Museum war schon schwer getroffen. Ins Kunstgewerbemuseum zieht demnächst Carl Peters und verkauft dort Leintücher. Welche Perspektive.

St. Maria im Kapitol,
Blick von der
Pipinstraße

Ursulaplatz und St. Ursula

Es erübrigt sich, die beschädigten oder zerstörten Schulen, Lyzeen, Gymnasien u.s.w. aufzuzählen. Es ist schleierhaft, wie ein geregelter Unterricht stattfinden soll.

Was an Liebhaberwerten zerstört ist, entzieht sich der Beobachtung und ist überhaupt nicht abzuschätzen. Bei rund 12000 Bränden kann aber angenommen werden, daß ungeheure Reichtümer vernichtet wurden.

Die evangelische Gemeinde beklagt ihre Antoniterkirche, die Trinitatiskirche und ihre Einrichtungen in der Antonsgasse.

Das katholische Köln. Der Dom steht noch, Gott sei Dank! Aber jetzt und vorher sind im gesamten 23 katholische Kirchen in Köln und Vororten getroffen worden. 16 waren's in der fraglichen Nacht. Vollkommen zerstört sind die Marienkirchen in der Schnurgasse und Kupfergasse. Schwer beschädigt ist das herrliche St. Gereon. Völlig ausgebrannt Maria Himmelfahrt, Maria im Kapitol, [Groß St.] Martin und die Basilika der Stadtpatronin, St. Ursula. Vollkommen ausgebrannt ist die wunderbare Apostelnkirche und schwer beschädigt die Minoritenkirche. Das Gnadenbild der schwarzen Muttergottes, weitberühmt, ist gerettet und steht auf dem Dreikönigenaltar im Dom.

Außer diesen und anderen Kirchen sind natürlich auch dazugehörige Gebäude, Pfarrerwohnungen, Vereinshäuser u.s.w. zu erwähnen. In die unbeschädigte, große St. Michaelskirche brachten auf Einladung des Pfarrers fliegergeschädigte Anwohner ihr

[6] Pfarrarchiv St. Aposteln: Chronik, 1. Band (1908 – 1963).

Hab und Gut. Hier wird zwischen Möbeln, Schränken und Betten die Heilige Messe gefeiert!

Dieser Gang führte durch die Stadt. In den Vororten ist's nicht anders. So rundet sich das Bild, das 98 Minuten in einer Stadt schufen, die nächstens 2000 Jahre alt wird.

Was 2000 Jahre erbauten, zerstörten diese 98 Minuten!

Und die Menschen? Die Toten schweigen und die Lebenden begreifen erst allmählich, was ihnen geschah. Treffen sich alte Bekannte, so reden sie auch über den Fliegerangriff, aber nicht nur über diesen.

Das kommt davon, wenn eine Stadt 325 Alarme und 78 Bombardements hinter sich hat.

... in der Darstellung von Pfarrchroniken

Quelle 5: Chronik der Pfarre St. Aposteln[6]

In der Nacht, die den Tag der Bischöflichen Visitation einleitete, machten die Engländer wieder einen heftigen Fliegerangriff auf die Stadt Köln. Die Kirche Maria vom Frieden wurde vollkommen zerstört, auch das Gnadenbild wurde ein Raub der Flammen. In St. Pantaleon brannte das sämtliche Dachwerk ab, und Gereon wurde von einer Sprengbombe schwer getroffen. Weit entsetzlicher jedoch waren die Verheerungen des Angriffs, der in der Nacht zum 31. Mai stattfand. Diesmal blieb auch St. Aposteln nicht verschont. Gegen 1/2 1 Uhr begann das Bombardement und dauerte bis 3 Uhr. Gleich zu Anfang hagelte es Brandbomben auf die Kirche und ihre Umgebung. Eine der ersten traf die Sakristei gerade neben dem Eingang, der zum Pfarrbüro führt. Es war eine Kanisterbombe, die gleich den Paramentenschrank ich zu Anfang hagelte es Brandbomben auf die Kirche und ihre Umgebung. Eine der ersten traf die Sakristei gerade neben dem Eingang, der zum Pfarrbüro führt. Es war eine Kanisterbombe, die gleich den Paramentenschrank in hellen Flammen auflodern ließ. Die Löschversuche, bei denen sich Herr Kpl. K. mit einigen Mitgliedern unserer katholischen Jugend besonders hervortat, waren vergeblich. Auch die Bemühungen der Feuerwehr, die gleich darauf einsetzten, waren nicht von Erfolg gekrönt. Während die vordere Sakristei brannte, versuchten wir, aus der zweiten Sakristei und aus der Kirche an

St. Aposteln brennt

Paramenten und Wertgegenständen zu retten, was noch herausgebracht werden konnte. Alles, was für den täglichen Gebrauch bestimmt war und sich in den großen Paramentenschränken der ersten Sakristei und im Ankleidetisch befand, ging vollkommen zugrunde. Die kostbaren Barockparamente, die in der zweiten Sakristei in einem großen Schrank liegend aufbewahrt wurden, konnten teilweise gerettet werden, waren aber sehr stark beschmutzt und verdorben. Während die Sakristeien brannten, hatten wir immer noch Hoffnung, die Kirche selbst zu erhalten, zumal die Feuerwehr mit zwei Spritzen sehr energisch an der Bekämpfung des Feuerherdes arbeitete. Um 2 Uhr 15 glühte je-

St. Aposteln: Löschversuche vom Dach des Pfarramtes

doch die Spitze des Turmes ganz weiß auf. Ein paar Minuten später schlug die Flamme heraus, nun brannte der Turm langsam ab. Jetzt war das Schicksal der Kirche besiegelt. Von dem Turm fielen brennende Balken und glühende Eisenteile auf das stattliche Querschiff und setzten hier das Dach in Brand. Ungefähr gleichzeitig wurde das Dach des südlichen Seitenschiffes von dem Feuer der Sakristei mitergriffen, und nun brannten sehr bald Haupt- und Seitenschiffe lichterloh. Die Feuerwehr machte noch einmal mit Aufbietung aller Kräfte den Versuch, die Kuppel und die drei Konchen zu retten, aber auch das gelang nicht. Die Bomben, die auch vereinzelt die Kirche getroffen hatten, enthielten eine Schwefelmasse, deren Brand sich im Augenblick löschen ließ, aber sofort wieder von neuem einsetzte, wenn das begossene Gebälk wieder trocken geworden war. Während die ganze Kirche brannte, wurden auch der Pfarrsaal, Kaplanei und Küsterwohnung von Kanisterbomben getroffen. Auch hier waren unsere persönlichen Bemühungen und die Arbeit der Feuerwehr erfolglos. Das ganze Gebäude brannte bis auf die Mauern nieder. Wie durch ein Wunder blieb das Pfarrhaus von jedem Bombeneinschlag verschont. Aus der brennenden Kirche wurde das Allerheiligste herausgetragen und zunächst in den Keller des Pfarrsaales, dann in den Keller des Pfarrhauses gebracht. Von da wurde es im Laufe des Tages nach St. Mauritius überführt, wo wir gastliche Aufnahme fanden. Während über die Kirche die furchtbare Katastrophe hereinbrach, wurde auch das Agnetenstift, Mittelstr. 29, ein Opfer der Flammen. Auch hier brannte alles bis auf die Mauern nieder, die Kapelle wurde ebenfalls gänzlich zerstört. Das Allerheiligste konnte gerettet werden und wurde in die Privatkapelle von Herrn V., Pfeilstr. 33, durch Herrn Kaplan Z. überführt. Dort blieb es, bis wir die Kirche wieder benutzen konnten, damit wir für den Fall eines nächtlichen Versehganges das Allerheiligste in der Pfarre hätten. Aus dem ganzen Komplex, der zum Agnetenstift gehörte, konnte nur der kleine Teilbau Benesisstr. 23 und der dahinter gelegene Querbau mit zwei Räumen gerettet werden, obschon auch hier Brandbomben durchdrangen. In der Pfarre brannten 151 Häuser nieder, wodurch 187 Menschen obdachlos wurden. In ganz Köln wurden ca. 3000 Häuser zerstört und 7000 beschädigt. Im Ganzen waren rund 1000 Tote zu beklagen. Aus unserer Pfarre waren unter den Todesopfern die Studienrätin Beatrix H., die mit heroischer Selbstlosigkeit Löscharbeiten in ihrem Hause verrichtete, bis sie zusammenbrach und nicht mehr gefunden wurde[7]; weiter kam in der Großen Brinkgasse 23 Karl K. ums Leben, der im Bett liegen geblieben war und von einer Brandbombe durchbohrt wurde; in der Ehrenstraße verunglückte der Drogist B., der beim Heruntereilen in den Keller zu Fall kam und das Genick brach. Nach zuverlässigen Mitteilungen wurden 785 Sprengbomben und 30 Luftminen abgeworfen. Es war der 298. Alarm und dauerte von 0.20 – 3.45 Uhr.

Die Schwestern der Mittelstraße, die obdachlos geworden waren, fanden zunächst in Privatquartieren, besonders bei Familie A. Benesisstr. 39 ein vorläufiges Unterkommen, verließen

[7] Vgl. hierzu auch Quelle 3.

aber nach einigen Tagen die Stadt und kehrten in das Mutterhaus auf dem Arenberg zurück. In dem stehengebliebenen Rest des Klostergebäudes wurde nun eine vorläufige Wohnung für die obdachlosen Kapläne K. und S. eingerichtet. Bis sie dort einziehen konnten, fanden sie mit Kaplan Z. überaus gastliche Aufnahme und Verpflegung bei Herrn Kaufmann Franz V., Pfeilstr. 33. In derselben Nacht wurden noch 17 andere Kirchen und eine Reihe kleiner Kapellen im Kölner Randgebiet zerstört. In der Kupfergasse wurden Kirche, Kloster und Pfarrhaus vollkommen vernichtet; St. Gereon brannte völlig aus. Minoriten und St. Ursula wurden schwer getroffen. St. Martin, Capitol und Severin erlebten dasselbe Schicksal wie Aposteln. Es war ein Glück für uns, daß die Mauritiuskirche bestehen blieb. Sie wurde zwar von mehreren einfachen Brandbomben getroffen, die aber schnell gelöscht werden konnten. In Mauritius mußten wir nun auch unsern ganzen Gottesdienst abhalten, auch Taufen, Buß- und Ehesakramente wurden dort gespendet. Um in etwa den seelsorglichen Bedürfnissen der Pfarre gerecht zu werden, wurden nachmittags um 5 Uhr und abends 1/2 8 – später 7 Uhr – heilige Messen für Aposteln gehalten. Der Besuch dieser Hochmittagsmessen war so rege, daß auch nach der Rückkehr in die eigene Kirche eine Abendmesse bei Beginn der Dämmerung beibehalten wurde. Die trat an die Stelle der sonst üblichen täglichen Hochmittagsandacht. Die Gläubigen fanden bei weitem nicht alle den Weg nach St. Mauritius, ein großer Teil wanderte nach St. Michael ab; ein anderer Teil besuchte den Gottesdienst, den die Kupfergasse im Großen Saal des Kolpinghauses Breitestraße eingerichtet hatte; ein großer Teil ging, wie wir später bei Einzelbesuchen oft genug feststellen konnten, gar nicht mehr in die Messe. Für die Seelsorgestunden der Kinder stand absolut kein Raum mehr zur Verfügung, sie mußten in der Mauritiuskirche abgehalten werden. Unter dieser Raumnot litt die Kinderseelsorge sehr, aber noch mehr darunter, daß sehr viele Kinder durch Landverschickung und private Unterkunft aus der Stadt entfernt wurden.

Am Tage nach dem Unglück, während die Kirche noch brannte, bemühte sich der Pfarrer um den Wiederaufbau. Bei der Regierung und den Kriegsschädenämtern fanden wir bereitwilliges Entgegenkommen. Kaum waren die Flammen endgültig erloschen, waren auch schon Arbeiter da, die mit der Errichtung eines Notdaches begannen. Sieben Monate hat es gedauert, bis das Notdach fertig war, weil der Mangel an Material und an

Arbeitskräften immer nur Schwierigkeiten bereitete. Was da an Ruhe und Geduld aufgebracht werden mußte, ist nicht zu beschreiben!

In den letzten Dezembertagen wurde auch die Arbeit am Hauptturm in Angriff genommen und die Herstellung einer Notbedachung eingeleitet.

Die Glocken blieben im Turm unversehrt hängen, weil glücklicherweise 5 Jahre vorher zur Verstärkung des Turmes eine Betondecke unter und über den Glocken eingezogen worden war. Auch das Eisengebälk war bei dieser Angelegenheit entfernt und durch Eisenkonstruktion ersetzt worden, sonst wären die Glocken sicher abgestürzt, hätten die Orgel zertrümmert und die Kirche stark beschädigt. Die Läuteanlage, die Turmuhr und die Lautsprecheranlage in der Kirche, deren Leitungskabel über den Gewölben lagen, wurden vollkommen vernichtet. Weil der Turm so stark beschädigt war und alle Zugänge zu den Glocken vom Feuer zerstört waren, konnte die Kommission, welche die beiden neuen Glocken zum Einschmelzen für Kriegszwecke abholen sollte, mit ihrer Arbeit nicht beginnen und zog vorläufig unverrichteter Sache ab.

Am 18. Oktober konnte die Kirche wieder in Besitz genommen werden. Morgens 8 Uhr hielt Herr Weihbischof Dr. Stockums ein feierliches Pontifikalamt, bei dem ein sehr großer Teil der Gläubigen zur hl. Kommunion ging. Alle freuten sich sehr, daß wir wieder Gottesdienst in unserer Kirche halten konnten, auch diejenigen, die sonst wenig am kirchlichen Leben teilnahmen. Es zeigte sich aber gleich in den nächsten Wochen, daß die Gemeinde nicht nur einen materiellen Schaden erlitten hatte, es war schwer, das religiöse Leben wieder auf die frühere Größe zu bringen. Nach und nach finden sich aber die verirrten Schäflein wieder ein.

Quelle 6: Bericht über Fliegerschäden in St. Gereon

Die Pfarre St. Gereon wurde schon im Anfang des 2. Kriegsjahres heimgesucht. Eine Granate der deutschen Flak traf das Gewölbe unseres Hochchores und durchschlug es im Umfang von ungefähr einem Meter Durchmesser. Der Schaden war bis Weihnachten 1940 wieder beseitigt. Kunstwerte sind damals nicht vernichtet worden; wohl erlitten die Wandbehänge durch kleine Granat- und Steinsplitter Beschädigungen. Mit Zustimmung und auf Kosten des Kriegsschädenamtes wurden die Gobelins den Münchener Manufaktur-Werkstätten zur Reparatur übergeben. Für den Transport dorthin und die Lagerung daselbst haben wir sie mit 300 000 Mark versichert. Die Wiederherstellung der Gobelins hat sich, wie mir auf eine Anfrage von der Werkstätte mitgeteilt wurde, verzögert, weil „die Inangriffnahme der Reparaturarbeiten zurückgestellt werden musste, da Wandteppiche aus der Wohnung des Führers und aus dem Besitz des Reichsmarschalls übersandt wurden mit der Auflage, diese Stücke bevorzugt instandzusetzen."

Den 2. Schaden erlitt die Basilika in der Nacht zum 8. Juli 1941. Acht feindliche Sprengbomben schlugen in unmittelbarer Nähe der Kirche ein. Eine von ihnen traf die Fenstereinrahmung unter der Zwerggalerie an der Südseite. An dem ungeheuer starken Mauerwerk explodierte sie, von der Einschlagstelle her warf sie Steinblöcke in das Zehneck hinunter und schleuderte ihre Stahlsplitter in der Richtung auf die Orgelbühne zu. Die Orgel und die Bänke im Zehneck wurden zertrümmert und alle Fenster in der Kirche zerstört. Es war ein jämmerlicher, herzzerreissender Anblick, der sich uns in den frühen Morgenstunden beim Betreten der Kirche bot. Chor, Krypta und Sakristei erlitten ausser der Zertrümmerung der Fenster keinen größeren Schaden. In der Taufkapelle blieben auch die wertvollen Freskogemälde aus dem Anfang des 13. Jahrhunderts erhalten, wenn sie auch Risse und Beschädigungen erlitten. Die Dächer wurden zum Teil abgedeckt. Der getroffene Pfeiler musste beseitigt und neu aufgebaut werden. Das Gewölbe des Kuppelbaues war an vielen Stellen gerissen und musste von aussen bandagiert werden. Die Beleuchtungsanlage wurde von herunterstürzenden Steinblöcken in Trümmer geworfen. Die in alle Richtungen zerstreuten Teile des Orgelgehäuses wurden sorgfältig gesammelt; ein Bildhauer muss sie zusammenfügen und ergänzen. Das Spielwerk der Orgel war gänzlich unbrauchbar geworden, weil fast alle Pfeifen und Windgänge durch Stahlsplitter durchschlagen wurden. Ein Orgelbaumeister wurde mit der Neugestaltung der Orgel beauftragt. Die Sicherungs- und Erneuerungsarbeiten im Zehneck wurden sofort in Angriff genommen. Herr Professor Sch. wurde von der Regierung als Sachverständiger und die Firma Noven und Willach als örtlichen Bauleiter bestimmt zur Ausbesserung der entstandenen Schäden. Die Maurer- und Steinmetzarbeiten waren zum größten Teil fertig; mit der Reparatur der Orgel hatte man bereits begonnen; für die neuen Fenster lagen schon Entwürfe vor, da zertrümmerte eine in der Nacht zum 11. April auf dem Gereonshof niedergehende Luftmine alle wieder eingesetzten Fenster unserer Kirche und auch die meisten Fenster und Türen unserer Dienstwohnungen. Bei diesem Angriff erlitt auch das der Pfarrgemeinde gehörende Knabenheim Klapperhof 3/5 grosse Gebäude- und Sachschäden. Die Knaben wurden durch Vermittlung und auf Kosten des Städt. Jugendamtes in das Kloster Overbach bei Jülich übergesiedelt. Dort sind sie auch heute noch. Das Kriegsschädenamt und auch das Jugendamt haben die Kosten für den Transport, die Neueinrichtung und den Umbau der klösterlichen Gebäude übernommen. Dasselbe Schicksal erlitt auch das Mädchenheim, Stiftung van Gils, Gereonskloster 14. Die Kinder des Asyls kamen nach Heimbach, in das geräumte Studienheim der Väter vom Hl. Geist in Knechtsteden.

Das bisher Geschilderte war nur ein, wenn auch schlimmer Vorbote des Schrecklichen, das uns die beiden Unglücksnächte zum 28. April und zum 31. Mai 1942 brachten. Über 200 Häuser unserer Pfarre wurden total zerstört, drei Kaplaneien brannten nieder, ebenso das Pfarrheim; im Pfarrhaus brannten zwei Zimmer aus, hier konnte der Brand durch das tapfere Zugreifen von 4 Soldaten des Wachkommandos der gefangenen Franzosen in der Schule am Klingelpütz noch im letzten Augenblick gelöscht werden. Beide Küster und der Organist, wie auch die Pfarrhelferin mit ihren Eltern wurden obdachlos; ihr ganzes Hab und Gut wurde ein Raub der Flammen. Was von den beiden Asylen – Knaben- und Mädchenheim – noch stehengeblieben war, wurde durch Brandbomben vernichtet. Vom Knabenheim blieb der Neubau aus dem Jahre 1929, der in seinen untern Räumen für den Kindergarten und in den obern Räumen für mehrere Gruppen der Knaben bestimmt war, erhalten. Furchtbar war das Unheil, von dem die Basilika getroffen wurde. In der 1. Schreckensnacht zum 28. April brannte nur das Dach der Chorapsis und ein Teil des Dachgesimses am Zehneck. Durch das tapfere Eingreifen der Geistlichen und der männlichen Jugend und einiger Männer aus der Pfarre und zuletzt auch durch die Hilfe der eingesetzten Feuerwehr, konnte der Brand gelöscht werden, ehe er auf die anderen Dächer übergriff. Leider fand ich in der Nacht kein großes Entgegenkommen seitens der uniformierten Parteimitglieder wie auch der Feuerwehrleute. Wiederholt hörte ich die tiefschmerzende Antwort auf mein Ersuchen um Hilfe: „Wir haben keine Kirchen mehr nötig; durch den Brand der Kirche wird niemand obdachlos", oder „Lassen Sie sich die Kirche vom Erzbischof von Canterbury bezahlen" und dergl.. Wäre es bei diesem Angriff geblieben, dann hätten wir die angerichteten Schäden schnell wieder ausbessern können. Das Dach der Chorapsis war schon wieder fertig gestellt, da erlebten wir die, in ihrem Grauen für solche, die sie nicht miterlebten, unvorstellbare Schreckensnacht vom 31. Mai. Die Zahl der über unserer Kirche abgeworfenen Brandbomben war so groß, dass sie nicht festgestellt werden konnte. Schon bei dem Brand zum 28. April zählten wir rund 50 Einschläge. Wir hatten eine ständige Brandwache organisiert auf Grund der Erfahrungen dieser ersten Brandnacht. Herr Kaplan B. und Kaplan Z. leiteten diese Brandwache, die aus Mitgliedern unserer kath. Pfarrjugend bestand. Wasserrohre waren bis zur Galerie des Zehnecks emporgeführt worden, ausserdem standen dort mit Wasser gefüllte Wannen. Die Brandwache hat ihr Letztes getan, sie hielt aus und löschte, als schon in unmittelbarer Nähe der Kirche Sprengbomben niedergingen. Aber bei der Fülle der entstandenen Brände und dem herrschenden Sturm, der das Feuer entfachte und weitertrug, war unser Bemühen vergeblich, zumal auch das Licht versagte und das Wasser keinen Druck mehr hatte. Wir retteten aus der brennenden Basilika, was noch zu retten war; wir trugen die Paramente ins Pfarrhaus, brachten das neue vergoldete Tabernakel ebenfalls dorthin, stellten den schönen Schnitzaltar aus dem Hochchor in den untern Turmdurchlass, hoben die Sakristeitür aus; für all das waren nur einige Personen vorhanden, da rundum fast alle Häuser in Brand standen und jeder mit der Rettung seines eigenen Besitztums beschäftigt war. Das Feuer brach aus auf dem Dach der Taufkapelle, griff auf das Dach. der Sakristei über, dann geriet der Südturm in Brand und zugleich schlugen die Flammen aus den Dächern des Hochchores, der Vorhalle und des Zehnecks. Wir hofften immer noch, der Band würde nicht ins Innere übergreifen; aber diese Hoffnung erfüllte sich nicht. Das Zehneck war eingerüstet, ein Wald von Baumstämmen füllte den ganzen Raum bis zum Kuppelabschluß. Die durch die Fenster und das Gewölbe einschlagenden Brandbomben setzten das Gerüst und die das Dekagon vom Hochchor trennende Bretterwand in Brand, damit war das Schicksal der Basilika be-

St. Gereon

[8] „Basilika zu den goldenen Heiligen".
[9] „Basilika zu den gänzlich entblößten/ausgeplünderten Heiligen".

siegelt. Die sich entwickelnde Hitze war so groß, dass sich nicht nur die Farbenschicht von den Wänden löste, sondern fingerdicke Massen von dem harten Stein abgebröckelt und die Platten und Schiefersäulen geborsten sind. Die innere Ausstattung wurde restlos ein Raub der Flammen; was der Kunstsinn und die Opferfreude von Jahrhunderten geschaffen hat, ist dahin. Die schöne Orgel, die seit dem 16. Jahrhundert den Raum gegen Westen so fein abschloß, ist vollständig abgebrannt. Die Seitenaltäre in den Nischen des Zehnecks sind verbrannt, mit Ausnahme des ersten Bildes am ersten Altar links neben dem Haupteingang, das wir wegen seines hohen Wertes rechtzeitig in Sicherheit gebracht hatten. Das schöne Triumphkreuz aus dem Jahre 1587, das seit einigen Jahren tagsüber erleuchtet war, wurde vom Feuer förmlich gefressen. Das ungeheuere Gewicht von mehr als sechs Zentnern machte es uns unmöglich, seine Rettung in der Schreckensnacht zu versuchen. Die Bilder zu beiden Seiten des Hochaltares, von denen das eine den Tod des hl. Gereon und das andere den Traum des Bischofs Anno darstellte, das herrlich Chorgestühl aus dem 14. Jahrhundert, die sich über den Chorstühlen hinziehenden Reliquiare, in die unsere Vorfahren in der Barockzeit die Schädel der thebäischen Legionäre pietätvoll geborgen hatten, all das ist nicht mehr!

Nichts blieb vom Feuer verschont! Die Basilika, die man einst „Basilika ad sanctos aureos"[8] nannte, ist eine „Basilika ad sanctos totaliter denudatos"[9] geworden. Als alle Bemühungen, dem Wüten des Feuers Einhalt zu gebieten, zwecklos waren, stand ich in unmittelbarer Nähe und schaute der furchtbaren Zerstörung zu wie jemand, der vom Sterbebett eines lieben Menschen sich nicht trennen kann. Ich hörte wie die schweren Glocken im Südturm polternd in die Tiefe fielen, ich sah die Kuppel in hellen Flammen stehen, wie sie das Kreuz umzüngelten und wie mit dem letzten Balken des Dachstuhles das Kreuz in die Trümmer fiel. Dieser Anblick war so schauervoll, dass auch ich zusammenbrach. Als mir zum Bewusstsein kam, dass das Erleben dieser Schreckensnacht kein Traum, sondern Wirklichkeit war, versagten meine Nerven und ich musste auf Anraten des Arztes mehrere Wochen Köln verlassen, um wieder arbeitsfähig und arbeitsfroh den Aufbau der zerstörten Basilika in die Hand nehmen zu können

Das Schicksal unserer Basilika hat uns gezeigt, wie alle getroffenen Massnahmen zum Bekämpfen der Bombenabwürfe solchen Elementen gegenüber, wie sie hier gewütet haben, wirkungslos sind. Dank des großen Interesses, das alle massgebenden Instanzen für die Wiederherstellung unserer Basilika zeigen, konnten wir mit der Sicherung des Bauwerkes durch Neubedachung der einzelnen Bauteile beginnen. Die drei kleineren Glocken im Nordturm, der nicht ausgebrannt ist, werden, so hoffe ich, in einigen Wochen wieder ihre Stimme erheben. Im Äussern wird die Basilika einmal wieder werden, wie sie war. Die Kuppel mit dem vergoldeten Kreuz wird sich wieder aus den Trümmern erheben, wie sie seit mehr als 700 Jahre ein Wahrzeichen der Stadt Köln gewesen ist.

Für unsern Gottesdienst steht uns nur mehr die Krypta, die Gott sei Dank keine Schäden erlitten hat, zur Verfügung. Ihr schöner stimmungsvoller Raum fasst aber nur 300 bis 400 Personen. Darum geht unser Bestreben dahin, das Hochchor möglichst bald so herzurichten, dass dort wieder Gottesdienst gehalten werden kann. Wir hoffen bis Weihnachten 1942 so weit zu sein. Eine Chororgel, die als Teilwerk der neuen großen Orgel gedacht ist, wird auf dem Hochchor gebaut mit freistehenden Pfeifen, die später an Stelle der abgebrannten Reliquien-Schreine an der Wand angebracht werden sollen. Auf einen Schmuck dieses Raumes müssen wir bis zum Ende des Krieges verzichten. Die Gläubigen werden sich um den Altar sammeln, den wir provisorisch oberhalb der sieben Stufen in dem neuen Teil des Chores anbringen. Durch eine Steinmauer wird das Zehneck mit dem bisherigen Altarraum vom Hochchor getrennt. Mit diesem vorläufigen Zustand müssen wir uns begnügen, bis die Arbeiten im Zehneck vollendet sind und die innere Ausschmückung der Basilika in Angriff genommen werden kann. Darüber wird eine Reihe von Jahren vergehen; wie lange das dauert, läßt sich heute nicht absehen. Ich trage aber die stille Hoffnung in mir, dass, wenn ich das goldene Priesterjubiläum erleben sollte, dann auch die Wiederherstellung der herrlichen Kirche vollendet sein wird. Dann werde ich dankbar und froh mein „Nunc dimittis“[10] sprechen!

Quelle 7: Bericht des Küsters über die Auswirkungen des Angriffs auf die Antoniterkirche[11]

Das Haus Antoniterstraße 24 stand in hellen Flammen. Die Flammen schlugen durch den starken Wind, welcher herrschte, bereits auf das nächste Dach Antoniterstraße 22 über. Die große Gefahr bestand darin, daß die Pfarrhäuser Nr. 20, 18, Küster-

[10] „Nun entläßt Du mich.“

[11] Archiv der evangelischen Gemeinde Köln.

haus Nr. 16 und Gemeindehaus Nr. 14 (ehem. Schule) auch von den Flammen ergriffen wurden. Ich begab mich sofort auf das Dach des Hauses Nr. 22 und entfernte unter Lebensgefahr in der Dachrinne stehend, am Seil angebunden, von 2 Frauen festgehalten, mit der Axt die bereits in Flammen stehende, mit Teerpappe und Holz bekleidete Brandmauerabdeckung. Dadurch wurde das Übergreifen des Feuers auf den Häuserblock der Gemeindegebäude verhütet. Unterdes griff das Feuer von dem in hellen Flammen stehenden Schuhaus Böhmer auf den Kindergarten über, dorten holten wir, was eben zu retten war, heraus, bis daß die Flammen durch den Fußboden durch kamen und eine weitere Sicherstellung durch den starken Rauch nicht mehr möglich war. Da das Feuer unterdes auch das Dach der Antoniterkirche bedrohte, versuchte ich mit meiner Frau, das Kirchendach zu erhalten. Nachdem der Löschwasservorrat von ca. 1500 Liter verbraucht war und das Feuer sowie die Rauchentwicklung so an Umfang zunahmen, daß ein Löschen unmöglich war, stellte ich mit meiner Frau, Pf. W. und Frau K. die später folgenden Inventarien, soweit dies möglich, sicher. Aus der bereits brennenden Orgel wurden noch ein Teil Zinnpfeifen vor dem Schmelzen gerettet. Der größte Teil der Bänke wurde vor dem Verbrennen dadurch bewahrt, daß die brennend herunterfallenden Balken usw. sofort gelöscht wurden. Auch die immer wieder sich bildenden Brandherde an der Bombeneinschlagstelle wurden stets sofort gelöscht. Zwischendurch griff ich auch beim Löschen an den Verwaltungsgebäuden der Städt. Zahnklinik mit ein. Dies war auch erforderlich, weil angrenzend ein Holzlager war. Hätte dies Feuer gefangen, so wäre bestimmt das Gemeindegebäude gegenüber der Straßenfront in großer Gefahr gewesen, da der Abstand nur ca. 10 m beträgt. Das Dach der Martin-Luther-Halle stand auch in hellen Flammen. Sofort wurden die Stühle, ca. 150 Stück, 1 Flügel, 1 Harmonium auf den Hof transportiert. Kurz danach fielen auch schon brennende Holzstücke der Decke in den Saal. Am Abend des 31. 5. 1942, 22 1/2 Uhr, war das letzte Feuer auf dem Vordach der Martin-Luther-Halle, welches noch brannte, durch Aufreißen des Daches und Abreißen der Bretter gelöscht. Das Aufflammen einzelner Brandherde in der Antoniterkirche hielt auch am 31. 5. 1942 noch den ganzen Tag an, so daß des öfteren wieder mit Wasser gelöscht werden mußte. Frau K. und Tochter sorgten dafür, daß ein Übergreifen des Feuers nicht zustande kam von dem Nachbargrundstück Antoniterstr. 12, in-

dem sie die Brandmauerabdeckung auf dem Gemeindeverwaltungsgebäude entfernten, die bereits Feuer und auch das Dach schon in Brand gesetzt hatten. 3 Brandbomben hatten im Hinterhaus das Dach durchschlagen und brannten im Treppenhaus. Eine wurde von Frau K. gelöscht. Zeitweise wurde Frau K. von Küster W. unterstützt. Im Keller brannte ebenfalls der Durchschlupfverschluß zum Nachbargrundstück Antoniterstraße 12. Auch hier mußte wieder eingegriffen werden, da im Keller Akten der Lohnzentrale lagerten. Mein Schutzanzug erhielt auch Brandlöcher. Frl. K. verletzte sich auf dem Dach und hat heute das Bein am Knie in Gipsverband.

Übersichtskarte zur Lage der Volksschulen, deren Chroniken im folgenden abgedruckt sind

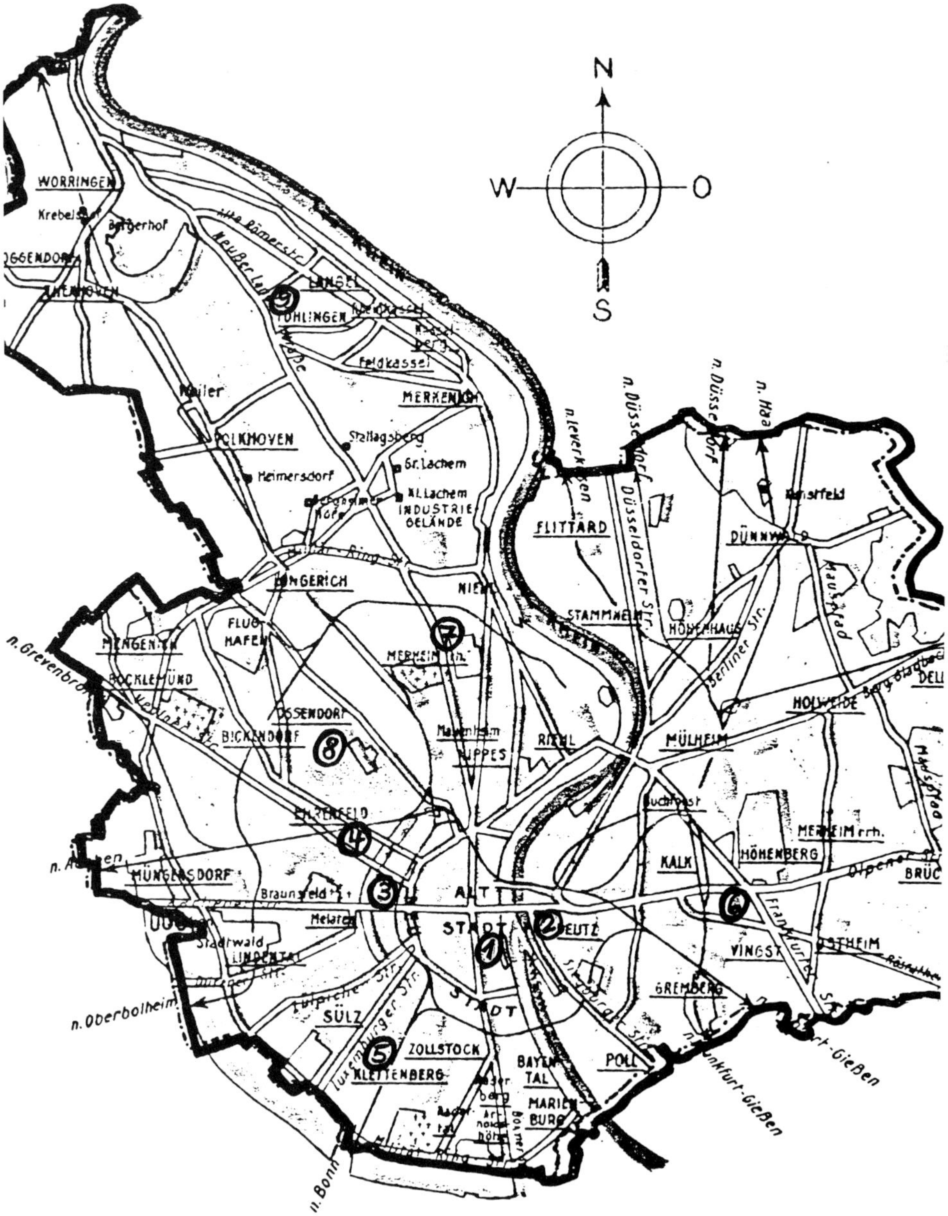

1 Severinswall 40
2 Gotenring 5
3 Lindenbornstr. 15
4 Leyendecker Str. 20
5 Lohrbergstr. 4
6 Lustheider Str. 5
7 Neusser Str. 605
8 Baadenberger Str. 11 (zwischen 1935 und 1945 Hans-Schemm-Str.)
9 Neusser Landstr. 7

Quelle 8: Volksschule Severinswall[12]

Der Fliegerangriff in der Nacht vom 5. zum 6. April, der im südlichen Stadtteil größeren Schaden verursachte, brachte unserer Schule einige Dachschäden, die aber bald behoben wurden. Den bisher schwersten Fliegerangriff erlebten wir in der Nacht vom 30. zum 31. Mai. Die ganze Stadt war ein Flammenmeer, ganze Straßenzüge wurden zerstört. Die ganze Rheinstraße vom Ubierring bis zum Hauptbahnhof stand noch am Sonntag, dem 31. Mai, in Flammen. Ein Passieren der Innenstadt war wegen des Rauches am Sonntagmittag noch nicht möglich. Gas, Licht, Wasser und Telefon versagten. Überall sah man verstörte Menschen mit ihrer geringen geretteten Habe umherirren. Unsere Schule hatte außer zerstörten Fensterscheiben und einigen schnell gelöschten Brandbomben weiter keinen Schaden gelitten. Aber auf den benachbarten Grundstücken 34/38 waren das Obergeschoß und unsere Turnhalle ein Raub der Flammen geworden.

Das Notquartier war nun von Fliegergeschädigten voll belegt. Die Geschädigten wurden mit dem Nötigsten betreut. Frl. B. und Herr H. waren in der Fürsorge tätig. Viele der Geschädigten wurden auf Omnibussen in die nähere und weitere Umgebung Kölns befördert. Die meisten kehrten aber bald wieder zurück.

Am Montag, dem 1. Juni erschienen nur wenig Kinder zum Unterricht. Auch sie wurden nach Hause geschickt, der Unterricht wurde einstweilen ausgesetzt. Dann wurden die Sommerferien, die am 26. Juni beginnen sollten, auf die Zeit vom 5. Juni bis 26. Juli vorverlegt.

Quelle 9: Volksschule Gotenring[13]

Unsere Vaterstadt erlebt dann in der Nacht zum 31. Mai 1942 einen Terrorangriff, der alles bis dahin Geschehene weit in den Schatten stellt: Ganze Stadteile, besonders in der Altstadt, gehen in Rauch und Trümmern auf. Der Verkehr ist völlig gelähmt, alles Leben in der Stadt scheint erstorben. Prachtvolle Kölner Kirchen und mittelalterliche Bauten fallen dem schändlichen Zer-

[12] HAStK, Best. 598/3
[13] HAStK, Acc. 1269

[14] Archiv der Katholischen Grundschule Lindenbornstraße.

störungswerk zum Opfer. Schmachvoll ist das Verhalten der englischen Terrorflieger. Auch das Schulgebäude leidet sehr unter den schweren Sprengbomben, die in der Nähe des Gebäudes niedergehen. Da vorab keine Unterrichtsmöglichkeit ist, werden die Sommerferien vorverlegt. Die Schule wird vorübergehend in den erhalten gebliebenen Räumen als Notquartier benutzt, eine Fürsorgestelle wird für längere Zeit eingerichtet. Die Lehrenden kommen in den Ferieneinsatz, teils bei der Organisation Schräder (Fürsorge für Fliegergeschädigte), teils in städtischen und staatlichen Betrieben.

Infolge der starken Zerstörungen im ganzen Stadtgebiet beginnen die Ferien bereits am 6. Juni und endigen am 26. Juli, das Schuljahr schließt jedoch nicht wie vorgesehen mit dem Beginn der Ferien.

Inzwischen nimmt der Kampf an den Fronten in verstärkter Weise seinen Fortgang. Ich führe nur einige Namen an, die Symbole größter deutscher Heldentaten und Erfolge geworden sind:

Kertsch, Charkow, Ilmensee, Sewastopol, Nordafrika.

Die Front tritt im Osten zu neuen Taten an. Sewastopol, die stärkste Festung der Welt, fällt am 1. 7. 42. Der U-Boot-Krieg geht in uneingeschänkter Form weiter; die Zahl der versenkten Schiffe auf allen Meeren steigert sich. Unseren Schülern begegnet ein Heldentum, wie es keiner Generation möglich war. Das gewaltige Kriegsgeschehen geht wie ein roter Faden durch das ganze Unterrichtserleben. Infolge der nicht erwarteten Ausweitung des Krieges zu einem zweiten Weltkrieg von weit größerem Ausmaß als der erste Weltkrieg erlaubt der Raum nicht mehr die Verfolgung der Geschehnisse in chronologischer Folge in diesem Buch. Die Heimat trägt schwer und stark an dieser harten Zeit. Der Terrorangriff vom 30./31. Mai hat gezeigt, daß die Heimat in ihrem Heldenmut der Front würdig ist.

Quelle 10: Volksschule Lindenbornstraße[14]

Am Sonntagmorgen, dem 31. 5. 42 um 0,20 Uhr kündeten die Sirenen zum 295. Male für Köln Fliegergefahr an. Damit begann für unsere Stadt eine Katastrophe, wie sie bis dahin unser Vaterland noch nicht erlebt hat. Welle auf Welle feindlicher Bomber rasten über Köln und warfen unheimlich große Mengen an Spreng- und Brandbomben ab. In der Altstadt nahm die Verwüstung grauenhafte Formen an. Alte Baudenkmäler (Kirchen St. Aposteln, St. Gereon, St. Martin, St. Ursula, Maria in der Kupfergasse), sämtliche Warenhäuser (Kaufhof, Jacobi, Peters, Cords, Fransky, van Norden) und eine erschreckend große Zahl sonstiger Geschäftshäuser und Wohnhäuser sanken in Trümmer. 305 Tote wurden schon am folgenden Tage festgestellt. Unser Schulbezirk blieb nicht verschont. Wohnhäuser in der Rothehausstraße, der Keplerstraße, der Vogelsanger Straße, der Lichtstraße und des Melatengürtels, die Pfarrkirche St. Joseph, das Pfarrheim am Markt wurden zerstört. Am schlimmsten wurde hier der Teil der Sömmeringstraße zwischen Vogelsanger und Lindenbornstraße getroffen. In das Haus Sömmeringstr. 69 fiel eine Bombe, die 170[15] Familien obdachlos machte. Die Vertriebenen flüchteten zum Teil in den Schulkeller. Dieser war durch die seit dem 25. 3. 41 in der Schule untergebrachte Auslandsbriefprüfstelle als Luftschutzkeller gut ausgebaut. Im Baderaum waren die Badezellen entfernt und die Decke durch 24 Pfeiler gestützt. Frühstücksraum und Kellerflure waren in derselben Weise gesichert. In der schlimmen Nacht wurden 78 Verletzte im Schulkeller der ersten Hilfe zuteil. Noch vier Tage blieben ca. 50 Obdachlose in den Kellerräumen. Hunderte Obdachlose unseres Schulbezirks wurden evakuiert.

Viele hundert Brandbomben fielen in die Umgebung der Schule, ohne größeren Schaden anzurichten. Ins Schulgebäude Nr. 15 (Rektorswohnung) fiel eine Brandbombe vor das Badezimmer. Sie brach in Stücke und zündete nicht. Das Gebäude Nr. 17 erhielt drei Brandbomben. Sie wurden sofort von der Brandwache gelöscht. Ein Schulschrank auf dem dritten Stock brannte leicht an. Nr. 19, die Turnhalle, erhielt eine Brandbombe. Ein Schrank und eine Sprossenwand standen sofort in hellen Flammen. Durch sofortiges Eingreifen des Schulhausmeisters Werheid, seiner Frau und seines Sohnes Helmut wurde auch dieses Feuer bald gelöscht. Kurz darauf fiel ein Phosphorkanister auf den Speicher der Turnhalle. Es entstanden vier Brände, die der Hausmeister sofort löschte.

Beträchtlichen Schaden erlitt die Schule durch die Detonation der Sprengbombe im Hause Sömmeringstraße 69. Der Luftdruck riß die großen Fensterrahmen im Unterhaus von Nr. 15 und 17 heraus und zerstörte straßenwärts ca. 1 500 Scheiben. Die meisten Fensterrahmen der oberen Stockwerke wurden ge-

[15] Nach Grevens Adreßbuch gab es im Haus Sömmeringstraße 69 lediglich zwölf Wohnungen.

lockert, fast alle Türen herausgerissen und beschädigt, der Innenputz und Innenwände vielfach gerissen, zwei Klassenzimmerdecken ganz, andere teilweise zum Einsturz gebracht. Die Dächer wurden zu einem Viertel abgedeckt. Die Turmuhr wurde beschädigt und blieb auf 1.55 Uhr stehen, so die Minute der Katastrophe festhaltend. Das elektrische Licht setzte aus und vergrößerte das Durcheinander. Voller Angst durchbrachen die Bewohner von Nr. 11 die Mauer zu Nr. 15, um im dortigen Keller, der als öffentlicher Luftschutzraum eingerichtet war, Schutz zu suchen.

Am 1. und 2. Juni konnten wir in der Schule Piusstraße., in der unsere Schule seit dem 1. 4. 41 untergebracht war[16], nicht unterrichten, da dort außer sonstigen Schäden die Glasscherben von 450 Scheiben herumlagen. Am 2. Juni erschienen ca. 20% der Kinder zum Unterricht. Etwa 100 waren schon evakuiert, andere folgten. Am 4. 6. wurde der Unterricht geschlossen, die Ferien auf die Zeit vom 5. 6. bis 27. 7. vorverlegt.

Die ersten Aufräumungsarbeiten in unserer Schule wurden durch Angestellte der Prüfstelle und Soldaten vorgenommen. Ab 8. 6. erschienen hiesige Handwerker, Glaser aus Halle, Schreiner aus der bayrischen Ostmark, aus Kleve und aus Andernach und begannen mit den Reparaturen.

Ein Bild der Zerstörungen ergibt eine Aufstellung der Polizei unseres, des 14. Reviers. Er umfaßt das Gebiet zwischen dem Bahndamm der Aachener Strecke – Lukasstraße – Herkulesstraße – Kanalstraße – Melatenfriedhof – Melatengürtel. In diesem Bezirk zählte man: 60 Sprengbomben, 2 Blindgänger, 3 648 Stabbrandbomben, 1 115 Phosphorbrandbomben, 118 Großbrände, 17 Einsturzschäden, 3 zerstörte Wehrmachtanlagen. Aus 106 Häusern erfolgten 5 485 Ausquartierungen. Unser Schulbezirk hatte 9 Tote zu beklagen, darunter zwei ehemalige Schüler: Anton K., geboren 14. 3. 27, und Ernst V., geboren 20. 4. 27, beide Sömmeringstraße 70. Beide mußten zugleich mit ihren Vätern ihr Leben lassen.

Quelle 11: Volksschule Leyendecker Straße[17]

Von einschneidender Wirkung auf das Schulleben war ein englischer Terrorangriff auf Köln in der Nacht zum 31. Mai. Bei diesem Angriff hat auch unser Schulbezirk sehr gelitten. Eine

[16] Die Volksschule Lindenbornstraße wurde ab 25. 3. 1941 vollständig von der Auslandsbriefprüfstelle belegt.
[17] HAStK, Acc. 1068

Die zerstörte Volksschule Leyendecker Straße: An den Wänden im 1. und 2. Stockwerk sind noch die Kleiderhaken zu erkennen

Sprengbombe riß den Mädchenflügel unseres Schulgebäudes vollständig nieder. Das Gebäude mit den Dienstwohnungen von Herrn Rektor Schöneshöfer und unserem Hausmeister Herrn Schmitz wurde dabei so zerstört, daß die Geschädigten außer ihrem Heim auch den größten Teil ihres Eigentums verloren. Genauso erging es der Lehrerin Frl. Hartmann, die im oberen Stockwerk des Gebäudes wohnte.

Von der Schule Hans-Schemm-Str., in der wir untergebracht sind, brannte in jener Nacht die Turnhalle ab.

Vier Kinder unserer Schule kamen bei diesem Angriff ums Leben:

aus I a) Josef B.,
aus I b) Erika K.,
aus III a) Hans Jakob G.,
aus VI a) Johann R.

Viele Schüler mußten mit ihren Eltern evakuiert werden, weil sie ihre Wohnungen verloren hatten. Darum wurden die Sommerferien auf den 3. 6. vorverlegt. In diesen Ferien wurden die Lehrenden an den Kriegsschäden- und Wirtschaftsämtern zur Betreuung der Fliegergeschädigten eingesetzt. Alle taten hier freudig ihre Pflicht und verzichteten gerne auf den großen Teil ihrer Ferien.

Eine weitere zusätzliche Arbeit entstand dadurch, daß Tag und Nacht eine Brandwache in der Schule zu stellen war. Am Tage bestand die Wache aus drei Personen und des Nachts waren es neun Mann.

Das Schuljahr schloß am 29. 8.

Quelle 12: Volksschule Lohrbergstraße.[18]

In der Nacht vom 30. 5 zum 31. 5. wurde unsere Heimatstadt von mehreren Hundert feindlichen Flugzeugen mit Spreng- und Brandbomben angegriffen. Namentlich das Stadtinnere, vor allem die Wohnviertel haben viel gelitten. Nach amtlichen Angaben hat die Zivilbevölkerung 407 Todesopfer zu beklagen. Auch eine Anzahl Flaksoldaten fielen diesem Terrorangriff zum Opfer. Auch in unserem Schulbezirk sind eine Anzahl Bomben niedergegangen. Arg heimgesucht sind die Siebengebirgs-Allee, Petersbergstraße und Hirschbergstraße. Unter den Todesopfern befinden sich unter anderem auch zwei Schulmädchen. Unsere Schule war als Notquartier für Obdachlose eingerichtet. Es wurden ca. 180 Obdachlose aufgenommen und ca. 450 Fliegergeschädigte verpflegt. Die Lehrpersonen waren alle in der Betreuung der Geschädigten auf den verschiedensten Stellen eingesetzt. Der Schulunterricht fällt im ganzen Stadtgebiet aus. Man hat die Sommerferien vorverlegt. Sie dauern vom 1. Juni bis 27. Juli. Für die Lehrpersonen gibt es keine Ferien, sondern 21 Tage Urlaub, weil sie mehr oder weniger alle im Einsatz stehen.

[18] HAStK, Acc. 1255

Durch eine Luftmine zerstörte Häuser in der Hirschbergstraße in Klettenberg

Quelle 13: Volksschule Lustheider Str.[19]

Das war grauenhaft. Seit dem Tage von Sodom und Gomorrha, da Feuer und Schwefel vom Himmel herabregneten, war so etwas nicht da. Köln ist entsetzlich zugerichtet. Bisher sind 200 Tote gemeldet. Durch Brand- und Sprengbomben wurden sehr viele Wohn- u. Geschäftshäuser vernichtet, darunter die größten Kaufhäuser mit ihren besonders jetzt so notwendigen Warenvorräten. Der Hauptbahnhof, die Bahnhöfe in Deutz und Mülheim, Schulen, Krankenhäuser, öffentliche Gebäude und Kirchen wurden getroffen. Unter den Kirchen sind unersetzliche Kulturgüter, die nicht nur uns Kölnern gehörten, man kann schon sagen: Sie gehörten der ganzen Welt. Dazu zählt Maria im Kapitol. Seit Jahren wurden erhebliche Mühen und Kosten daran gesetzt, unter Anwendung wissenschaftlicher Methoden dieses herrliche Bauwerk wieder für weitere Jahrhunderte zu festi-

[19] HAStK, Acc. 1067

gen; jetzt stehen nur noch nackte Mauern. Am schwersten hat St. Gereon gelitten. Weitere Opfer sind St. Aposteln, St. Martin, Maria in der Kupfergasse, Minoriten, St. Ursula, die Antoniterkirche. In Ehrenfeld St. Joseph und St. Anna. Die Kirchen in Bickendorf und in Deutz St. Urban und die Evangelische Kirche.

An manchen Plätzen sitzen Frauen im Kreise, schälen Kartoffeln und treffen andere Kochvorbereitungen; später kommen die Menschen, die kein Heim mehr haben, an die fahrbaren Küchen, und dann sitzen sie auf Türstufen oder stehen mit ihrem Teller an einer Fensterbank. Auch in Gaststätten und anderen Sälen wird Essen ausgegeben. Die Tatsachen sind zu erschütternd, um viel darüber zu reden. Früher hat der Schreiber eingehender berichtet und Zeitungsausschnitte beigefügt, aber da hat man eben gemeint, schlimmer könne es nicht kommen. Das verblaßt alles vor dem jetzt Geschehenen. Und kann man wissen –! Einige Einzelheiten aus Vingst seien erwähnt. Wo von der Burgstraße die Oranienstraße abgeht, ist eine Sprengbombe niedergegangen, und das dem Einschlagtrichter gegenüberliegende Haus des Herrn Lehrer Sch. und viele andere Häuser in der Burgstraße und der Oranienstraße haben gelitten. Vom Pfarrhause, Burgstraße 61, stehen nur noch Unterhaus und erstes Stockwerk, und darin sieht es böse aus. Auch das weiter auf Höhenberg zu liegende Lager des Bauunternehmers Carl A. hat gebrannt. Vor dem Hause des Bauunternehmers Wendelin B. in der Homarstraße sind drei Bomben niedergegangen. Eine Bombe fiel in Hof und Hintergebäude der Gaststätte „Heßhof". Bei dem Hause, in dem der Schreiber wohnt, Ostheimer Straße 28, fielen Brandbomben. Eine traf das Dach, die anderen fielen in den Garten. Beide Brände konnten alsbald gelöscht werden, doch wurde noch am Mittwoch ein solches Ding immer noch brennend aus der Erde gegraben. Wir waren einen Tag ohne elektrischen Strom, vier Tage ohne Gas.

Im ganzen linksrheinischen Köln fuhr keine Straßenbahn. Soldaten, die auf Urlaub hier waren und jetzt wieder zu ihrem Truppenteil zurückkehren mußten, konnten von keinem der Kölner Bahnhöfe abfahren, wie z. B. der Sohn des Schreibers, dem es erst 3 Tage später gelang, von Ehrenfeld aus seine Fahrt nach Frankreich anzutreten. Es wird lange dauern, bis die Schäden einigermaßen behoben sind. Anfangs ging das noch, da hatten wir mehr Arbeitskräfte und Material, und es gab auch noch nicht solch gewaltige Verwüstungen. Manches wird nie wieder gutgemacht werden können und noch nach Jahrhunderten zeugen gegen England...

Der Angriff in der Nacht auf Sonntag dauerte von 0.20 Uhr bis gegen 4.00 Uhr morgens. Noch wehte aus wüstem Durcheinander glühende Hitze, brannte es mancherorts noch hell auf, war Köln von einem beißenden Rauche durchzogen, – da waren sie schon wieder da.

Zuerst in der Nacht zu Mont. d. 1. Juni, Mont. 9.55 bis 10.25, 20.35 bis 21.25, 24 bis Dienst. 3.05, Dienst. 7.20 bis 7.40, 10.30 bis 13.30, 13.45 bis 14.15, in der Nacht zu Mittw. 1.35 bis 3 und Mittw. 14.15 bis 15.05, Freit. auf Samst. 1 bis 3 Uhr!

[20] HAStK, Acc. 1251

[21] Vgl. hierzu auch den Bericht der NSDAP-Ortsgruppe Nord; hier abgedruckt als Quelle 21.

Quelle 14: Volksschule Neusser Str.[20]

Unsagbares Leid brachte die Nacht vom 30. zum 31. Mai 42 über unsere Vaterstadt. Mehr als zweieinhalb Stunden lang warfen britische Flieger einen Hagel von Spreng- und Brandbomben auf friedliche Wohnungen, Kirchen, Schulen, öffentliche Gebäude, Geschäftshäuser. Brände, weithin leuchtend, loderten auf, ganze Straßenzüge sanken in Schutt und Asche. Drei der herrlichsten Kirchen sind dem Terrorangriff zum Opfer gefallen: Die Kirche St. Martin, die neben dem Dom das schöne Stadtbild am Rhein beherrschte, St. Maria im Kapitol und St. Aposteln. Die allen Kölnern liebe Kirche St. Maria in der Kupfergasse (Schwarze Mutter Gottes), die der Stadtpatronin geweihte Kirche St. Ursula wurden stark beschädigt. – Wie die Stadt selbst so haben auch die Vororte mehr oder weniger schwer gelitten. In Merheim brannte das schöne Postgebäude aus. Drei Sprengbomben fielen in die Theklastraße, zerstörten das Haus Nr. 8 vollständig und verursachten starke Schäden an den benachbarten Häusern der Thekla-, Neußer- und Roßbachstraße. Durch Brand- und Sprengbomben wurden die Geschäftshäuser und Wohnungen beiderseits der Neußer Str. Nr. 515 – 523 und 520 – 536 schwer beschädigt. Die gegenüberliegende Siedlung weist schwere Schäden an Fenstern, Türen und Dächern auf, verursacht durch eine Luftmine. Sechs Sprengbomben fielen auf den Friedhof und störten die Grabesruhe der Toten. In Merheim sind fünf Todesopfer zu beklagen.[21] Im Stadtbezirk forderte der schreckliche Angriff 400 Tote. Tausende verloren Hab und Gut. Zu diesen gehört auch eine Lehrerin unserer Schule, Frl. P. B., deren Wohnung Schwalbengasse 26 vollkommen zerstört wurde. Sie konnte nur ihr Leben retten. Trotz der Größe des Unglücks bewiesen die Bürger Starkmut und Disziplin. Für ihre bewunderungswürdige Haltung sprach Gauleiter Staatsrat Grohé seine Anerkennung aus. – Noch in der Nacht griffen tausende Hände zu, den Unglücklichen zu helfen. Besonders ist der Einsatz der nachbarlichen Hilfe zu rühmen. Mit den Nachbarn wetteiferten die Männer der Feuerwehr und Polizei, des SHD, jetzt Luftschutzpolizei, die Soldaten der Wehrmacht, die Organisationen der Partei, die Behörden der Stadt, um dem Unglück zu steuern, Verschüttete zu bergen, Verletzte zu verbinden, Brände zu löschen, Hausrat zu bergen und was die ernste Stunde sonst noch forderte. Quartiere wurden den Geschädigten zur Verfügung gestellt, die Wehrmacht stellte Aufräumungskommandos und ließ durch die Feldküchen nahrhafte Kost verabreichen. Die Hilfsaktion setzte sich in den nächsten Tagen und Wochen fort. Die Bezirksstellen sind täglich bis 19 Uhr geöffnet. Zusätzliche Lebensmittel wurden allen Kölnern bewilligt. – Am Montag, dem 7. Juni, wurden auf dem Südfriedhof viele Opfer des britischen Überfalls der letzten Mainacht beigesetzt. Mit den schwergeprüften Angehörigen vereinigten sich die Bürger in mitfühlender Trauer. Bei der erhebenden Feier widmeten nach den Geistlichen der beiden Konfessionen der Kölner Oberbürgermeister Dr. Winkelnkemper, der Gauleiter Staatsrat Grohé, Vertreter der Wehrmacht und der Partei den Toten ergreifende Abschiedsworte. Sie gaben ihr Leben für Deutschland und verpflichten uns, opferbereit wie sie zu sein und stark und entschlossen zusammenzustehen. Auch auf anderen Kölner Friedhöfen wurden Opfer des ruchlosen Angriffs unter Teilnahme der Mitbürger beigesetzt. Reichsminister Dr. Frick brachte am 11. Juni den Kölnern den Dank des Führers für ihr mutiges und hilfsbereites Verhalten.

Quelle 15: Volksschule Baadenberger Str.[22]

In der Nacht vom 30. zum 31. Mai wurde vom Feind ein Großangriff auf Köln durchgeführt, durch den auch unserer Schule großer Schaden zugefügt wurde. Das Wachbuch enthält hierüber folgendes:

„Fliegeralarm 0.20 Uhr, Entwarnung 4.00 Uhr. Etwa um

[22] HAStK, Acc. 1073. Die Baadenberger Straße – und mit ihr die hier befindliche Volksschule – wurde 1935 in Hans-Schemm-Straße umbenannt.

1.20 Uhr fielen in der Umgebung zahlreiche Brandbomben, wovon einige das Dach der Turnhalle durchschlugen und auf der Holzdecke der Halle zündeten. Infolge der Decken- und Dachkontruktion war es der Brandwache nicht möglich, an die Brandherde heranzukommen, so daß Dach, Decke und schließlich die ganze Turnhalle ausbrannte. Infolge Funkenflug und Hitze fing auch das Dach der Schule Feuer. Diese konnte durch die tatkräftige Arbeit der Brandwache des SHD und Helfern aus der Nachbarschaft gelöscht werden. Ebenfalls konnten die auf dem Speicher der Schule und in Klassenräumen fallenden Brandbomben ganz schnell erstickt werden. Auch die Brandherde auf dem an die Turnhalle anschließenden Flur des ersten Stockwerks konnten an ihrer Verbreitung gehindert und beseitigt werden. Ebenso die auf die Schulhöfe eingefallenen Brandbomben. Durch die in der Nähe heruntergekommenen Sprengbomben hatte die Schule noch weitere Schäden an Fensterscheiben. Es muß anerkannt werden, daß alle am Löschen beteiligten Kräfte alles einsetzten, um größere Schäden zu verhüten."
gez. R., Truppführer.

Die Männer des in der Schule untergebrachten Sanitätshilfsdienstes und der Sanitätstruppe beteiligten sich in hervorragender Weise am Löschdienst. Ganz besonders muß ihr Führer Herr Dr. M. als bereitwilliger und unerschrockener Helfer genannt werden. Er wagte es zusammen mit dem Rektor der Schule, noch während des Alarms unter Lebengefahr das Feuer vom Schuldach aus zu bekämpfen, durch das eine Ausdehnung auf das gesamte Gebäude vermieden wurde. Dem Rektor der Schule wurde später folgendes Schreiben des Oberbürgermeisters der Stadt Köln übermittelt:

Köln, den 26. Juni 1942

Sehr geehrter Herr Dr. H.!

Für Ihren selbstlosen und umsichtigen Einsatz bei der Brandbekämpfung anläßlich des Fliegerangriffs auf das Schulgebäude am 31. Mai 1942 spreche ich Ihnen meinen Dank und meine vollste Anerkennung aus.

Heil Hitler!
gez. Dr. Winkelnkemper
Oberbürgermeister"

Der Zustand des Schulgebäudes nach dem Angriff ist folgender:
Die Turnhalle mit sämtlichen Geräten ist abgebrannt, nur die Mauern stehen noch: Am Hauptgebäude ist der Giebel und ein kleiner Teil des Daches der Westseite zerstört. Sämtliche Flurfenster der Südseite sind durch die Hitze zersprungen. Im Innern der Schule sind die Flure durch den eingedrungenen Rauch geschwärzt. Der Schaden ist beträchtlich. Die Klassenräume sind bis auf eine Anzahl zersprungener Fensterscheiben intakt. Der Schulbetrieb wird aufrechterhalten werden können.

Quelle 16: Volksschule Fühlingen[23]

Terrorangriff am 31. 5. 42

Ein Luftangriff auf unser geliebtes Köln, wie er noch nicht gewesen ist, auch auf andere Städte nicht, fand in der Nacht zum 31. Mai statt. Es war eine Schreckensnacht, die jedem Bewohner unvergeßlich sein wird und die die ganze niederträchtige Gesinnung der Engländer zeigt, die ihre Freude am Morden, Brandschatzen und Zerstören haben. Hunderte von Bombern kreisten stundenlang über unserer Vaterstadt. Bald glich ganz Köln in Wahrheit einem Flammenmeer. Nicht einzelne Häuser, nein ganze Straßenzüge, Kirchen, die schönsten unserer Stadt, lagen bald in Schutt und Asche. Und wer zählt die vielen verstümmelten, verkohlten Leichen von Kindern, Frauen und Greisen, die unter den Trümmern begraben lagen! Noch nach Jahrzehnten werden die Spuren dieses furchtbaren Terrorangriffes zu sehen sein und aus dem Gedächtnisse unserer Kinder und Kindeskinder nicht schwinden.

Gott strafe England!

Quelle 17: Beitrag der Schulverwaltung zur Kriegschronik für den Bereich der Hansestadt Köln (Berichtzeit 1. 4. – 31. 7. 1942)[24]

In allen Kölner Volks-, Mittel- und höheren Schulen wurde der Unterricht nach Ablauf der Osterferien (2. 4. – 15. 4. einschließlich) am 16. 4. wieder aufgenommen, wurde unterbro-

[23] HAStK, Acc. 1181
[24] HAStK, ZS Kriegschronik 1939 – 1944, Bd. 168, Bl. 52 ff.

chen durch die Pfingstferien (23. 5. – 26. 5. einschließlich) und fand ein vorschnelles Ende durch den Terrorangriff in der Nacht vom 30./31. 5. 1942.

Dieser Terrorangriff bestimmte das Leben in der Hansestadt Köln in der Berichtzeit und brachte einschneidende Änderungen auf allen Gebieten. In der Zeit von Kriegsbeginn bis zu dem Terrorangriff auf Köln hatten die städtischen Schulen mehr oder weniger große Fliegerschäden. Es waren entstanden: Serienschäden, d. h. kleinere Schäden, bei den Volksschulen in 192 Fällen, bei den Mittelschulen in 5 Fällen, bei den Oberschulen in 20 Fällen, bei den Berufs- und Fachschulen in 21 Fällen; erheblichere Schäden: bei den Volksschulen in 13 Fällen, bei den Oberschulen in 3 Fällen, bei den Berufs- und Fachschulen in 2 Fällen; Totalschäden: bei den Berufs- und Fachschulen in 2 Fällen.

Bei dem Terrorangriff in der Nacht vom 30./31. 5. 1942 wurden auch die Schulgebäude hart getroffen. Es entstanden:

bei den Volksschulen	3 Totalschäden,
bei den höheren Schulen	1 Totalschaden
bei den Berufsschulen	2 Totalschäden

Erheblich beschädigt wurden:

11 Volksschulgebäude,
1 Mittelschulgebäude,
4 Gebäude der höheren Schulen,
2 Gebäude der Berufsschulen,

Serienschäden entstanden:

an 75 Gebäuden der Volksschulen,
an 2 Gebäuden der Mittelschulen,
an 8 Gebäuden der höheren Schulen,
an 8 Gebäuden der Berufsschulen

Die Schäden an und in den Schulgebäuden konnten auf ein Mindestmaß beschränkt werden durch die in den Schulgebäuden eingerichteten Brandwachen, die sich aus den Lehrenden der Schule, bei den Oberschulen auch aus den Schülern der Oberklassen, den Angestellten der in den Schulgebäuden untergebrachten Dienststellen und betriebsfremden Personen zusammensetzen und deren Stärke (durchschnittlich 6 Mann) sich nach der Größe und Lage des Gebäudes richtet. Am Tage besteht in der unterrichtsfreien Zeit außerdem ein Bereitschaftsdienst in Stärke von drei Mann in jedem Gebäude. Diese Brandwachen haben sich in der Katastrophennacht in vorbildlicher Weise eingesetzt und bewährt. In vielen Fällen konnten so für umsichtige Brandbekämpfung und selbstlosen Einsatz Auszeichnungen, Anerkennungsschreiben und Geldspenden zuerkannt werden.

Die Schulgebäude in den betroffenen und in den Nachbarwohngebieten mußten, soweit sie noch betriebsfähig waren, als Auffangstelle und als Notquartier für Obdachlose, zur Unterbringung von Bergungstrupps und zur Unterstellung des Hausrats der Fliegergeschädigten sowie zur Einrichtung verschiedenster Nebenstellen der Verwaltung für die Betreuung der Fliegergeschädigten in Anspruch genommen werden.

Bei dem großen Umfang der durch den Terrorangriff entstandenen Schäden, Verkehrsstörungen usw. konnte in vielen Bezirken der Stadt an die Fortführung des Unterrichts nicht gedacht werden. Zwar wurden die Schüler auch nach dem Angriffstage in gewissen Zeitabständen zur Schule bestellt, doch nahm die Zahl der erschienenen Schüler ständig ab. Sie blieben in ihrem Elternhaus, um bei Aufräumungsarbeiten und ähnlichem zu helfen. Soweit es sich um größere Schüler handelte, wirkten sie in den Einsatzgruppen als Melder, auf städtische Dienststellen als Hilfskräfte und bei Aufräumungsarbeiten in zerstörten Schulen und dergleichen mit. Für ihre tatkräftige Hilfe in der Brandnacht wurden mehrere Jungen mit dem Kriegsverdienstkreuz II. Klasse mit Schwertern ausgezeichnet.

In den Vororten, insbesondere in den äußeren Vororten am Stadtrand, die weniger getroffen waren, wurde der Unterricht zunächst weiter erteilt. Da unter den geschilderten Verhältnissen aber ein ordnungsmäßiger Unterricht praktisch an allen Schulen nicht hätte erteilt werden können, wurden auf Vorschlag hin von den Schulaufsichtsbehörden die Sommerferien für das Gebiet der Hansestadt Köln vorverlegt und begannen infolgedessen am 5. 6. 1942.

Während der Sommerferien sollten auf Anordnung des Ministers die Schüler(innen) der Oberstufen zur Sicherstellung der Ernährung, die Mädchen auch zu anderen Hilfeleistungen eingesetzt werden. Durch den BDM wurden daher die Schülerinnen zur Arbeit in Kindergärten und ähnlichem sowie als Hilfen in kinderreichen Familien zum Hilfsdienst herangezogen. Für die Schüler war eine Regelung dahin vorgesehen, daß die Bauernführer über die Arbeitsämter die nötigen Hilfen beantragen und der Einsatz durch die Hitler-Jugend erfolgen solle. Bei Verhandlungen mit dem Arbeitsamt ergab sich aber, daß Anforderungen durch die Bauernführer nicht vorlagen, so daß ein allgemeiner Einsatz unterblieb. Die einsatzfähigen Schüler stellten sich aber freiwillig als ehrenamtliche Helfer den dafür in Frage kommenden Stellen zur Verfügung.

Die Lehrenden wurden zur Betreuung der Fliegergeschädigten in den Ortsgruppen und zur Mitarbeit auf den Ernährungs- und Wirtschaftsämtern sowie auf den Kriegsschädenämtern eingesetzt. Ein Ferieneinsatz außerhalb Kölns kam für die Lehrenden der Kölner Schulen nur in Ausnahmefällen in Frage. Für alle Lehrenden wurde ein von jeder Inanspruchnahme freier 3-wöchiger Erholungsurlaub sichergestellt. In den Fällen, in denen das unter diesen erschwerten Verhältnissen während der Sommerferien nicht möglich war, wurde der Urlaub nach Beginn des Schulunterrichts gewährt.

Da der Arbeitsanfall auf den Kriegsschädenämtern in einem nicht vorauszusehenden Umfange zunahm und trotz Heranziehung von Kräften aus anderen Verwaltungen und Städten im Wege der Nachbarschaftshilfe nicht bewältigt werden konnte, mußten bis zum Eintreffen neuer Kräfte die technischen Lehrerinnen der Volksschulen zur Ableistung eines kurzfristigen Notdienstes trotz des Unterrichtsbeginns am 27. 7. auf den Kriegsschädenämtern beschäftigt werden. Der von den eingesetzten Lehrerinnen erteilte Handarbeits-, Hauswirtschafts- und Turnunterricht mußte infolgedessen mit Genehmigung der Schulaufsichtsbehörde ausfallen. Zu dem für Köln zum 7. angesetzten Beginn des neuen Schuljahres waren sie wieder im Schuldienst.

Außerordentlich schwer waren naturgemäß die Vorbereitungsarbeiten für den Wiederbeginn des Schulunterrichts, der auf den 27. 7. festgesetzt war.

Bei Sichtung des noch brauchbaren Schulraumes wurde festgestellt, daß alle nur möglichen Dienststellen der NSDAP, der Polizei, der städtischen Verwaltung usw., fliegergeschädigte Familien und ähnliche in den Schulsälen Unterkunft gefunden hatten. In den Schulgebäuden waren auch Möbel von fliegergeschädigten Familien und Geschäften im vermehrten Maße abgestellt worden.

Nur unter den größten Schwierigkeiten konnte eine Freistellung des für Unterrichtszwecke notwendigen Schulraumes durchgeführt und die Planung von Notwohnungen für Fliegergeschädigte in Schulgebäuden verhindert werden.

Für die Instandsetzung der Schulräume mit kleineren Schäden mußte gesorgt werden, damit jeder nur etwa benutzbare Raum für den Schulunterricht ausgenutzt werden konnte.

An eine Beseitigung der durch den Fliegerangriff an Schulgebäuden hervorgerufenen größeren Schäden ist bei dem Umfang der in Köln angerichteten Zerstörungen zunächst nicht zu denken, da durch die eingesetzten Arbeitskolonnen vordringlich zuerst Wohnungen wieder hergestellt werden müssen.

Am härtesten getroffen wurden bei dem Terrorangriff die höheren Schulen für Jungen. Bei den 8 Schulen, von denen 6 noch über je ein eigenes Schulgebäude verfügten, fielen durch den Terrorangriff 2 weitere Schulgebäude durch erhebliche Beschädigungen aus. Für die Unterrichtserteilung verblieben demnach für 8 Schulen 4 Schulgebäude, in denen doppelschichtig unterrichtet werden muß. Bei den höheren Mädchenschulen wurde durch den Terrorangriff 1 Gebäude erheblich beschädigt, so daß nach dem Ausfall von einem Schulgebäude bei früheren Fliegerangriffen für die Unterrichtserteilung von 8 Schulen jetzt nur 6 Schulgebäude zur Verfügung stehen.

Bei den Mittelschulen fiel von 5 Schulgebäuden 1 Schulgebäude aus.

Bei den Berufs- und Fachschulen wurden durch den Terrorangriff 2 Schulgebäude total zerstört und 2 Schulgebäude erheblich beschädigt. Es handelt sich hier um Hauptgebäude, die schwer ersetzbar und für die zum Teil Ersatzräume in städt. Museen bereitgestellt waren, die aber später anderen Zwecken zugeführt werden mußten. Der Unterricht in den betroffenen Berufsschulen mußte auf die Filialgebäude und in andere Berufsschulgebäude verlegt werden. Der Fach- und Werkstattunterricht fällt infolge Zerstörung sämtlicher Werkstätten und Lehrmittelsammlungen aus.

Bei den Volksschulen haben von 141 Volksschulen 38 Schulen verkürzten Vollunterricht, in 81 Schulgebäuden muß in zwei Schichten, in 17 Schulgebäuden in drei Schichten und in 4 Schulgebäuden in vier Schichten unterrichtet werden. Der Unterricht erstreckt sich demnach in mehr als 2/3 der Schulen wegen des Raummangels über den ganzen Tag und kann nur in beschränktem Umfang, in einem Sechstel der Schulgebäude für wenige Stunden erteilt werden.

Bei dem Terrorangriff kam eine Studienrätin der höheren Schulen zu Tode.[25]

[25] Vgl. hierzu Quelle 3.

Erhebliche Verletzungen erlitten:

2 Lehrer der Volksschulen,
1 Lehrer der Mittelschule,
1 Lehrer der höheren Schule,
1 Lehrer der Berufsschulen.

Mit vielen Kölnern hatten auch die Lehrenden der städtischen Schulen durch Terrorangriff Schaden an Hab und Gut.

Nach den Meldungen der Schulen wurden durch den Fliegerangriff am 30./31. 5. 42 total zerstört die Wohnungen:

von
31 Lehrenden der Volksschulen,
5 Lehrenden der Mittelschulen,
22 Lehrenden der höheren Schulen,
10 Lehrenden der Berufs- und Fachschulen,
68 Wohnungen;

erheblich beschädigt die Wohnungen:

von
63 Lehrenden der Volksschulen,
2 Lehrenden der Mittelschulen,
21 Lehrenden der höheren Schulen,
22 Lehrenden der Berufs- und Fachschulen,
108 Wohnungen.

Die Erhebungen über die Zahl der Kinder, die infolge Zerstörung der Wohnstatt ihrer Eltern und deren Evakuierung zum Wiederbeginn des Schulunterrichts nach den Sommerferien in der Schule sich nicht wieder einfanden, gestalten sich außerordentlich schwierig, da infolge des Terrorangriffs eine vermehrte Landverschickung von Kindern durchgeführt wurde und die Eltern in den meisten Fällen die Abmeldung ihrer Kinder bei den Schulleitungen unterließen. Schätzungsweise sind bei den Volksschulen 2500 und bei den höheren und mittleren Schulen

400 Kinder evakuiert, das sind 0,03% der die betreffenden Schulen besuchenden Kinder.

Als Notunterkunft für Fliegergeschädigte waren vor dem Terrorangriff in den dichtbevölkerten Wohngebieten der Altstadt und der Vororte 10 Schulgebäude der Volksschulen abgestellt, die sich zahlenmäßig aber als unzulänglich erwiesen.

Für die Folge ist daher bei den Sofortmaßnahmen nach einem Fliegergroßangriff auf Anordnung des Sonderbeauftragten für Köln unter anderem auch die Einrichtung aller Kölner Schulgebäude als Notunterkunft für obdachlos gewordene Fliegergeschädigte vorgesehen. In allen Schulgebäuden wurden daher 2 Schulsäle als Notunterkunft eingerichtet; die für die Ausstattung der übrigen Schulsäle erforderlichen Betten mit Zubehör und sonstige Einrichtungsstücke wurden in den Nebenräumen der Schulgebäude abgestellt, so daß die Unterrichtserteilung nicht wesentlich behindert wird.

Da bei dem Eintritt eines Fliegergroßschadens in dem Wohngebiet in der Umgebung der Schule bzw. nach einem Fliegergroßangriff der Schulunterricht für die davon betroffenen Bezirke notgedrungen ausfallen muß, werden die Lehrenden der infragekommenden Schulen im Einverständnis mit den Schulaufsichtsbehörden mit den Schülern der Oberklassen im kurzfristigen Notdienst eingesetzt und zur Einrichtung der Notunterkunft sowie zur fürsorgerischen Betreuung der Fliegergeschädigten herangezogen. Es handelt sich hier um Maßnamen, die nach dem Terrorangriff in der Nacht vom 30./31. 5. geboten erscheinen.

Nach dem großen Ausfall an Räumen bei den höheren Schulen und bei den Berufsschulen entstehen bei weiterem Ausfall für die Unterrichtserteilung an diesen Schulen fast unüberwindbare Schwierigkeiten. Es müßte in diesem Notfall auf die für diese Schularten wenig geeigneten Gebäude der Volksschulen zurückgegriffen werden, die selbst unter größtem Raummangel leiden.

Es wird bei dieser Gelegenheit darauf hingewiesen, daß die Raumausnutzung der Schulen planmäßig gestaltet und für die Folge von der Inanspruchnahme von Räumen für nichtschulische Zwecke abgesehen werden muß. Im gegebenen Falle müssen die Räume, die in Schulgebäuden von städtischen Dienststellen in Anspruch genommen sind, als Raumreserve gelten und dem Schulunterricht wieder dienstbar gemacht werden.

... in propagandistischer Verzerrung

Quelle 18: „Das weisse Haus in der Elisenstraße. Eine lehrreiche Geschichte für alle, die es angeht“[26]

Man muß Köln schon genau kennen, um zu wissen, wo die Elisenstraße liegt. Viele Kölner wissen es selbst nicht. Oder man muß viel mit Rechtsanwälten und Fachärzten zu tun haben. Denn fast nur diese bewohnten die stille Straße in der Nähe des Burggrabens, die wie eine Insel im geschäftsreichen Leben der Innenstadt wirkte. Die Reihen der Häuser wurden durch kein Ladengeschäft und keinen handwerklichen Betrieb unterbrochen.

Heute ist die ganze Straße von Anfang bis Ende ein Trümmerhaufen. Die Brandbomben, die bei dem britischen Terrorangriff in der letzten Nacht des Mai reihenweise abgeworfen wurden, haben sie in Schutt und Asche gelegt. Nur das Gebäude einer staatlichen Dienststelle[27] an einem Ende der Straße ist erhalten geblieben. Sonst sieht das suchende Auge rechts und links nur rauchgeschwärzte Mauern, öde Fensterhöhlen, in denen das Grauen wohnt. An kaum einer anderen Stelle der Stadt ist der terroristische Charakter des Luftangriffes auf Köln deutlicher zu spüren als hier. Ein wirklich erschütternder Anblick!

Doch halt! Was ist das? Mitten in der langen Zeile der ausgebrannten Häuser erhebt sich in strahlender Helligkeit ein Haus, völlig unversehrt. Es wirkt geradezu erregend. Die Menschen bleiben erstaunt vor diesem Haus stehen. Wie ist das möglich? Die Kölner, die den Luftangriff miterlebt haben, können sich vorstellen, wie das Bild in jener furchtbaren Nacht gewesen ist. Die ganze Straße steht in Flammen – ein Funkenregen treibt durch die Luft, dichter, beißender Qualm, Wolken von Staub und Dunst, unerträgliche Hitze – und in diesem Inferno hat sich das Haus gehalten?

Wir wollen der Sache einmal auf die Spur gehen. Wer ist der Luftschutzwart? Ein Architekt D.; er ist zur Zeit dienstlich auf Reisen. Aber er war auch in der Angriffsnacht auf Reisen, wird uns erklärt. Wir sollten uns einmal an seine Frau wenden, die ihn während des Angriffs als Luftschutzwart vertreten hat.

Das Mädchen öffnet. Wir fragen nach der Frau des Hauses. Dann stehen wir in einem gepflegten Künstlerheim. Frau Dr.

[26] Aus: Die Sirene. Illustrierte Zeitschrift des Reichsluftschutzbundes, 1. Augustheft 1942.

[27] Gemeint ist das EL-De-Haus, der Sitz der Kölner Gestapo.

empfängt uns mit dem Charme der Rheinländerinnen und steht uns bereitwilligst Rede und Antwort.

„Wie war es möglich, daß Sie dieses Haus als einziges in der Straße vor der Vernichtung bewahren konnten?“

„Oh, es war nicht leicht, wir haben den Kampf aber keinen Augenblick aufgegeben und haben es so geschafft!“

„Alle Achtung! Sie sind eine mutige Frau!“

„Durchaus nicht! Ich bin von Natur – wie wohl die meisten Frauen – ausgesprochen ängstlich. Ich habe niemals vorher Proben von Mut an den Tag gelegt. Aber als die Bomben fielen, als draußen die Hölle losging, da hab' ich meine Schwäche überwunden, da wurde mir die große Verantwortung bewußt, die auf mir lag, da wuchsen meine Kräfte. Sie wissen, daß mein Mann Baubearbeiter der hiesigen Reviergruppe des Reichsluftschutzbundes ist. Was würde man wohl sagen, wenn gerade sein Heim und seine Arbeitsstätte niedergebrannt wären! Nein, das Haus sollte erhalten bleiben – das war Ehrensache. Mit dieser Entschlossenheit nahm ich den Kampf auf!“

Um die brave Frau des Amtsträgers sammelten sich einige ebenso tatkräftige Frauen und Männer. Es kam ihnen zugute, daß das Haus, in dem der Luftschutz-Baubearbeiter als Luftschutzwart amtierte, selbstverständlich im höchstmöglichen Maße luftschutzbereit war. Vier Brandbomben waren ins Haus gefallen. Nachdem sie das Dach und mehrere Decken – übrigens Holzbalkendecken! – durchschlagen hatten, waren sie in verschiedenen Stockwerken und im Treppenhaus zur Entzündung gekommen. Schnell und umsichtig, so wie sie es in der Luftschutzschule gelernt hatten, gingen die Selbstschutzkräfte ans Werk. Die beiden ersten Brandbomben waren schnell unschädlich gemacht, die dritte war erst nach Mühen zu erreichen, die vierte hatte schon einen kleinen Brand verursacht. Mancher hätte unter diesen Verhältnissen den Kampf vielleicht aufgegeben. Aber die Frau unseres Amtsträgers und ihre Selbstschutzkräfte ließen sich nicht beirren. „Mir schlug das Herz bis zum Hals“, erzählt Frau D., „aber wenn man seine Angst so weit überwunden hat, daß man erst zum Angriff übergeht, dann ist ja schon das Schlimmste getan“. Im übrigen hatte Frau D. schon einige praktische Erfahrungen im Umgang mit Brandbomben und Bränden. Einige Monate vorher waren Brandbomben in ihre Wohnung gefallen, die ihr Mann ebenso wie den entstandenen Brand kunstgerecht erledigt hatte. Sie selbst hatte damals dabei Hilfe geleistet.

Die Brandbomben waren also unschädlich gemacht, der Entstehungsbrand gelöscht. Die erste Runde war damit klar gewonnen. Nun aber erst kam die wirkliche Gefahr! Die Häuser rechts und links, gegenüber und zum Hof hin gingen in Flammen auf. Von allen Seiten trieben Funken und brennende Gegenstände gegen das hellverputzte Haus, das im Feuerschein magisch erstrahlte. Überall mußten die Selbstschutzkräfte eingreifen, um keinen Brand entstehen zu lassen. Dann schlugen die hellen Flammen aus den Nachbarhäusern über den Dachfirst und die Brandmauern. Die Luftschutzhandspritze genügte nicht mehr, um alle diese Gefahren zu beseitigen. Es war noch ein Gartenschlauch zur Hand, den Frau D. an die Wasserleitung in der Küche anschloß. Von ihrem Balkon aus konnte sie die unmittelbar bedrohten Teile des Daches unter Wasser setzen. Die Hitze wurde so groß, daß die blühenden Pflanzen in den Balkonkästen welkten. Aber die tapferen Menschen hielten aus. Stunde um Stunde währte der Kampf, dann war die Gewalt des Feuers in der Nachbarschaft gebrochen. Mit der steigenden Sonne sank das entfesselte Element in sich zusammen. Der Kampf war siegreich entschieden!

Am Morgen kamen die Bewohner der übrigen Häuser in der Elisenstraße aus den öffentlichen Luftschutzräumen heraus, in denen sie Zuflucht gesucht hatten. Voller Entsetzen sahen sie ihre Straße, mit allem was ihnen gehört hatte, in Rauch und Trümmern liegen. Der Schreck lähmte ihre Sprache. Nur ein erstaunter Ruf entrang sich ihnen: Das weiße Haus! Seht das weiße Haus! Als einziges in unserer Straße ist es stehen geblieben!

Mancher von ihnen mag sich naher in stillen Vorwürfen die Frage vorgelegt haben, ob auch er alles getan hatte, um die Vernichtung *seines* Hauses zu verhindern. Ob er nicht doch vielleicht zu früh die Flinte ins Korn warf in der Annahme, daß alles verloren sei.

Es ist schwer, nachträglich zu entscheiden, ob alle Häuser in dieser und in anderen Straßen niederbrennen *mußten.* Aber ohne den bedauernswerten Fliegergeschädigten insgesamt Unrecht zu tun, kann man wohl doch sagen, daß viele Häuser, die heute leergebrannt sind, noch stehen würden, wenn *alle* Einwohner sich so tapfer und entschlossen, so zäh und verbissen verhalten hätten wie die Frau unseres Amtsträgers und ihre Helfer.

[28] NS-Dokumentationszentrum, Material Dünnwald.

Wer bisher von dem Los der Fliegergeschädigten verschont blieb, der möge aus dieser Geschichte die Lehre ziehen:

Alles gewissenhaft vorbereiten, was in der Stunde der Not Hilfe sein kann. Lernen und sich fest einprägen, was zu tun ist, wenn Brandbomben fallen und Brände wüten. Sich fest vornehmen, den ersten Schreck und das Entsetzen zu überwinden. Hart bleiben und sich nicht erschüttern lassen. Vor allem aber: Nicht erst viel überlegen, nicht das Für und Wider gegeneinander abwägen, sondern angreifen, immer wieder angreifen!

Quelle 19: Frontbrief des Kriegsbetreuungsdienstes des HJ-Bannes Köln-Süd (217), Folge 1[28]

(...)

Köln, den 20. Okt. 1942

Liebe Kameraden!

Nachdem die Arbeit durch den Besuch der Insulaner im Bann zwar nicht unterbrochen, jedoch etwas gehemmt, wieder ihren geordneten Verlauf nimmt, ist es mir möglich, Euch einen kleinen Ausschnitt aus dem Zeitgeschehen zu geben. Infolge Überheizung zogen wir vom Sachsenring 37 nach dem HJ-Heim in Zollstock um. Kurz bevor der Normalzustand wieder hätte verzeichnet werden können, wir hatten schon alle Vorbereitungen zum siegreichen Rückzug getroffen, ereignete es sich in einer unruhigen Nacht, daß gerade am Sachsenring, unmittelbar vor der Sozialstelle, eine Erderschütterung den geplanten Rückzug vereitelte und uns zum weiteren Ausharren in der alten Stellung zwang. Der Gebietsführer musste zur gleichen Zeit als Gast in die Overstolzenstrasse umziehen. Nachdem die Schäden wieder behoben waren, zog der Gebietsführer wieder in sein altes Hauptquartier ein. Die Bannführung bekam die Erlaubnis, die Räume in der Overstolzenstrasse 6 in Besitz zu nehmen. Dies ist inzwischen ja geschehen, was Euch auch vom Kriegsbetreuungsdienst schon mitgeteilt wurde. Die Bannmädelführung und die Verwaltung sind zur Zeit noch im Heim Köln-Zollstock untergebracht. Es bestehen berechtigte Hoffnungen, dass der Bann in Kürze wieder eine Einheit ist.

Leider ist bei den damaligen Temperaturschwankungen die Soldatenkartei auch ein Raub der Flammen geworden. Inzwischen hat der für den Kriegsbetreuungsdienst verantwortliche

Kamerad mit Mühe die Kartei wieder aufgestellt. Es fehlen aber noch viele Kameraden in dieser Soldatenliste. Ich bitte deshalb jeden Kameraden, uns alle Anschriften unserer Soldaten, die er bei sich registriert hat, uns mitteilen zu wollen. Dadurch dürfte es gelingen, den entstandenen Schaden einigermassen wieder zu beheben. Über den Stand unserer Arbeit seid Ihr durch den Frontrundbrief hinreichend und fortlaufend unterrichtet worden.

Über Köln ist nach dem 31. Mai 42 viel geredet, geschrieben und auch gelogen worden. Wenn Ihr durch manche Nachrichten auch der Meinung wart, dass in Köln alles liegt, nein, noch lange nicht, die Arbeit in der Hitler-Jugend [geht weiter] und macht erfreuliche Fortschritte. Haltung, Geist, Gesinnung und Einsatzbereitschaft haben weder [bei] der Jugend noch dem Alter auch nur für kurze Zeit Not gelitten. Man kann mit berechtigtem Stolz sagen, Köln steht, trotzdem viele ehrwürdige Bauten, Kunstdenkmäler und malerische Häuser aus alten Zeiten in Trümmern liegen, obwohl unermesslich viele Schätze der Menschheit vernichtet worden sind, in Treue und Anhänglichkeit zum Führer und leistet noch verbissener als bisher seinen Beitrag zu diesem Krieg und zum Sieg.

Kaum war der durch Feindeinwirkung erforderliche Einsatz der Jugend beendet, ging es in alter Frische an die Weiterführung unserer Aufgabe. Wir führten an Stelle der Lager eine Leistungswoche durch, die bei der Bevölkerung nicht nur volles Interesse, sondern auch warme Aufnahme fand. Überall in der Öffentlichkeit war in dieser Woche die Jugend am Werk. Die Hitler-Jugend, jeder Pimpf, hatte in dieser Woche dem Gebiet, dem er dient, und dem Namen, den er trägt, alle Ehre gemacht. Unsere Jungen und unsere Mädel zogen frisch und froh durch die altvertrauten Strassen und Gassen unserer Hansestadt Köln. Allenthalben mussten selbst die grämigsten Bürger ein freundliches Gesicht machen zu dem löblichen Tun unserer Jugend.

Mit viel Verständnis und Einfühlungsvermögen haben die Führer und Führerinnen in der Leistungswoche die ihnen gestellten Aufgaben erfüllt. Dank und Anerkennung für die geleistete Arbeit wird von den Führern und den Führerinnen mit dem Vorsatz entgegengenommen, in einem gesunden Streben sich im bisherigen Einsatz noch zu übertreffen. Es ist für einen jungen Führer nicht immer leicht, die gestellten Aufgaben zu meistern. Er hat es viel schwerer wie etwa der Gefolgschaftsführer in Friedenszeiten. Die Anforderungen, die der Jugend heute gestellt werden, sind so mannigfaltig wie die Schwierigkeiten, mit denen die Führerschaft fertig werden muss.

Der Schulunterricht ist vor- und nachmittags. Ungezählt viele Jungen und Mädel sind in der Kinderlandverschickung, fallen also für den Einsatz in ihrer Heimatstadt aus. Andere müssen im Noteinsatz Pflichten erfüllen, die vor allem einen ganzen Kerl erfordern; Mut, Einsatzbereitschaft und Ausdauer sind Voraussetzungen, um diesem Einsatz gerecht zu werden. Also unsere Besten kommen hierfür nur in Frage. Dazu kommt der Euch bekannte Normaldienst, Weltanschauliche Schulung, Körperertüchtigung und Berufserziehung. Der Berufsertüchtigung kommt genau wie der Wehrertüchtigung erhöhte Bedeutung in unserer Arbeit zu. Auch im Beruf Soldat des Führer sein, heisst die Parole, Nebenaufgaben, die wir früher nicht gekannt haben, ergänzen und runden unseren Einsatz ab. Gartenaufsicht, Anlagenüberwachung, Nachtdiensteinsatz und anderes mehr geben unserer Arbeit eine bewegte Abwechslung.

Wie Ihr seht, meine Kameraden, wird im Bann gern und viel gearbeitet. Man kann den Führern die Achtung nicht versagen. Wir sind nicht so vermessen, mit den Opfern, die unsere tapferen Soldaten heute bringen, unseren Einsatz in Vergleich zu bringen. Die Leistungen unserer Wehrmachtsteile erfüllen uns mit Stolz und geben uns den Glauben an den Sieg. Viele Führerkameraden des Bannes haben für Führer, Volk und Vaterland ihr junges und hoffnungsvolles Leben geopfert. An der Grösse ihres Opfers wollen wir, die wir in der Heimat unsere Pflicht erfüllen wollen, uns immer die Kraft schöpfen, die notwendig ist, um dem grossen Kampf siegreich durchzustehen.

Der Bann 217 ist stolz auf die Kameraden, die durch erfolgreichen, mutigen Einsatz eine Auszeichnung und Beförderung verdienten. Ihnen allen sprechen wir aus tief empfindendem Herzen unseren Glückwunsch aus und verbinden damit den Wunsch für alles Gute im weiteren harten Einsatz. Viele Kameraden haben während des Urlaubs die Bannführung und die Einheiten mit einem Besuch beehrt. Hier kommt immer wieder zum Ausdruck: Wer einmal in der Jugendbewegung gearbeitet hat, ist der Nationalsozialistischen Jugendbewegung verfallen. Neben den Erlebnissen bringen diese Kameraden zum Ausdruck, dass, wenn einmal die Stunde schlägt, die uns wieder in der Heimat vereinigt, sie alle wieder gern und freudig zum Bann 217 zurückkommen wollen, um in neuem Wirken das

Höchste was Menschen verbindet, die Treue zu dem Bann, aus dem sie gekommen sind, unter Beweis zu stellen.

Manchmal überkommt einen Kameraden durch persönliche Schicksalsschläge eine Müdigkeit. Kaum ist aber von Eurem Einsatz und Eurer Hingabe die Rede, da ist alle Schwäche verflogen; mit neuer Kraft geht es an das Werk, in gemeinsamem Schaffen an der Zukunft, die ja auch die Eure ist.

So wie wir an Eurer Tatkraft unsere Begeisterung wachhalten, so wünschen wir, dass in der Jugend der Nation auch Eure Kraft erhalten bleibt und wächst. In Gehorsam und Pflichterfüllung wollen wir jeder auf dem Platz, auf den er gestellt ist, unsere Pflicht erfüllen.

Überall wollen wir Soldat des Führers sein, durch unser Wirken das Ansehen des Gebietes, dem wir dienen, fördern.

Heil Hitler
Euer Kamerad Karl Sch.
Oberstammführer

(...)

Mit dem Kriegsverdienstkreuz mit Schwertern ausgezeichnet wurden auf Grund ihres Einsatzes nach dem britischen Terrorangriff auf Köln am 31. 5. 1942 in unserem Bann der K.-Führer des Bannes O-Stammf. Karl Sch. und die Stamm- und Jungstammführer H., T. und A., sowie nachträglich der Jungstammführer Max U.

Der Westdeutsche Beobachter schreibt hierzu am 29. 9. 42: „Er ist nicht der einzigste, dem eine solch hohe Auszeichnung in so jungen Jahren zuteil wurde. Mit ihm trägt noch mancher andere HJ-Führer oder Hitler-Junge das Kriegsverdienstkreuz als Zeichen des Mutes und der Unerschrockenheit im Ernstfalle. Die Kölner HJ hat sich in der Schreckensnacht und in den darauffolgenden Wochen glänzend bewährt.

Die englischen Piraten haben sich verrechnet! Sie glaubten, die Heimatfront durch blutige Terrorangriffe brechen zu können; glaubten, ein gleiches Deutschland wie 1918 vor sich zu haben. Aber sie irrten sich! Wir halten die Festung! Gleich, wie es kommen mag, und wir wissen, dass Ihr draussen unerschütterlich fest zur Fahne steht. So auch wir! Und keiner wird Front und Heimat trennen. Das sei unser Gelöbnis!

Wenn einer mal den Kopf verliert, wir wollen ihm ihn wieder zurecht setzen. Wohl darf einer mal fluchen, wenn's mal nicht so recht klappt, das ist eben Deutsch. Man muss sich einmal Luft machen, dann geht's nachher wieder um so besser. Und hinterher, da sollen sie nur kommen, die Bolschewiken bei Euch in den Gräben im Osten und die Tommies bei uns an der Heimatfront. Ihr und wir werden dann wie ein Mann stehen und ihnen zeigen, dass weder der deutsche Soldat noch der Mann und die Frau in der Heimat und erst recht nicht die Deutsche Jugend sich überwältigen lassen von den Opfern und Entsagungen, die dieser Krieg von uns allen fordert.

Quelle 20: „Stunden der Bewährung"[29]

[29] Aus: Koralle, 11. Jahrgang, Heft 12, 31. 3. 1943.

(...)
Zweimal das Haus in Trümmern, zweimal Brandschaden: immer half er bei anderen: das ist Autoschlosser Johann T.

Beim Angriff auf Köln, 7./8. Juli 1941, war er als alter Sanitäter gerade dabei, Verletzte zu verbinden, als sein Sohn angelaufen kam: „Bei uns is jetzt ooch alles kapott!" Der Vater antwortete seelenruhig: „Da jang Du doch lösche!", und verband weiter. Bis zum nächsten Morgen blieb er auf seinem Posten als Selbstschutztruppführer. Er sperrte ab, barg Verschüttete, befreite Eingeklemmte, löschte Feuer. Schließlich ging er nach Hause und fand seine Wohnung in Trümmern vor, brachte seine Familie zu den Eltern, ging wieder zu den Schadensstellen zurück: 3 Tage und 3 Nächte arbeitete er hintereinander durch!

Großangriff 30./31. Mai 1942: Brand- und Sprengbomben und Phosphorkanister hatten große Verheerungen in dem Viertel angerichtet, das Johann T. bewohnte. Dazu eine Minenbombe in nächster Nähe. In der eigenen Straße standen die Häuser ringsum in Flammen. Durch die ungeheure Hitze begannen die Möbel in den letzten Wohnungen zu brennen. Frauen zwischen 50 und 60 Jahren schleppten Inventar vom Hinterhaus ins Vorderhaus. Schuljungen kamen aus den Luftschutzräumen: alles half unter Johann T.s ruhiger Leitung. Der schlimmste Kampf galt dem Phosphor, der überall verspritzt war. Daran verbrannte sich Johann T. den rechten Fuß trotz des Schuhwerkes. Er riß sich die Schuhe herunter und schabte die Wunden mit seinem Taschenmesser ab. Im dunklen Keller entfernte er die letzten Reste von Phosphor an den Kleidern der anderen und an seinen eignen. Weiter ging es, Johann T. nun barfuß. Es galt, aus einem verschütteten Luftschutzraum Menschen zu befreien. Unter höchster Lebensgefahr gelang es ihm mit seinen Leuten, etwa 110 Personen herauszuholen. Nun aber mußte J.T. doch in die Luftschutz-Rettungsstelle zum Verbinden. Er hatte sich auch noch die Finger verbrannt. Mit dem notdürftig umwickelten Fuß fuhr er mit dem Rad. Das Rad ging in Trümmer über den Schuttmassen, drei Räder hat er in dieser Nacht entzweigefahren. Barfuß humpelte er weiter über Glassplitter und Schutt. Inzwischen war es 4 Uhr früh geworden. Von der Rettungsstelle ging er zu seiner eigenen Straße zurück, in der er vorher schon zweimal gelöscht hatte. Bei seinem Haus sagten die Leute, es sei alles in Ordnung. Er stieg aber doch die Treppe hinauf bis zum 3. Stock – da kamen ihm dicke Rauchschwaden vom 4. Stock entgegen. Dort lag seine Wohnung – alles brannte. Oben auf dem Dach stand sein 15jähriger Sohn mit drei Männern, sie löschten die Nachbardächer, sie wußten nicht, daß unter ihnen schon Feuer lohte. Eine halbe Stunde später wären die vier auf dem Dach durchgesackt und in die Flammen gestürzt. Auch hier konnte J. T. durch seine nimmermüde Tätigkeit vier Menschenleben erhalten. Bis 5 Uhr früh half er noch bei den Rettungsarbeiten, dann mußte er selbst ins Krankenhaus gebracht werden. Seine Augen waren durch Rauch ganz verquollen – er konnte nicht mehr sehen. Nach drei Wochen war er wieder obenauf.

(...)

„Bestimmt – eine Frau hält das aus, man muß nur Ruhe bewahren."

Am 30. Mai 1942, Samstag abend, sehr spät kam Frau H. von einer besonders langen Doppelschicht nach Hause. Als sie gerade ihren Sonntagskuchen im Ofen hatte, wurde Alarm gegeben, gegen Mitternacht. Wenige Minuten später fielen 18 Brandbomben in Hof und Hinterhaus, die Frau H. mit drei älteren Männern durch Umkippen der Mülltonnen sofort löscht. Frau H., beherzt und energisch, übernimmt die Leitung. Sie und die drei Männer, von denen sie sagt – „Man kann nur solche brauchen, die den Kopf oben behalten", ihr eigener Mann ist dabei, bleiben wachsam. Nun geht es Schlag auf Schlag. Eine Brandbombe fällt in das Nachbarhaus, gegenüber steht ein Möbellager hell in Flammen, es gibt einen Krach: eine Hofwohnung ist getroffen. Feuer von allen Seiten! – Jetzt muß die 79jährige Kranke, die oben wohnt, heruntergeholt werden. Die Männer überlassen diese schwere Aufgabe Frau H. Die alte

Frau kann nicht getragen werden, sie ist gichtleidend. Ganz langsam, Stufe für Stufe, während stärksten Flakbeschusses, führt Frau H. sie hinunter, die vor Schmerzen laut schreit. Unheimlich ist es im Treppenhaus, heiß vom Brennen des Nachbarhauses, das nicht mehr zu löschen ist. Von Minute zu Minute rückt die Gefahr näher. Immer noch schleicht Frau H. behutsam mit der vor Angst und Schmerzen weinenden Frau herunter, 20 Minuten dauert dieser Gang – 20 Ewigkeiten scheinen sie den gespannten Nerven der Frau H. Dann läuft sie wieder hinaus – auf dem Speicher haben Nachbarn Wäsche von 4 Wochen hängen, also hinauf. Sie schafft sie in den Keller, wieder hinauf, reißt ihre eigene Wäsche aus den Schränken, in Waschkörbe, die sie die Treppe hinunterstößt, Koffer mit Kleidern, Bettzeug, alles, was sie an wichtigen Sachen in rasender Eile zusammenraffen kann. Da hört sie ein Knistern – der Speicher! Dort ist keine Brandmauer, weil ihr Haus und das brennende nebenan – zwei alte Kölner Patrizierhäuser aus dem 17. Jahrhundert – früher miteinander verbunden waren. Im Treppenhaus ist eine schwere eichene Tür in die Mauer eingelassen. Hier greift das Feuer über. „Wasser!“ schreit Frau H., und die drei Männer laufen mit und holen Wasser aus den aufgestellten Gefäßen in den Wohnungen. Vereint bespritzen sie die Tür mit Wasser. „Das Dach brennt auch“, ruft einer, und nun schleppen sie Eimer von unten hinauf zum Speicher. Frau H. klettert durch eine Dachluke auf den Dachvorsprung hinaus, stößt brennende Balken in die Tiefe – Leute unten sehen erst die Frau und dann etwas Brennendes fallen – „die Mutter ist brennend vom Dach gestürzt“, hört Annemarie unten. – „Wasser, Wasser!“ ruft Frau H., aber die Vorräte sind erschöpft. Frau H. rennt hinunter, nirgends Wasser, ihr fällt der Hydrant auf der Straße ein. Da hat die Feuerwehr den Schlauch angeschlossen und löscht Möbellager und andere Brände ringsum. Aber neben dem Schlauch läuft ein Strahl Wasser ab, und den fängt Frau H. in ihren Eimern auf und schleppt sie hinauf zum Speicher, 5 Treppen hoch. Eine Eimerkette können die vier Personen nicht bilden. Die Männer löschen und halten die Eichentür naß, Frau H. schleppt Eimer um Eimer von der Straße nach oben. Als sie so ungefähr 300 Eimer nach oben geschleift hat, versagen ihr die Arme. Aber das Dach brennt ja noch immer, und die Tür, die verhängnisvolle Tür! Sie ist zwar längst den Flammen zum Opfer gefallen, aber nun erst recht kann die ungeheure

Hitze das Treppenhaus in Brand setzen. Dauernd also muß die Umgebung naß gehalten werden. Frau H. erfindet aus Besenstiel und Seil eine Trage, nun liegt die Last der daranhängenden Eimer auf ihren Schultern. So schleppt diese 50jährige Frau über 200 weitere Eimer, am Strahl des Hydranten auf der Straße gefüllt, 5 Treppen hinauf, 6 volle Stunden hat das Wassertragen gedauert.

„Dat is ming Veranda!"

Großangriff auf Köln am 30./31. Mai 1942: Rochus H., 72 Jahre alt, Aufseher, hat gerade Nachtschicht. Zu Hause sind alle Hausbewohner im Luftschutzraum. Frau Katharina hört um 1/2 1 Aufschläge in Richtung ihrer Wohnung, geht hinauf und entdeckt drei Brandbomben, versucht, sie zuerst ganz allein zu löschen. Doch das Dach brennt schon. Da kommt ihr ein 60jähriger Nachbar zu Hilfe. Nun löschen die beiden Alten ganz allein Dach und Wohnung. Hierbei hat sich Frau Katharina H. die Arme verbrannt. „Da hab ich noch drei Wooche mit jedocktert." Sprengbombenwirkung hatte das Haus stark erschüttert, Türen und Fenster herausgerissen, Mauerrisse verursacht. Drei Familien zogen aus, Ehepaar H. und Fräulein Regina, „von der Post" blieben wohnen. Schlafstube und Küche sind ja erhalten, die Risse in den Wänden stören nicht, und von ihrem jetzt etwas luftigen Wohnzimmer sagen sie mit echtem Kölner Humor: „Dat ist ming Veranda!" Unangenehmer war das fehlende Dach – denn manchmal regnet es tüchtig herein. „Paddelböötche kunt mer fahre!" – erklärt Frau Katharina lachend. Aber nun ist das Dach wieder gedeckt, und das Ehepaar H. ist dem Schicksal dankbar, das ihnen ihr Zuhause ließ.

... in interner nationalsozialistischer Berichterstattung

Quelle 21: Erlebnisbericht der Ortsgruppe Nord über den Terrorangriff englischer Flieger auf unsere Vaterstadt am 30./31. 5. 1942 (verfaßt am 19. 11. 1942)[30]

[30] HAStK, ZS Kriegschronik 1939 – 1944, Bd. 51.

Samstag, den 30. 5. 1942

Am Nachmittag werden die Arbeiten zur Durchführung der Reichsspinnstoffsammlung nochmals überprüft und dem Ortsgruppenleiter in Verbindung mit der Frauenschaftsleiterin über den bisherigen Verlauf der Aktion entspr. Bericht erstattet.

Klares Maiwetter berechtigt zu der Frage, „ob die Tommies heute kommen?“ Aber eine innere Gefasstheit und die Gewissheit, daß es bei allen bisherigen Angriffen geklappt hat und daß sich beim Sondereinsatz die Politischen Leiter bisher immer bewährt haben, lässt uns beruhigt über die Antwort der Frage hinweggehen. Der Luftschutzdienstplan geht in Ordnung und die Kameraden wissen alle Bescheid. Gegen Abend wird die Luftschutzwache der Straßenbahn-Hauptwerkstätte auf dem Simonskaul, die im Zivilberuf vom Organisationsleiter Pg. Sch. als Betriebsleiter geleitet und geführt wird, nochmals überprüft und wie selbstverständlich alles in Ordnung befunden.

Also kann sich jeder einige Stunden der Erholung und Entspannung gönnen, die Aussicht auf den morgigen Sonntag hebt nur die Stimmung. Jeder geht daher seinen besonderen Wünschen nach, der mit seiner Frau ins Kino, der zum Glase Bier, der macht Ueberstunden im Garten, denn die ersten Erdbeeren sind schon da, und der andere kloppt seinen samstäglichen Skat. Aber eine gewisse innere Unruhe und Sorge lässt einen doch nicht los, es ist wie so eine stille Ahnung, und der Organisationsleiter ruft gegen 23 Uhr im Werk an: „Na, wie stehts? Ruft mich an, wenn was los ist!“ Da schrillt um 23.54 Uhr das Haustelefon: „Luftgefahr 30, alle Posten besetzt“.

Sonntag, den 31. 5. 1942

Man glaubt noch nicht so richtig an den Ernst, da gehen um 0 Uhr 20 die Sirenen. Also die Kinder angezogen, der älteste von 5 Jahren hat seit den Nachmittagsstunden etwas Fieber und ist unpässlich, den Koffer gepackt und runter in die Deckung, in den Keller. Denn der Beschuss durch die Flakartillerie ist gleich im Anfang sehr heftig. Kurze Verständigung mit dem Ortsgruppenleiter am Telefon, da fallen bereits in der Bergstrasse, wo der Organisationsleiter wohnt, die ersten Brandbomben und Kanister. In der Merheimer- und Mauenheimerstrasse, also in nächster Nähe des Ortsgruppenleiters Pg. E. kracht es ... Sprengbomben. Das Werk ruft an und meldet durch den Truppführer, daß der erste Segen in Stärke von ca. 100 Brandbomben zumeist allerdings im Freigelände niedergekommen sei, das Dach brenne an mehreren Stellen und auch die alte Lehrwerkstatt stehe in

Flammen. Auch im Ortsgruppenbereich brenne es an mehreren Stellen. Ich sage nur: „Macht, das alles klappt, ich komme gleich dahin". Inzwischen ist die Hölle los, es pfeift und kracht und surrt, die Frauen und Kinder werden unruhig. Raus müssen die Männer, um wieder eine Kette Brandbomben zu löschen. In der Ortweinstrasse brennt ein Dachstuhl. Da ruft Kamerad E. an und überträgt mir als seinem ständigen Vertreter die Leitung der Ortsgruppe, denn das Haus, in dem er wohnt, steht in hellen Flammen. Ununterbrochen klingelt das Telefon, es nutzt nichts, ich laufe nur noch von der Strasse nach oben und wieder zurück. Im Werk sind weitere 200 Brandbomben gefallen, davon allein 70 in die einzelnen Werkstätten, in der Ortsgruppe brennt das Postgebäude. Himmeldonnerwetter, ich muss weg, helfen, egal wo, ich möchte überall sein und fordere vom Werktruppführer ein Auto an, das nach knapp 4 Minuten an der Wohnung hält. Ich will über die Neusserstrasse zur Ortsgruppe und von dort weiter zum Werk. Überall brennt es, über uns fliegen die feindlichen Flieger nach dem Abwurf der Bomben so tief zurück, daß man mit dem bloßen Auge die Kokarden erkennen kann. Das Abwehrfeuer der Flak hat sich noch gesteigert. In rasender Fahrt geht es an der Friedrich-Karlstrasse vorbei, als im selben Augenblick, kaum 200 m vor uns, in der Höhe der Theklastrasse eine Luftmine mit vernichtender Wirkung, begleitet von 2 weiteren Sprengbomben in den Häuserblock fällt. Häuser stürzen ein, Dächer fallen herunter, hunderte von Glasscheiben zersplittern, die Oberleitung der Strassenbahn versperrt den Weg, ein unbeschreibliches Chaos. Wir kommen nicht weiter, es hilft uns alles nichts, wir schalten um und fahren langsam rückwärts. Die Kameraden von Weidenpesch sind auch schon zur Stelle und stürzen sich in die Trümmer um zu retten, was zu retten ist. Ein Wille beherrscht den Fahrer und mich, wir müssen die Merheimerstrasse erreichen, um weiter zu kommen. Keinen Augenblick verlässt den Fahrer die klare Überlegung und wir gelangen wieder in die Friedrich-Karlstrasse, wollen einbiegen, als im selben Augenblick rechts im Gelände an der Rennbahn auf dem Acker des Bauers P. 3 weitere Sprengbomben mit reissendem Knall explodieren. Einen Augenblick zaudern wir, ich gehe zur Bergstrasse zur Wohnung herüber und denke an die Kinder, aber ich erkenne auch, daß dort noch alles in Ordnung ist. Also weiter. 3 Minuten später bin ich im Werk. Es brennt an allen Ecken und Kanten. Über

300 Brandbomben sind gefallen und zum größten Teil bereits unschädlich gemacht, nur in den einzelnen Werkstätten und teilweise auf dem Dach wird das Feuer noch bekämpft. Jawohl, sie sind tapfer gewesen, die 14 Mann des Betriebsluftschutzes, einer ist verletzt, aber er macht weiter. Hinter die Werkstätte am Ginsterpfad sind die Sprengbomben gefallen, daß es nur so krachte, aber das hat sie von der Ausübung ihrer Pflicht nicht abhalten können. Zu Hause hat die Frau das Telefon besetzt und hat dem Werk schon Mitteilung gemacht, daß sich die Ortsgruppengeschäftsstelle gemeldet habe, also ist sie besetzt, das beruhigt schon einmal. Ich rufe sofort die Kameraden an und übertrage zunächst meinem Vertreter für die Dauer meiner Abwesenheit, dem Ausbildungsleiter der Ortsgruppe, Pg. G., die Leitung.Auf ihn kann ich mich verlassen. Da sehe ich es brennen, in der Wilhelmshavener Strasse beim Pg. St., der ja körperbehindert ist, und auf der Neusserstrasse brennt das Postgebäude. Ich beordere Kamerad G., Kamerad K. und was da ist, an die Brandstelle. Der Luftschutzleiter der Hauptwerkstätte, Ingenieur H., der inzwischen auch im Werk erschienen ist, rückt auf meine Anweisung mit einer Spritze und vier Mann vom Löschtrupp ab zur Hilfeleistung an das brennende Postgebäude. Er kann sich sofort aktiv an den Löscharbeiten beteiligen und hat es mit verhindern können, daß der Brand nicht weiter um sich gegriffen hat. In der Wilhelmshavenerstrasse haben sie alle dem Pg. St. geholfen und sind allein fertig geworden. Auch die Frauenschaftsleiterin ist wie immer zur Stelle und Kamerad Kr., mein Mitarbeiter im Organisationsamt, der noch Luftschutzdienst im Werk der Firma Thelen & Rodenkirchen ableistet, will gleich nach der Entwarnung zur Ortsgruppengeschäftsstelle kommen. In Zelle 1 hat es viele Luftschutzschäden gegeben, und die Kameraden fragen an, ob sie benötigt werden. Wenn nicht, dann wollen sie den Kameraden der Ortsgruppe Weidenpesch helfen, die durch die Luftmine und die Sprengbomben alle Hände voll zu tun haben. Ich sage zu und weiss, daß der Apparat so läuft, wie wir es uns immer gewünscht haben. Da melden sich auch schon bei mir persönlich die Kameraden B. und J., die Zellenleiter von 6 und 7. In den Zellen sei alles in Ordnung, abgesehen von kleineren Schäden, sie seien mit den Fahrrädern schon beim Ortsgruppenleiter Pg. E. gewesen, der sei obdachlos und er sei damit beschäftigt, aus den Trümmern zu retten, was zu retten ist. Er habe sie zurück in die Orts-

gruppe geschickt um dort zu helfen und um mir beizustehen. Ich entlasse sie mit den nötigen Anweisungen. Kamerad J., Zelle 10, und Kamerad H., Zelle 11, rufen an und melden, es habe Spreng- und Brandbomben geregnet, aber es sei alles gut gegangen und in ihren Zellen in Ordnung, sie würden schon fertig. Kamerad J. und sein Blockleiter Tr. sind dann aus der Gartenstadt zur Merheimerstrasse geeilt und haben dem Ortsgruppenleiter beim Bergen des Hausrates geholfen, eine brave Tat. In Zelle 2 ist alles in Ordnung, in den Zellen 3, 4 und 5 hat es trotz zahlreicher Spreng- und Brandbomben so leidlich hergegangen. Die Zellen 8 und 9 sind verschont geblieben.

Kurz nach 1/2 4 Uhr kommt die Entwarnung. Man nimmt kaum davon Notiz, man sieht nur einen rauchgeschwärzten Himmel und weiss, dass es für Köln eine schwere Probe der Bewährung war, ist aber auch erfüllt von der Gewissheit, daß die Ortsgruppe mit einem blauen Auge davon gekommen ist und daß im Werk die Gefahr gebannt werden konnte. Die Frauenschaftsleiterin war während des ganzen Angriffs auf dem Posten, die Sicherstellung der Notquartiere, der Verpflegung, die helfende Hand an den Katastrophenpunkten, überall war sie und hat sich bewährt. Ich gebe Anweisung an die Ortsgruppe, die Geschäftsstelle besetzt zu halten bis ich komme, das kann Nachmittag werden und lasse draussen im Kasten bekanntgeben, daß ich die Leitung der Ortsgruppe übernommen habe und Tag und Nacht zu sprechen bin, nötigenfalls zu Hause oder im Werk am Telefon. Ich mache alles mit dem neuen Organisationsplan bekannt, denn der Propagandaamtsleiter ist krank und fällt als fliegergeschädigt aus. Der Schulungsamtsleiter ist von Köln abwesend. Der Kassenamtsleiter ist bei den Soldaten. Kamerad G. ist mein ständiger Vertreter. Die Ortsgruppengeschäftsstelle ist ständig geöffnet, und das Büro für Fliegergeschädigte wird mit den Kameraden B., R., H. und der Frauenschaftsleiterin Pg. B. besetzt.

Es ist 5 Uhr und im Werk muss alles in Ordnung gebracht werden, damit die Sonntagsschicht zum Einsatz gebracht werden kann. Kurz entschlossen lasse ich mit dem Omnibus 30 kriegsgefangene Franzosen aus dem Lager holen, um die Werkstätten in Ordnung zu bringen und aufzuräumen, mache meine Meldung an die Direktion und bekomme nicht geglaubt, daß die Hauptwerkstätte ohne Einschränkung die Arbeit aufnehmen kann. Irgendeiner hatte gesagt, sie sei abgebrannt. Als mein

Oberbaurat morgens gegen 9 Uhr sich an Ort und Stelle überzeugt, sieht er nur die wie ein Sieb durchlöcherten Dächer und hält mit seiner Anerkennung nicht zurück, er kann das einfach noch gar nicht fassen. Überall ist das Strassenbahnnetz gestört, 2 Bahnhöfe restlos ausgebrannt, verschiedene Umformstellen vernichtet. Die Hauptwerkstätte muss arbeiten, soll nicht alles zum Erliegen kommen. Ich schicke gegen 7 Uhr Omnibusse in verschiedene Richtungen aus und sammle die anmarschierenden Gefolgschaftsmitglieder. Von 500 sind 100 restlos fliegergeschädigt. Aber es gelingt. Mit einem grossen Teil nehme ich gegen 8 Uhr die Arbeit auf. Von allen möglichen Stellen wird angerufen. Die Werkstätte muss Material schaffen, damit der Betrieb der Strassenbahnen sobald wie nur irgend möglich wieder aufgenommen werden kann. Die Industrie mahnt und die Männer tun ihr Äusserstes. Gegen Mittag fahre ich den Ortsgruppenbereich ab, besuche die Fliegergeschädigten, die Kameraden. Das Schlimmste ist überwunden. Dann zum Ortsgruppenleiter, der noch mit den Kameraden J. und Tr.versucht, aus den rauchenden Trümmern zu retten, was zu retten ist. Durch Vermittlung der Frauenschaftsleiterin kann ich ihm eine Notwohnung auf dem Pallenberg anweisen, die er auch Montags bezieht.

Nachdem ich eine Kleinigkeit gegessen hatte, übernehme ich wieder den Dienst und habe dann bis zur Rückkehr des Ortsgruppenleiters am 16. 6. 42 ununterbrochen neben der Leitung der Hauptwerkstätte und der Durchführung des notwendigen Sondereinsatzes die Geschäfte des Ortsgruppenleiters erledigt. Der Kurierdienst zwischen der Kreisleitung, der Geschäftsstelle und meinem Betriebsbüro durch die HJ war ohne Tadel und hat sich selbst während der Nacht und bei Fliegeralarm bestens bewährt. Montags musste ich noch spät abends meinen 5jährigen Jungen, der an Scharlach erkrankt war, in das Mülheimer Krankenhaus bringen. Auch das ging in Ordnung, ohne Stockung der auf mir lastenden Aufgaben. In 14 Tagen habe ich keine 20 Stunden geschlafen, aber ich habe auch eine Aufgabe lösen können, die unmöglich erschien, die mir aber erleichtert wurde durch den vorbildlichen Einsatz meiner Kameraden der Partei, meiner Arbeitskameraden des Werkes, durch die hervorragende Unterstützung der Frauenschaft und nicht zuletzt durch den glänzenden Eifer der HJ. Heute, nach vielen Wochen, wissen wir alle, daß das so sein musste, um den Begriff der Gemeinschaft und die Organisation der Partei unter Beweis stellen zu können. Wir haben nur versucht, jeder auf seinem Platz, es unseren Soldaten an der Front gleich zu tun.

Quelle 22: Auszüge aus den geheimen Lageberichten des Sicherheitsdienstes der SS[31]

[4. Juni 1942:]

Die verstärkte Angriffstätigkeit der britischen Luftwaffe auf deutsche Städte, insbesondere der Terrorangriff auf Köln, haben im gesamten deutschen Volk Bestürzung ausgelöst und stehen zahlreichen Meldungen zufolge im Mittelpunkt aller Gespräche und Erörterungen der Volksgenossen. In der Erinnerung an frühere Meldungen über feindliche Luftangriffe auf Kiel, Lübeck, Bremen, Rostock usw., in denen meist „unbeträchtliche Sachschäden" oder „geringe Verluste" unter der Zivilbevölkerung gemeldet waren, während die betreffenden Städte angeblich teilweise ganz erhebliche Zerstörungen aufzuweisen und Opfer zu beklagen gehabt hätten, glaubt man aus der Mitteilung des OKW[32], daß der britische Terrorangriff auf Köln bedeutende Schäden und Zerstörungen in der Innenstadt verursacht habe, entsprechende Schlüsse auf die Größe und Wirksamkeit des letzten feindlichen Luftangriffs ziehen zu können. Demzufolge bewegten sich teilweise die Vermutungen der Volksgenossen über die Höhe der Schäden und Opfer auf einer der Wirklichkeit in keiner Weise mehr Rechnung tragenden Ebene.

Nach mehreren Meldungen, insbesondere aus den bereits schon mehrfach von feindlichen Fliegern heimgesuchten Gebieten, ergeht sich ein Teil der Bevölkerung in ernsten Befürchtungen, daß die britische Luftwaffe ihre Terrorangriffe mit gleicher Heftigkeit fortsetzen und nunmehr auch noch andere deutsche Städte angreifen werde, um mangels anderer Möglichkeiten wenigstens auf diese Weise einen Beitrag zur Entlastung der Sowjets zu leisten.

Aus der Berichterstattung über die hohen Abschußziffern an feindlichen Flugzeugen sei nicht zu erkennen, ob die Engländer bei ihren Einflügen prozentual hohe oder geringe Verluste gehabt hätten, weshalb noch nähere Einzelheiten über die Stärke der eingeflogenen Verbände erwartet werden.

Die Vergeltungsangriffe der deutschen Luftwaffe auf Canterbury haben zunächst allgemein Genugtuung ausgelöst. Nach-

[31] Aus: Meldungen aus dem Reich 1938 – 1945, herausgegeben und eingeleitet von Heinz Boberach, Herrsching 1984, Bd. 10, S. 3787f. und 38382f.

[32] OKW = Oberkommando der Wehrmacht.

dem jedoch bekannt wurde, daß diese Stadt nur etwa 24000 Einwohner habe und ohne größere kriegs- oder wehrwirtschaftliche Bedeutung sei, wurden vielfach Stimmen der Enttäuschung laut, die äußerten, daß von einer Vergeltung „im tatsächlichen Sinne des Wortes“ nur zum Teil gesprochen werden könne, trotz der Tatsache, daß Canterbury der Sitz des berüchtigten deutschfeindlichen britischen Erzbischofs ist. Durch die Wiederholung des deutschen Vergeltungsangriffs auf Canterbury habe sich die Bevölkerung in ihrem Eindruck insofern bestärkt gefühlt, als vielfach die Meinung vertreten wurde, daß der erste deutsche Angriff nur mit schwächeren Kräften ausgeführt worden sei, da andernfalls diese kleine Stadt der deutschen Luftwaffe kaum noch ein lohnendes Ziel für einen zweiten Angriff geboten hätte.

[18. Juni 1942:]
Zur Lage nach dem Terrorangriff auf die Hansestadt Köln

Die nunmehr vorliegenden Berichte lassen erkennen, daß nach der ersten Aufregung und der damit verbundenen Verwirrung sowohl die Bevölkerung Kölns wie die verantwortlichen Stellen sich keineswegs haben unterkriegen lassen, sondern sehr rasch das Gesetz des Handelns wieder selbst bestimmten. Die verantwortlichen Stellen haben die Initiative ergriffen und werden dabei sehr stark durch die am schwersten betroffene Bevölkerung tatkräftig unterstützt. Immer wieder wird die bewundernswürdige Haltung der Bevölkerung in den Meldungen erwähnt, die versucht, zunächst sich durch persönlichen Einsatz selbst zu helfen, und die ihr Schicksal mit außerordentlichem Gleichmut trägt.

Die obdachlose Bevölkerung wird laufend in die Landkreise evakuiert, obwohl sich noch nicht alle Schwierigkeiten bei der Evakuierung beseitigen ließen. Aus den Aufnahmekreisen wird berichtet, daß die anfänglich wirklich von Herzen gekommene Hilfs- und Aufnahmebereitschaft sich später geändert habe. Der Grund wird darin gesehen, daß es sich bei den Evakuierten zum überwiegenden Teil um Angehörige der ärmeren Schichten (Altstadt) handelt, die nun zu wirtschaftlich bessergestellten Familien ins Quartier gelegt werden. Diese seien nun vielfach außerordentlich erstaunt über die Unsauberkeit der Zugewiesenen. So meldet z. B. ein Aufnahmeort, daß dort zunächst von Amts wegen eine Entlausungsaktion habe durchgeführt werden müssen. Naturgemäß sei dadurch die Hilfsbereitschaft der Gastgeber stark getrübt worden. Auch das Verhalten einzelner Evakuierter gebe Anlaß zu Klagen, da sie sich vollständig als Märtyrer betrachten und als solche behandelt sein wollten. Sie zeigten wenig Verständis dafür, daß auch das Leben ihrer Gastgeber durch die Einquartierung in andere Bahnen gelenkt wurde und daß auch diese ihre Sorgen und Nöte hätten.

In Köln selbst kursieren nach wie vor unsinnige Gerüchte, deren Ursprung z. T. im englischen Nachrichtendienst zu suchen ist. So wurde beispielsweise das Gerücht verbreitet, das Kölner Trinkwasser sei typhusverdächtig. Erst durch den Einsatz von Lautsprecherwagen und entsprechende Presseveröffentlichungen gelang es, dieses Gerücht wenigstens etwas einzudämmen. In weiteren Gerüchten wird die Zahl der eingesetzten englischen Flugzeuge ebenso wie die Zahl der Toten und Obdachlosen maßlos übertrieben.

Gut aufgenommen wurden von der Kölner Bevölkerung die verschiedenen Besuche führender Männer des Reiches.

Auf dem wirtschaftlichen Gebiet standen die Maßnahmen zur Ernährungssicherung der Stadt Köln im Vordergrund. Die sofort durchgeführten Sonderzuteilungen haben sich stimmungsmäßig sehr gut ausgewirkt. Kurz nach dem Angriff wurden auch hinsichtlich der Lieferung von zusätzlichen Lebensmitteln die ersten Maßnahmen getroffen. Bereits am Sonntagmorgen standen fast 100 Gulaschkanonen zur Versorgung der Obdachlosen zur Verfügung, so daß praktisch jeder mit warmen Speisen und Getränken versorgt werden konnte. In den Meldungen wird betont, daß von den Reichsstellen in Berlin weitgehendes Entgegenkommen gezeigt worden sei, die mit zu den bisher erzielten Erfolgen und die dadurch erhebliche Stimmungsbesserung beitrugen.

Als vordringlichste Frage auf dem Gebiet der Lebensmittelversorgung war es notwendig, einen Überblick über die zerstörten bzw. noch bestehenden Verkaufsstellen zu erhalten und die Weiterführung der Betriebe sicherzustellen. Soweit sich die beschädigten oder zerstörten Verkaufsstellen nicht selbst helfen konnten, wurden sie in nicht lebenswichtigen Gewerberäumen untergebracht. Durch eine elastische Handhabung der Bezugsscheinsregelungen durch das Ernährungsamt konnten die weiteren

Schwierigkeiten großteils überbrückt werden. Ein starkes Problem ist noch der Mangel an Arbeitskräften für die verbliebenen Lebensmittelgeschäfte. Man hilft sich gegenwärtig durch einen leihweisen Austausch von Berufskräften. Zusammenfassend wird gemeldet, daß die Versorgung der Bevölkerung mit Nahrungsmitteln in Anbetracht der derzeitigen Verhältnisse in einer erstaunlich zufriedenstellenden Weise erfolgt ist. Auch weite Teile der Bevölkerung Kölns hätten daraus den Eindruck gewonnen, daß von allen beteiligten Stellen das getan worden ist, was getan werden konnte. Wenn ab und zu noch Schwierigkeiten auftreten, so liegt das eben an der Natur der gesamten über Köln hereingebrochenen Katastrophe.

Als dringendstes Problem wird in den Meldungen die Bereitstellung der zur Lebensfähigkeit der Geschäfte und zur Versorgung der Zivilbevölkerung erforderlichen Waren bezeichnet, vor allem für den Textil- und Möbelhandel. Die Sofortmaßnahmen auf dem Textilgebiet seien dank dem Entgegenkommen der Reichsstellen ausreichend. Der Möbel-Einzelhandel könne jedoch den vorläufigen Gesamtbedarf von 35 000 Zimmern nicht decken. Trotz Bereitstellung von Möbeln aus dem Gesamtgebiet des Rheinischen Möbelhandels, durch Einkäufe von Möbeln in Holland und Belgien sei der Bedarf auch nicht annähernd zu decken.

Quelle 23: Auszüge aus den Tagebüchern von Josef Goebbels[33]

31. 5. 1942

(…)

Die Engländer geben sich den Anschein, als wenn sie diese Schläge[34] hinnähmen, ohne mit der Wimper zu zucken. Es ist klar, daß sie auch aus Gründen der Bagatellisierung unseres Angriffs auf Canterbury umso stärker ihren Angriff auf Köln aufmachen. Sie reden von einem Inferno über Köln, das geradezu erdbebenartige Wirkungen nach sich gezogen habe. Der Zynismus ihrer Berichterstattung ist schlechthin unüberbietbar. Man kann daraus sehen, was uns blühen würde, wenn wir den Engländern einmal wehrlos ausgeliefert wären.

Im übrigen ist über die Berichterstattung über Köln bei uns ein kleiner Palaststreit entstanden. Die Luftwaffe ist eifrig be-

[33] Institut für Zeitgeschichte: ED 172.
[34] Gemeint ist ein deutscher Angriff auf Canterbury.

müht, die Schäden in ihrer Bedeutung herabzusetzen, während die Kölner Gauleitung die Dinge beim Namen nennt und offen und frei darstellt. Der Führer stellt sich in dieser Auseinandersetzung auf die Seite des Gauleiters und erklärt, daß der Gauleiter kein Interesse haben könne, die Dinge über Gebühr aufzubauschen. Wie leichtsinnig der Luftwaffenführungsstab mit Zahlen umgeht, kann man daran ersehen, daß er im Ernst die These aufstellt, nur 70 britische Bomber hätten Köln angegriffen, von denen dann 44 abgeschossen wurden. Davon kann natürlich überhaupt keine Rede sein. Ich schätze weiterhin, daß die Zahl der angreifenden britischen Bomber zwischen 250 und 300 liegt.

1. 6. 1942

Gestern: (...) Der Schwerpunkt der feindlichen Luftangriffe lag mit etwa 60 Maschinen auf dem Stadtgebiet von Köln. Durch Abwurf von etwa 150 Spreng- und 10 000 Brandbomben bisher rund 85 Tote und hundert Verletzte. Insgesamt 504 Brände, davon 208 Großbrände; zahlreiche Häuser eingestürzt, 5 000 Obdachlose. Mit der Evakuierung von 15 000 Personen ist zu rechnen. Totalschäden an der Reichsbahndirektion, der NSV-Gauamtsleitung und mehreren großen Geschäftshäusern und Schulen. Schwer beschädigt wurden Polizeipräsidium, Messegebäude, Dom-Hotel und mehrere Kirchen. Ein Heeres-Nachschublager ist abgebrannt. Erheblicher Produktionsausfall bei der West-Waggon AG. (...)

Allein über Köln wurden 27 Feindflugzeuge abgeschossen, davon 18 durch die Flak, die übrigen durch Nachtjäger. Die außerordentlich hohe Zahl der Abschüsse läßt vermuten, daß wesentlich mehr feindliche Maschinen über Köln waren, als vom Luftwaffenführungsstab geschätzt wird. Im übrigen ist das gute Abschußergebnis wohl darauf zurückzuführen, daß die feindlichen Maschinen direkt in das Gebiet der Nachtjäger hineingestoßen sind; auch waren offenbar die atmosphärischen Bedingungen für die Abwehr sehr günstig.

(...)

Morgens früh kommen Nachrichten über einen massiven Luftangriff der Engländer auf Köln. Es ist zuerst nicht möglich, nähere Unterlagen dafür zu bekommen, da sowohl die Telefon- wie die Fernschreibverbindungen mit Köln abgerissen sind.

Daraus schon kann man auf die Wucht des Nachtangriffs schliessen. Im Laufe des Mittags bekommen wir dann nähere Nachrichten, die ausweisen, daß es sich um einen der größten Angriffe – wenn nicht überhaupt den größten – handelt, die (!) die Engländer bisher auf deutsches Reichsgebiet geflogen sind. Köln ist an vielen Stellen zerstört. Es wüten eine Menge von Groß- und Kleinbränden. Wenn auch der Luftwaffenführungsstab die Dinge nicht so dramatisch sieht wie die Kölner Gauleitung, so muß man sich doch im klaren darüber sein, daß hier Verheerungen angerichtet worden sind, die alles bisherige Maß weit überschreiten. Allerdings haben auch die Engländer Federn lassen müssen. Nach unseren Zählungen haben sie 30 viermotorige Bomber verloren; sie selbst geben sogar Verluste von 44 viermotorigen Bombern zu. Infolgedessen sieht sich Churchill veranlasst, die Zahl der angreifenden Flugzeuge heraufzudrücken. Der Luftwaffenführungsstab steht auf dem Standpunkt, es habe sich um 70 Flugzeuge gehandelt. Davon kann natürlich keine Rede sein. Ich schätze auf etwa 250 bis 300 angreifende Bomber, und diese Schätzung wird auch vom Führer geteilt. Überhaupt stellt der Führer sich in der Auseinandersetzung zwischen Luftwaffenführungsstab und Kölner Gauleitung auf die Seite der Gauleitung und vertritt den Standpunkt, daß man in einem solchen Falle dem Gauleiter unbedingt Glauben schenken müsse. Churchill behauptet in einer Botschaft an den Kommandierenden Luftgeneral, daß es sich um tausend Bomber gehandelt habe. Damit ist natürlich der Prozentsatz der abgeschossenen Bomber wesentlich heruntergedrückt worden. Die Engländer ergehen sich in ihren Nachrichtendiensten in den tollsten Drohungen und erklären, daß der Angriff auf Köln nur ein erster Vorgeschmack von dem sei, was sie nun zu leisten in der Lage wären. Ich kann immer noch nicht glauben, daß die Engländer die Kraft besitzen, solche Bombenangriffe durchzuhalten, vor allem wenn sie so schwere Einbußen erleiden wie bei ihrem Angriff auf Köln. Allerdings darf auf der anderen Seite nicht verkannt werden, daß solche Nachtangriffe uns außerordentlich zu treffen in der Lage sind. Ich bekomme während des ganzen Tages ausführliche Berichte von Köln, denen zu entnehmen ist, daß die Verheerungen ziemlich umfangreich sind. Vor allem haben es die Engländer auf das Zentrum von Köln abgesehen gehabt. Sie haben sich erst gar nicht die Mühe gemacht, kriegswichtige oder militärische Anlagen anzugreifen, sondern sich im wesentlichen auf zivile und vor allem auf Kulturziele konzentriert. Darauf werden sie die entsprechende Antwort bekommen. Wieder einmal erweist sich die von mir vertretene Auffassung als richtig, daß es gar keinen Zweck hat, mit den Engländern erst einen Bombenkrieg nach militärischen Gesichtspunkten anzufangen; man kann sie nur treffen, wenn man ihre Zivilbevölkerung und ihre Kulturziele trifft.

Man sieht aus der ganzen Art der Darstellung durch die Engländer, daß sie zu diesem Angriff sozusagen gezwungen gewesen sind. Sie nehmen dabei ihre Bomberverluste und auch unsere Vergeltungsangriffe in Kauf, um dem Drängen des Moskauer Kreml nachzugeben.[35] Sie funken die tollsten Erfolgsmeldungen in die Welt und suchen den Anschein zu erwecken, als sei Köln ein einziges Flammenmeer. Mit einem Male ist die Rhein-Metropole zur zweitgrößten Stadt des Reiches emporgelobt worden. Das ganze Interesse der englischen Öffentlichkeit ist sowohl von Libyen als auch vom Ostkriegsschauplatz auf diesen Nachtangriff abgelenkt.[36]

Unsere Antwort vor allem in unseren englischen Sprachsendungen ist scharf und drohend. Wir lassen uns in keiner Weise ein Zeichen von Schwäche anmerken, sondern geben den Engländern zu verstehen, daß wir genau mit denselben Mitteln und womöglich mit doppelter Wucht antworten werden. Die Antwort werden sie schneller erhalten, als sie sich das vorläufig noch vorstellen können.

Ich dringe darauf, daß eine ziemlich ausführliche Schilderung, die in keiner Weise beschönigend wirken soll, in den OKW-Bericht aufgenommen wird, womit ich mich auch durchsetze. Für die ganze Rheinprovinz gebe ich einen Bericht frei, der ungeschminkt die Wahrheit sagt. Ich vernehme übrigens von der Kölner Gauleitung, daß die Bevölkerung sich phantastisch benommen habe. Sie habe in voller Disziplin, ja man kann fast sagen mit Gelassenheit, den schweren Schlag auf sich genommen. Wir können über die Haltung der Zivilbevölkerung nur befriedigt sein. Es ist übrigens bezeichnend, daß die Engländer mit Vorliebe Städte mit katholischer Bevölkerung angreifen. Sie glauben, damit vielleicht einen Riß konfessioneller Art in das deutsche Volk hineintragen zu können. Sie werden sich sicherlich auch in dieser Annahme irren. (...)

Ich habe an diesem Sonntag außerordentlich viel zu tun. Die Sache mit Köln beschäftigt uns fast den ganzen Tag. Ich sorge

[35] Am 26. 5. 1942 war der britisch-sowjetische Bündnispakt geschlossen worden.

[36] Goebbels bezieht sich hier einmal auf den Angriff Rommels auf das libysche Tobruk seit dem 26. 5. 1942; der Angriff wurde am 21. 6. 1942 zunächst mit einem deutschen Sieg abgeschlossen. Am 13. 11. 1942 wurde Tobruk von den Engländern zurückerobert. Im Osten hatte Generaloberst von Manstein im Mai 1942 die zuvor verlorene Halbinsel Kertsch auf der Krim zurückerobert. Ebenfalls im Mai war die deutsche Armee im Kampf um Charkow erfolgreich, so daß sich die geplante Sommeroffensive auf dem östlichen Kriegsschauplatz zunächst als großer Erfolg ausnahm. Vgl. hierzu Gruchmann, Totaler Krieg, S. 164 ff.

dafür, daß die Hilfsmaßnahmen des Reiches in großzügigster Weise angeboten und durchgeführt werden. Auch mit dem Führerhauptquartier muß ich verschiedentlich Verbindung aufnehmen, da man dort einen genauen Bericht über die tatsächliche Lage haben will. In keiner Weise gibt der Führer sich damit zufrieden, daß man ihm einen beschönigenden Bericht übermittelt. Er will die Situation so kennenlernen, wie sie wirklich ist. Die Formulierung der Bekanntgabe des Bombenangriffs im OKW-Bericht läßt unschwer darauf schließen, daß der Führer die Absicht hat, Vergeltungsschläge zu führen, soweit das überhaupt im Rahmen unserer Möglichkeiten liegt. Die Hilfsmaßnahmen für Köln werden übrigens von allen Dienststellen mit der promptesten Eilfertigkeit durchgeführt. Man kann hier feststellen, daß mein Appell an den Führer und der darauf folgende Befehl des Führers Wunder gewirkt hat. Von „Sonntagsarbeit" ist selbst in den bisher traditionell faulsten Ministerien der Reichshauptstadt nicht mehr die Rede. (...)

Bis spät abends laufen die prahlerischen Meldungen der Engländer über ihren Luftangriff auf Köln ein. Man darf diese Meldungen gar nicht mehr ernst nehmen. Wenn man sie unvoreingenommen läse, so würde man sich daran die Glatze ärgern. Aber ich bin ja im Laufe der letzten zwanzig Jahre von der gegnerischen Propaganda so trainiert worden, daß ich mir nach und nach eine Hornhaut angeschafft habe. Diese Hornhaut kommt einem in solchen Situationen sehr gut zustatten. Sie hat den Vorteil, daß sie undurchdringlich ist. (...)

2. 6. 42

(...) Die Zahl der von uns festgestellten Abschüsse bei dem Nachtangriff auf Köln hat sich inzwischen auf 40 erhöht, davon entfallen 23 auf Nachtjäger, während dreizehn durch die Flak und eine Maschine durch Marineartillerie erledigt wurden. Die Engländer selber haben, wie bereits gemeldet, 44 Abschüsse zugegeben. (...)

Aber alle diese Nachrichten treten zurück hinter der englischen Propaganda mit dem Luftangriff auf Köln. Der wird in einer Form aufgemacht, an der man unschwer die britischen Absichten ablesen kann. Es ist nicht zu bestreiten, daß dieser Angriff auf bolschewistisch-amerikanischen Druck zurückzuführen ist, und die Engländer haben ein ausgesprochenes Interesse daran, die Sache so pompös wie möglich herauszubringen. Sie erklären, daß die Nazis von einer panischen Angst vor kommenden britischen Luftangriffen erfüllt seien, und behaupten, daß in der darauffolgenden Nacht kein Luftangriff stattgefunden habe, weil die Wetterbedingungen nicht günstig gewesen seien. Die steigern sich in einen Zahlenrausch hinein: während Churchill noch von tausend angreifenden Flugzeugen sprach, haben sich die englischen Zeitungen unterdes bis auf 1800 heraufgelogen. Unsere Auslandsrundfunkpropaganda vom Sonntagabend wirkt sich aus. Radio London erklärt, die Deutschen brüllten vor Wut und drohten eine fürchterliche Vergeltung an. (...)

3. 6. 42

(...) Wesentlich in der internationalen Diskussion ist das Thema des Luft- und Nervenkrieges. Die Engländer reiten immer noch auf ihrem Luftangriff auf Köln und jetzt insbesondere auch auf das Ruhrgebiet herum. Die Zahlen, die sie dabei angeben, sind wahnsinnig übertrieben und stellen nur Propaganda dar. Allerdings wird auf der anderen Seite jetzt auch zugegeben, daß unser Angriff auf Canterbury sehr umfangreiche Folgen nach sich gezogen habe. Die Engländer behaupten jedoch, daß sie die mit einkalkuliert hätten und die britische Bevölkerung die Schläge, die wir ihr zur Vergeltung versetzen, hinnehmen werde. Es ist also nun die Frage, wer das am längsten aushält und wer am ehesten dabei die Nerven verliert. Bei uns wird das auf keinen Fall eintreten. Die Stärke unserer Nachtangriffe suchen die Engländer ebenso zahlenmäßig herabzumindern, wie sie die Stärke ihrer eigenen Nachtangriffe zahlenmäßig heraufzuschrauben versuchen. Eine endgültige Stärke läßt sich dabei natürlich überhaupt nicht feststellen. Allerdings halte ich die Zahlen, die von unserem Luftwaffenführungsstab angegeben wurden, für gänzlich irreführend. Es ist meiner Ansicht nach ganz unmöglich, derartige Verheerungen in Köln mit einem Bombergeschwader von etwa 70 Maschinen anzurichten, von denen überhaupt nur vierzig die Stadt Köln erreicht haben sollen. Allerdings kann auch keine Rede davon sein, daß es sich um über tausend Maschinen gehandelt habe, wie Mr. Churchill behauptete. Die von mir angegebene Zahl zwischen 200 und 300 wird wohl stimmen. (...)

Man muß die weitere Entwicklung der Polemik über den Luft- und Nervenkrieg abwarten, um feststellen zu können, wohin die Reise vermutlich gehen wird. Die USA-Stimmen rechnen dabei überhaupt nicht mit, New York meldet beispielsweise, daß in Köln 20000 Tote zu verzeichnen seien, während wir in Wirklichkeit nur 200 Tote gehabt haben. Ich lasse diese Zahlen sofort durch alle Auslandsdienste richtigstellen und benutze diese Übertreibung der Amerikaner als wirksames Gegenargument gegen die mit den englischen Nachtangriffen vorhandenen propagandistischen Absichten der Engländer und Amerikaner. (...)

4. 6. 42

(...) Der Luftkrieg ist in ein etwas gemäßigteres Stadium getreten. Die Engländer benehmen sich wesentlich zurückhaltender als in den ersten Tagen. Wenn heute in den USA-Blättern geschrieben wird, daß in Köln 200000 Evakuierte und 60000 Tote zu verzeichnen sind, so verdient das nur am Rande bemerkt zu werden; im Ernst glaubt das niemand. Wir brauchen das kaum noch zu dementieren. Im übrigen gebe ich den Engländern und Amerikanern in unseren Auslandsdiensten den guten Rat, die Zahlen nicht allzusehr zu übertreiben, da sie sonst bald an die Einwohnerzahl Kölns herangelangen und am Ende von mehr Toten und Verwundeten in Köln sprechen würden, als diese Stadt Einwohner hat. Es ist jetzt auch ganz klar, daß die Luftangriffe in der Hauptsache gegen unsere Moral gerichtet sind. Infolgedessen wird mein Artikel über den Luft- und Nervenkrieg eine gewisse Klarheit schaffen. Die Vergeltung, die wir gegen englische Städte vornehmen, wird vorläufig noch von den Engländern als gänzlich unbedeutend dargestellt. (...)

5. 6. 42

(...) Der Luft- und Nervenkrieg hat keine besonderen neuen Tendenzen gezeigt. Charakteristisch ist nur, daß die Engländer anfangen, langsam beizudrehen. Ihre Sprache ist nicht mehr so drohend und überheblich wie in den ersten Tagen, und man kann der Unsicherheit ihrer Propaganda leicht anmerken, daß sie sich wieder einmal in eine Art von propagandistischer Sackgasse begeben haben. Selbstverständlich stellen sie die Wirkungen ihrer Angriffe auf Köln und jetzt insbesondere auch auf das

Ruhrgebiet sehr stark heraus, behaupten, daß sie uns unermeßlichen Schaden zugefügt hätten, übertreiben in der groteskesten Weise die Menschenverluste, die wir dabei erlitten hätten, so daß wir uns nun gezwungen sehen, die tatsächliche Totenzahl von 200 ihrer behaupteten Zahl von 20000 im OKW-Bericht wirksam gegenüberzustellen. Gleich auch schon drehen die Engländer bei und erklären, daß das nicht ihre Meldungen gewesen seien und daß sie vorläufig nicht genügend Unterlagen besäßen, um die Richtigkeit unserer Meldungen nachzuprüfen. Das ist, gelinde gesagt, ein strategischer Rückzug.

Was London mit der starken Herausstellung dieser Luftangriffe bezweckt, ist jetzt auch für den Laien sichtbar geworden. Man erklärt plötzlich, daß sich nach der ungeheuren Wirkung dieser Nachtangriffe eine zweite Front vielleicht erübrigen werde. Im übrigen aber behauptet man, daß diese zweite Front doch noch beschlossene Sache sei, ja daß sogar in großem Umfange USA-Truppen in Westeuropa gelandet würden. Die sollen uns dann das Laufen beibringen. Es wäre interessant, den ersten Zusammenstoß zwischen deutschen und amerikanischen Truppen zu erleben. Nach dem Beispiel mit den Japanern hätten die Amerikaner nicht allzuviel dabei zu hoffen.

Die Engländer beschäftigen sich jetzt auch stärker mit den Gegenschlägen, die wir ihnen versetzt haben. Wenn sic auch den letzten schweren Luftangriff auf Canterbury, dem zweifellos auch die Kathedrale zum Opfer gefallen ist, noch gar nicht öffentlich behandeln, so ist das kein Gegenbeweis. Die Engländer lassen immer zwei oder drei Tage auf sich warten, bis sie dann mit dem Weinen anfangen. Heute behaupten sie noch, daß sie schlechte Nachrichten erwarteten und auch Gegenschläge entgegennehmen müßten, aber sie fürchteten das nicht. Sie hätten zwar, erklärt Radio London, noch keinen Grund, die Hüte zu schwenken, immerhin aber seien sie vorläufig noch auf der vorteilhafteren Seite. Man sieht aus alledem, daß die gänzlich übertriebenen, vagen Behauptungen, die sie in den ersten beiden Tagen aufstellten, nicht mehr zum Vorschein kommen. Es ist schon eine allgemeine Skepsis in der englischen öffentlichen Meinung festzustellen, und der Bombenkrieg hat schon nach drei, vier Tagen seine psychologische Stoßkraft eingebüßt.

Ich habe ein ausführliches Telefongespräch mit Grohé. Er schildert mir die in Köln angerichteten Schäden doch größer, als man allgemein angenommen hat. Die Stimmung der Bevölkerung ist ruhig, sachlich und fest. Grohé hat einen kleinen Krach mit Göring gehabt, der wahrhaben wollte, daß die Schäden geringer waren, als sie von der Gauleitung Köln behaupten würden. Die Luftwaffe hat natürlich ein Interesse daran, die Dinge etwas von der leichteren Seite darzustellen; aber Grohé hat sich in keiner Weise ins Bockshorn jagen lassen. Heute noch wird im Ernst von der Luftwaffe behauptet, daß über Köln nur 75 englische Flugzeuge operiert hätten. Ich halte diese Behauptung für zu absurd, als daß sie einer Widerlegung bedürfte. (...)

[37] BAP, 17.01, Film 3348, Aufn. 2580527ff. Der Bericht wurde am 15. 6. 1942 abgeschlossen und von Gauleiter Josef Grohé unterzeichnet.

Quelle 24: Abschlußbericht über den Grossangriff auf Köln in der Nacht vom 30. auf den 31. Mai 1942[37]

I. *Der Angriff:*

Fliegeralarm im Stadtgebiet Köln um 0.17 Uhr. Entwarnung um 3.35 Uhr.

Der Bombenabwurf auf das Stadtgebiet Köln erfolgte in der Zeit von 0.47 Uhr bis 2.25 Uhr, also in rd. 1 1/2 Stunden.

Nach den bisherigen Feststellungen wurden in dieser Zeit folgende Bomben abgeworfen:

	Stadtgebiet-Köln:	Nachbarkreise:	Westdeutschland insgesamt:
Sprengbomben	959	388	1.397
Stab-Brandbomben	112.000	38.713	152.413
Phosphorbrandbomben und Kanister	565		
Luftminen	9	11	20

Unter den Sprengbomben waren neben 23 Blindgängern verschiedene Zeitzünderbomben, die sämtlich innerhalb weniger Stunden nach dem Angriff detonierten.

Der Angriff wurde in mehreren aufeinanderfolgenden Wellen ausgeführt, wobei nach Ansicht des Befehlshabers im Luftgau VI zum grössten Teil 4motorige Maschinen allerneuester Bauart eingesetzt worden sind.

Der Bombenabwurf erfolgte von Anfang an in planvoller, beinahe gleichmässiger Verteilung über das Stadtgebiet und wurde in kleineren Zeitabständen auf alle Stadtteile mehrfach wiederholt.

Aus der Zahl der abgeworfenen Bomben muss geschlossen werden, dass es sich um einen mit ausserordentlich starken Kräften durchgeführten Luftangriff gehandelt hat, so dass die von mir in meinen ersten mündlichen Berichten angenommene Zahl der eingeflogenen Flugzeuge sich als nicht überschätzt erwiesen haben dürfte. Es war nach Auffassung des Befehlshabers im Luftgau der bisher best gelungene konzentrisch geflogene Angriff des Feindes.

II. *Ausmaß der Schäden:*

1.) *Personenschäden:*

Tote:	486
davon wurden getötet:	
in Schutzräumen	181
außerhalb der Schutzräume, zum großen Teil beim Bekämpfen der Brände	305
In dieser Zahl sind 58 Flaksoldaten eingeschlossen.	
Verletzte:	
Schwerverletzte	531
Leichtverletzte	4.496
davon:	
innerhalb der Schutzräume	1.410
außerhalb der Schutzräume	3.617

2.) *Sachschäden an Gebäuden:*

(Hierin sind reine Glasschäden sowie Dach- und Gebäudeschäden kleineren Umfanges nicht einbegriffen).
Nicht wesentlich betroffen sind von den bedeutendsten Bauwerken:

Dom
Rathaus
Gürzenich
Rheinbrücken.

	total	schwer	leicht
	zerstört:	beschädigt:	
a) Wohnhäuser	3.330	2.090	7.818
aa) Wohnungen	13.010	6.360	22.270
bb) Läden und Gewerbebetriebe	1.505	630	425
b) Gewerbliche Häuser (Werkstätten, Läger)	435	248	449
c) Bedeutende Bauten öffentlichen Charakters (vergl. auch Anlage)			
Reich, Staat und Wehrmacht	17	28	6
Städtische Verwaltungsbetriebe und -gebäude	11	11	8
Stadteigene Gaststätten und Versammlungsräume	6	8	8
Sparkassen	4	3	6
Krankenhäuser und Wohlfahrtseinrichtungen	3	9	1
Schulen	11	35	60
Universitätsinstitute	3	3	–
Partei und Gliederungen	6	3	3
Handwerkskammer	1	–	–
Reichsbahn und Reichsautobahnen	1	4	–
Reichspost	6	8	13
Versicherungen	–	3	–
Zeitungsverlage	–	2	–
Hotels, Kinos, Versammlungslokale	22	3	1
Kaufhäuser und Warenhäuser	7	7	–
Konsulate	1	2	
Kirchen	5	21	–
Historische Häuser			2
unter Denkmalschutz	48	38	–

Das zerstörte Gebäude der NSV-Gauleitung am Blaubach

3.) *Schäden an öffentlichen Versorgungseinrichtungen:*

a) Städtische Werke (Gas, Wasser, Elektrizität):

Das eigene Kraftwerk, das nur zur Sicherung der Stromversorgung betrieben wird und das im Notfalle die lebenswichtigen Betriebe und Anlagen (z.B. Krankenhäuser, Strassenbahnen) versorgen kann, blieb bei dem Angriff verschont. Dagegen war die Übergangsstation für den aus den Kraftwerken im Braunkohlengebiet bezogenen Strom ausser Betrieb gesetzt. Zahlreiche Hoch- und Niederspannungskabel sowie 4 Netzstationen beschädigt.

Die beiden allein im Betrieb befindlichen Gasbehälter im Stadtbezirk von Brandbomben getroffen. Das Gasrohrnetz wies neben zahlreichen kleineren Schäden nach dem Angriff 13 grössere Rohrbrüche auf.

Zwei Druckpumpen der Wasserwerke durch Brand ausser Betrieb gesetzt. Insgesamt 46 grössere Rohrbrüche im Wasserrohrnetz festgestellt.

b) Städtische Strassenbahnen:

150 Strassenbahnwagen völlig zerstört. Ein Umspannwerk, Fahrleitungsanlage, Schienen und Oberleitungen im ganzen stark beschädigt.

Das ausgebrannte
Kaufhaus Krüger &
Knoops

Von den 10 Betriebsbahnhöfen der Strassen- und Vorortbahnen 7 durch den Fliegerangriff getroffen; ausserdem die Hauptwerkstätte für Wagenunterhaltung und beide Gleisbauwerkstätten.

c) Hafenbetrieb:

Umfangreiche Zerstörung an den Umschlagseinrichtungen, den Bahnanlagen und Stromleitungen. Zerstörung der Hauptzollämter in den Häfen Rheinau und Mülheim sowie zweier Zollhallen im Rheinau-Hafen. 5 Personendampfer, Motorschiffe und Schleppkähne gesunken bezw. ausgebrannt. 7 weitere Schiffe schwer beschädigt.

d) Reichsbahn:

Völlige Vernichtung des schon öfters getroffenen Reichsbahnausbesserungswerkes (2 500 Gefolgschaftsmitglieder). Zerstörung des elektrischen Stellwerkes im Hauptbahnhof. Starke Beschädigung der Reichsbahndirektion, des grössten Güterbahnhofes, des Reichsbahnhofes Köln-Mülheim sowie zahlreicher Gleisanlagen, Signaleinrichtungen und Strassenüberführungen.

e) Reichspost:

6 Postämter total zerstört, 7 schwer und 23 leichter beschädigt, darunter 3 Fernsprechämter und die Reichspostdirektion.

III. *Auswirkungen des Angriffs:*

Obdachlose: Insgesamt sind 59 100 Volksgenossen wohnungslos geworden, davon von den Ortsgruppen der Partei rd. 45 000 Obdachlose erfasst und betreut. Die Aufnahme der übrigen Obdachlosen zunächst bei Verwandten oder Bekannten.

Verpflegung: Durch die Zerstörung zahlreicher Kochstellen war die Gemeinschaftsverpflegung der durch den Fliegerangriff in Mitleidenschaft gezogenen Volksgenossen vordringlich. Die für die Gemeinschaftsverpflegung zunächst vorgesehenen Einrichtungen waren durch den Angriff zum grössten Teil zerstört. So fielen u.a. alle NSV-Küchen, die vereinbarungsgemäß 7 000 Essen liefern sollten, aus.

Strom-, Gas- u. Wasserversorgung: Die Stromversorgung war in einem grossen Teil der Stadt zunächst unterbrochen, da durch den Angriff von 133 von den Umspannwerken ausgehenden Kabeln 66 Kabel, das sind rd. 50 v.H., ausgefallen waren. Daneben waren an rd. 250 Netzstationen oder an den hieran angeschlossenen Versorgungskabeln Schäden entstanden.
Die *Wasserversorgung* war dadurch gefährdet, dass der Wasserdruck infolge der vielen Rohrbrüche und der starken Wasserentnahme für Löschzwecke stark herabgemindert wurde. Mehrere Stadtteile waren daher am 31. 5. längere Zeit völlig ohne Wasser. Im Laufe des ersten Tages gelang es jedoch, durch Abschalten der zerstörten Hauptwasserrohre die Wasserversorung bis auf etwa 30 Strassenzüge wieder in Gang zu bringen.
Durch die Zerstörungen im *Gasrohrnetz* sowie die Beschädigung der beiden Gaskessel musste der Gasdruck im gesamten Rohrnetz nach dem Angriff auf ein Mindestmass herabgesetzt werden, wodurch die Kochmöglichkeiten nach dem Angriff ausserordentlich eingeschränkt waren.
Strassenbahn: Strassenbahn- und Omnibusverkehr ruhte am 31. 5. vollständig und konnte auch an den darauffolgenden Tagen nur auf einigen Aussenstrecken wieder aufgenommen werden.
Reichsbahn: Der Betrieb der Reichsbahn im Bereich der Bahnhöfe Köln-Hauptbahnhof, Köln-Süd, Köln-West und Köln-Mülheim musste vollständig eingestellt werden. Der Verkehr auf den linksrheinischen Bahnanlagen konnte erst nach mehreren Tagen allmählich wieder in Gang gebracht werden.
Reichspost: Der Fernsprechverkehr war fast im ganzen Stadtgebiet unterbrochen. Der Fernverkehr konnte nur behelfsweise aufrecht erhalten werden.
Handel und Gewerbe: Neben sehr vielen kleinen und mittleren Einzelhandelsgeschäften und Handwerkerbetrieben sind durch den Angriff sämtliche grossen Kaufhäuser sowie alle grösseren Textilhäuser zerstört worden, so dass die sofortige notdürftige Versorgung der betroffenen Bevölkerung mit Textilwaren, Schuhen, Hausrat und sonstigen Bedarfsgegenständen des täglichen Lebens gefährdet war.

Zahlreiche Einzelhandelsgeschäfte und Gaststätten, die der notwendigen Versorgung der Bevölkerung mit Lebensmitteln dienen, wurden vernichtet oder beschädigt; so fielen an Betrieben nach dem Angriff aus:

	Gesamt-bestand:	Ausfall:	%
Lebensmittelhandel	3.135	170	5,5
Metzgereien	500	45	9
Bäckereien	635	35	5,5
Gaststätten mit Küchen	472	71	15
Kauf- und Warenhäuser	14	sämtliche	100
Textilbetriebe	758	70	10
Schuhgeschäfte	159	30	20
Apotheken	95	7	8
Arztpraxen	300	91	30
Rechtsanwaltspraxen	446	51	11

Industrie: Insgesamt wurden 328 industrielle Betriebe durch den Angriff beschädigt. Von den wichtigsten, werkluftschutzmässig erfassten 227 Betrieben erlitten

	Total-schaden	Groß-schaden	Klein-schaden	Insges.
Größtbetriebe (über 1000 Gefolgschaftsmitglieder)	–	6	6	12
Großbetriebe (100 – 1000 Gefolgschaftsmitglieder	2	24	67	93
Mittel- und Kleinbetriebe (bis 100 Gefolgschaftsmitglieder)	14	25	85	122
	16	55	156	227

Damit wurden ca. 50% der Betriebe in Mitleidenschaft gezogen. Darüber ist noch mit 100 weiteren beschädigten Betrieben zu rechnen, die werkluftschutzmässig nicht erfasst sind. Im ganzen kann also gesagt werden, dass in der Hauptsache Mittel – und Kleinbetriebe dem Angriff zum Opfer gefallen sind.

Die *Rüstungsindustrie* ist nicht übermässig stark in Mitleidenschaft gezogen; von den etwa 500 Rüstungsbetrieben insgesamt sind in ca. 15 Betrieben Grossschäden und in 20 Betrieben Kleinschäden entstanden. Die übrige industrielle Produktion, soweit sie wehrwirtschaftlich wichtig ist, hat in etwa 180 Betrieben, die aber zum grössten Teil Kleinbetriebe sind, Schaden gelitten. Betroffen sind von den Großschäden bei wehrwirtschaftlichen Betrieben vornehmlich die Metallindustrie, die chemische Industrie sowie die Bekleidungs- und Papierindustrie. Auch einige Betriebe der Nahrungs- und Genussmittelindustrie haben Großschäden. Die Braunkohlengruben in der Umgebung von Köln erlitten mit Ausnahme der Braunkohlenindustrie A.G. „Zukunft" in Eschweiler, von der ein Großschaden gemeldet wird, fast nur Kleinschäden.

Der *Produktionsausfall* in den grösseren Betrieben beläuft sich auf etwa 1/4 bis 3/4 Jahre. So erleidet die Firma Westwaggon Köln-Deutz voraussichtlich einen 50%igen Produktionsausfall auf etwa 2 bis 3 Monate. Während bei der Firma Klöckner in Köln-Bayenthal bei der Herstellung von Schaltgeräten ein Ausfall in der Fertigung für die Dauer von rd. 3/4 Jahr eintreten wird.

IV. *Hilfsmassnahmen:*

A. *Sofort nach Beginn des Angriffes* wurde die Bekämpfung der überall entstandenen Brände von der Bevölkerung, den Brandwachen in den öffentlichen Gebäuden und Betrieben sowie von der Luftschutzpolizei aufgenommen. Der Selbstschutz hat hervorragend gearbeitet. Die Meldungen über neue Feindeinflüge sowie über die Fliegertätigkeit, Bombenabwürfe und Ausdehnung der Brände liessen sofort erkennen, dass mit den örtlichen Kräften der Luftschutzpolizei nicht auszukommen war, so dass bereits um 1.50 Uhr die ersten auswärtigen Kräfte angefordert worden sind.

Der Ausfall fast sämtlicher Fernsprechleitungen, die völlige oder teilweise Zerstörung von Luftschutzabschnittkommandos und 16 Luftschutzrevieren führte jedoch zu ausserordentlichen Schwierigkeiten. Erst der Einsatz von Kradmeldern von der Kraftfahrstaffel der Schutzpolizei und von Männern des NSKK vermochte wenigstens einigermassen die fehlenden Drahtverbindungen zu ersetzen.

Brandbekämpfung am Morgen des 31. Mai: auch Jungen ...

Erst nach Eintreffen der angeforderten Hilfskräfte konnte in etwa eine Bekämpfung der Brände stattfinden, den mehr als 2500 grossen Bränden (im ganzen rd. 12000 Brände) standen einschliesslich der Hilfskräfte aus der näheren und weiteren Umgebung nur 154 Spritzen zur Verfügung.

Hiervon	
aus Köln	66 Motorspritzen
aus der Nachbarschaft	18 Motorspritzen
aus weiter entfernten Städten (Wuppertal, Düsseldorf, Aachen, Duisburg, Oberhausen, Hannover, Dortmund, Bochum, Bonn)	70 Motorspritzen

...und Mädchen werden herangezogen

Hervorzuheben ist, dass es *vor allem der tatkräftigen Hilfe aller Kreise der Bevölkerung zu verdanken ist, dass zahlreiche Brände in Wohnungen gelöscht oder auf ihren Herd beschränkt werden konnten.*

Wenn trotz aller Löscharbeit dieses Selbstschutzes unter hervorragender Beteiligung der Frauen die Entwicklung von Großbränden nicht verhindert werden konnte, so lag dies an der ungeheuren Zahl der abgeworfenen Brandbomben, die immer wieder die Entstehung neuer Brände zur Folge hatte, sowie an dem Fehlen von Löschsand und Wasser bei einem zweiten oder dritten Brandbombenabwurf auf dasselbe Objekt. Die Ortsgruppenleiter setzten die ihnen zur Verfügung stehenden Kräfte zum Teil noch während des Angriffs zur Bekämpfung von Entstehungsbränden, Bergung Verschütteter, zum Abtransport verletzter Volksgenossen, zur Bewachung und Absperrung der Schadensstellen und zur Rettung von Möbeln und Hausrat aus brennenden Häusern ein.

B. *Unmittelbar nach dem Angriff* setzte neben den bereits in vollem Gange befindlichen Lösch- und Aufräumungsarbeiten durch die Organe der Luftschutzpolizei die Fürsorge für die durch den Fliegerangriff geschädigten Volksgenossen ein. Die Durchführung der ersten Hilfe lag entsprechend den getroffenen vorsorglichen Massnahmen in den Händen der Ortsgruppen der Partei.

Trotz Ausfalles des Fernsprechnetzes, wodurch eine einheitliche Lenkung der Hilfsmassnahmen durch die Einsatzbefehlsstelle Köln (Sondereinsatz der Partei) stark behindert wurde, hat die schnelle und tatkräftige Durchführung der ersten Hilfe keine Verzögerung erlitten. Die Einsatzbefehlsstelle hat in kürzester Zeit einen Kurierdienst aufgebaut, welcher hauptsächlich von der HJ durchgeführt wurde. Selbst die Wehrmacht und die Behörden haben sich zur Nachrichtenübermittlung dieses Kurierdienstes bedient. Daneben wurde die Bevölkerung durch den Einsatz von Lautsprecherwagen über alles Notwendige sofort unterrichtet.

Die wohnungslos gewordenen Volksgenossen wurden in den von der Stadt bereitgestellten Sammelunterkünften untergebracht. Da angenommen werden musste, dass die von der Stadt vorgesehenen Sammelräume nicht ausreichen würden, wurden vorsorglicherweise zunächst alle noch verwendungsfähigen Schulen als Sammelunterkünfte bereitgestellt.

Die Unterbringung der wohnungslos gewordenen Volksgenossen war im Hinblick auf die grosse Zahl der zerstörten Wohnungen natürlich ausserordentlich schwierig. Es musste, insbesondere auch im Hinblick auf die Gefahr weiterer schwerer Angriffe, mit der Evakuierung begonnen werden. Da aber die meisten wohnungslos Gewordenen bei Verwandten und Bekannten in Köln und direkter Umgebung aufgenommen wurden und auch eine Anzahl (vor allem Vermögende) sich durch Eigeninitiative ausserhalb Kölns in Hotels und Privatpensionen einquartierten, brauchten nur 14439 erfasste Wohnungslose durch Sammeltransporte in die ausserhalb Kölns vorgesehenen Quartiere gebracht zu werden.

Die wichtigste Aufgabe war, so schnell wie möglich für die *Verpflegung der Obdachlosen* zu sorgen. Da alle NSV-Küchen durch den Angriff zerstört waren, traten die von den Ortsgruppenleitern mit den Gaststätten, Lebensmittelhandlungen, Bäckereien und Metzgereien bereits vorher getroffenen Vereinbarungen in Kraft, so dass die Ernährung der Obdachlosen bis zur Ingangsetzung der städtischen Verpflegung sichergestellt war. Diesen Massnahmen, die von allen Stellen, insbesondere auch vom Ernährungsamt durch die sofortige Freigabe der notwendigen Lebensmittelmengen unterstützt wurden, ist es zu verdanken, dass bereits am frühen Vormittag durch die Ortsgruppen über 26 000 Portionen ausgeteilt werden konnten, während die Stadtverwaltung infolge des Ausfalls der NSV-Küchen und Verstopfung der Strassen im ganzen etwa 10 000 Portionen austeilen konnte. Tatkräftige Unterstützung bei der Verpflegung der Obdachlosen leistete die Wehrmacht, die aus ihren Feldküchen insgesamt 90 000 Portionen verausgabte.

Der Angriff hat zum ersten Male weitestgehend den gesamten *Einsatz des Sanitätsdienstes* ausgelöst. Die eingesetzten Kräfte sind den an sie gestellten Anforderungen in jeder Hinsicht gerecht geworden. Trotz der Zerstörung von zwei Krankenhäusern (Ausfall von 700 Betten) konnten die Verletzten in den vorsorglich bereitgehaltenen Betten untergebracht werden. Zur Räumung gefährdeter Häuser und Betriebe, zur Wiederherstellung des Strassenverkehrs und zum Abbruch stark zerstörter Häuser hat die Wehrmacht rd. 3 500 Soldaten und rd. 2 000 Kriegsgefangene zur Verfügung gestellt. Hierdurch war es möglich, zum Teil wertvolle Vorräte zu bergen und die Strassen in verhältnismässig kurzer Zeit wieder befahrbar zu machen.

C. *Auf weitere Sicht hin* musste zunächst dafür gesorgt werden, dass die *Lebensmittelversorgung der Bevölkerung* sichergestellt war. Der Lebensmittelgrosshandel hatte aufgrund der mit dem Ernährungsamt getroffenen Vereinbarungen grössere Lebensmittelvorräte für Massnahmen nach Fliegerangriffen reserviert. Die in verschiedenen Lägern und Kühlhäusern untergebrachten erheblichen Mengen an Dauerwaren aller Art waren durch die Dezentralisation der Läger im wesentlichen unbeschädigt und konnten den Gemeinschaftsküchen und dem Einzelhandel sofort zur Verfügung gestellt werden. Die verstärkte Zufuhr von Lebensmitteln wurde sofort veranlasst.

Darüber hinaus wurden bereits am 31. Mai von dem Provinzialernährungsamt Sonderzuteilungen für Köln bewilligt und zwar für die *gesamte* Bevölkerung, da durch den Angriff alle Kölner Volksgenossen, sei es durch direkten Fliegerschaden, sei es durch Mithilfe bei der Brandbekämpfung oder sei es durch Aufnahme von Obdachlosen in Mitleidenschaft gezogen wurden. Weiter wurden sofort nach dem Angriff rd. 10000 Handwerker für die Wiederherstellung der unbedingt notwendigen und möglichen Sachschäden von auswärts nach Köln vermittelt.

Im Benehmen mit der Gauwirtschaftskammer und den zuständigen Fachgruppen wurden sofort Massnahmen getroffen, um die durch die Vernichtung aller Kauf- und Warenhäuser gefährdete Versorgung in *Textil- und Haushaltswaren* sicherzustellen. In den nachbarlichen Einzelhandelsgeschäften oder in unbeschädigten Lägern war noch so viel Leibwäsche und Oberkleidung vorhanden, dass zunächst notdürftig bekleidete Volksgenossen versorgt werden konnten. Die Reichsstellen trafen Anordnung zu beschleunigter Heranschaffung von Spinnstoffwaren aller Art. Im Benehmen mit dem Militärbefehlshaber von Belgien und Nordfrankreich ist es gelungen, grosse Mengen bezugscheinfreier Textilmangelwaren auf den Weg nach Köln zu bringen. Entsprechende Massnahmen wurden hinsichtlich der Versorgung der Bevölkerung mit *Möbeln, Hausrat und Gebrauchsgegenständen des täglichen Bedarfs* getroffen.

Während der *Strassenbahn- und Omnibusverkehr* entweder infolge Betriebsstörung oder infolge Verkehrsbehinderung vollständig lahm gelegt war, wurden für den allgemeinen Kraftwagenverkehr ausserordentliche Erleichterungen, sowohl hinsichtlich der Treibstoffbeschaffung sowie der strengen Einhaltung der Strassenverkehrsordnung geschaffen.

Vom zweiten Tage ab konnten erstmalig wieder Strecken der Innenstadt befahren werden, während am zehnten Tage (9. 6.) mit Ausnahme der engeren Innenstadt fast sämtliche Linien wieder in Betrieb genommen werden konnten, wobei allerdings darauf hinzuweisen ist, dass die Instandsetzungen nur vorläufig sind und die endgültigen für einen geordneten Betrieb notwendigen Wiederherstellungsarbeiten noch lange Zeit erfordern. Die Dauer der Wiederherstellung wird ausser von der Zahl der zur Verfügung stehenden Arbeitskräfte insbesondere von den Zuweisungen an Reparaturmaterialien abhängig sein.

D. *Sondermassnahmen:*

Zur Aufrechterhaltung von Sicherheit und Ordnung wurden seitens der *Justizverwaltung* die notwendigen Massnahmen durchgeführt. Die anfallenden Strafsachen sind jeweils sofort bearbeitet und innerhalb 24 Stunden abgeurteilt worden. Bis jetzt musste nur eine Todesstrafe, die bereits am Tage der Urteilsverkündung vollstreckt wurde, verhängt werden. Bei den anderen zur Anzeige gekommenen Fällen handelt es sich durchweg um Wegnahme oder um Diebstahl von Gegenständen nichterheblichen Wertes bezw. um jugendliche Täter.

Bis jetzt konnten auch *Preisverstösse* zum Nachteil Fliegergeschädigter nicht festgestellt werden. Es wurde angeordnet, daß gegen Fliegergeschädigte, deren Betrieb ganz oder zu einem erheblichen Teil zerstört worden, Strafverfahren aus der Zeit vor dem Angriff zunächst nicht durchgeführt oder durch eine Verwarnung erledigt werden, während demgegenüber Verstösse unter Ausnutzung der durch den Fliegerangriff geschaffenen Lage strengstens geahndet werden.

Mit sofortiger Wirkung wurden die *Schulferien* zeitlich verlegt. Dies war notwendig, da

1.) die Schulen zum grossen Teil zerstört waren und die noch vorhandenen Schulen für andere zur Katastrophenbekämpfung erforderliche Zwecke benötigt wurden,
2.) die Lehrer zuerst restlos bei den Aussenstellen des Ernährungs- und Wirtschaftsamtes eingesetzt werden mussten und
3.) die Schüler, insbesondere die älteren Jahrgänge, dringend für Schreibarbeiten und als Melder bei den verschiedenen Stellen benötigt werden.

V. *Lehren aus dem Angriff:*

1.) *Luftschutzmassnahmen:*

Während gegen Sprengbomben und Luftminen nur der bombensichere Unterstand vollen Schutz bietet, kann die Brandbombe in sehr weitgehendem Masse bekämpft werden.

a) *Selbstschutz:*

Die Bekämpfung der Brandbomben muss in erster Linie durch Selbsthilfe in Häusern und Betrieben erfolgen. Das bedeutet jedoch, dass die bisher schon bestandenen Brandwachen verstärkt werden müssen und dass im Gegensatz zur bisherigen Weisung, nach welcher die nicht amtlich eingesetzte Bevölkerung bei eintretendem Alarm die Luftschutzkeller aufzusuchen hat, nunmehr auch alle Einsatzfähigen zur Bildung von Brandwachen oder zur häufigeren Begehung des Wohnhauses auch während des

Angriffs angehalten werden müssen. Dadurch allein kann grösserer Sachschaden verhindert werden, andererseits würde dadurch aber auch in Zukunft mit mehr Toten zu rechnen sein, da die mit der Löschung beschäftigten Personen durch Sprengbomben, Brandbomben oder Flaksplitter getroffen werden können.

Für den Selbstschutz sind grosse Wasservorräte von unbedingter Wichtigkeit, da eingesetzte Motorspritzen den gesamten Wasserdruck in Anspruch nehmen und einfache Schlauchanschlüsse dadurch ohne Wasser bleiben. Die Partei hat bei Angriffen in allen Ortsgruppen-Dienststellen Sondertrupps einsatzfähiger Männer und Jungen zur Verfügung, die innerhalb des Ortsgruppengebietes der Einwohnerschaft bei Brandlöschung beispringen und vor allem auch leerstehende Gebäude überwachen sollen. Hierzu ist die Ausrüstung mit Stahlhelmen (evtl. Beute-Stahlhelmen) erforderlich, da der Einsatz während des Angriffs erfolgt.

b) *Feuerlöschpolizei:*

Die Anzahl der vorhandenen Motorspritzen ist den zahlreichen Bränden, die bei Grossangriffen entstehen, bei weitem nicht gewachsen. Noch wichtiger als die Vermehrung der Motorspritzen ist die Vermehrung der Schläuche, denn abgesehen von den bisher schon eingetretenen Schlauchverlusten, die ersetzt werden müssen, müssten die Motorspritzen in Städten wie Köln über so ausreichendes Schlauchmaterial verfügen, dass sie ihren Wasserbedarf aus dem Rhein, dem Stadtwaldweiher und ähnlichen Gewässern holen könnten. Dadurch würde auch eine erhebliche Entlastung der Wasserrohrleitungen und damit eine grössere Möglichkeit des Löschens mit einfachen Schlauchanschlüssen in Betrieben, Grosshäusern usw. eintreten.

c) *Nachrichtenwesen:*

Ein einsatzfähiger Kurierdienst, der das Fernsprechnetz notwendigenfalls zu ersetzen hat, ist überall erforderlich.

2.) *Unterkunft:*

a) *Evakuierung von Frauen, Kindern, Kranken und alten Leuten:*

Noch mehr als bisher müssten Personen, die in stark luftgefährdeten Gebieten nicht unbedingt erforderlich sind, vorsorglich evakuiert werden. Hierbei handelt es sich um kleine und schulpflichtige Kinder, um Frauen, die weder ein kriegswichtiges Ehrenamt bekleiden noch im Haushalt unbedingt notwendig sind, um alte Männer, die nicht mehr erwerbstätig sind, und um dauernd Kranke und Sieche. Diese wären durch ihre Wegbringung in Sicherheit gebracht. Die zurückbleibenden Volksgenossen

könnten sich bei Luftangriffen stärker dem Selbstschutz widmen. Auch die Unterbringung und Ernährung der im luftgefährdeten Gebiet verbleibenden Volksgenossen würde dadurch eine Erleichterung erfahren.
b) *Unterbringung der Kranken und Verletzten:*
Dringend erwünscht wäre eine Freimachung von Militärlazaretten, um sowohl Ausweichkrankenhäuser als auch Reservekrankenhäuser für die Zivilbevölkerung in ausreichendem Masse zu besitzen. Hierbei wäre darauf zu achten, dass die zur Zeit in den Militärlazaretten tätigen Ärzte zum Teil auch der Zivilbevölkerung zur Verfügung standen, so dass mit der Entfernung der Militärlazarette nicht sämtliche bisher tätig gewesenen Ärzte weggebracht werden dürften.
3.) Nach jedem Angriff muss Ziel des Arbeitseinsatzes sein, nach Freimachung der Verkehrswege durch schnellste Beseitigung kleiner Schäden, vor allem an Wohnhäusern, einen sonst durch die Witterung eintretenden nachträglichen Totalschaden zu verhindern. Eine bessere Erfassung aller im Reich noch verfügbaren Handwerker und ihr schnellster Transport in die Schadensgebiete muss deshalb erstrebt werden.
4.) Es war das selbstverständliche Bestreben aller Stellen, so viele Berufstätige wie irgendmöglich im Stadtgebiet zu halten.

Es wurden daher Sofortmassnahmen eingeleitet, um mehrere tausend Baracken zu erstellen und Holzhäuser zu errichten. Mit diesen Arbeiten ist bereits begonnen. Darüber hinaus soll aufgrund des Reichsleistungsgesetzes der ungenutzte Wohn- und Geschäftsraum in Anspruch genommen werden. Dem Bestreben, die für den Fortgang der Kriegswirtschaft unbedingt notwendigen Berufstätigen sofort wieder unterzubringen, kam die Bevölkerung, die grösstenteils von sich aus Köln nicht verlassen wollte, durch diese ihre eigene Haltung entgegen.

Obschon in den Tagen nach dem Grossangriff noch mehrere Alarme ernsthafter Art ausgelöst wurden, die eine erneute Beunruhigung der Bevölkerung und eine Störung der Aufräumungsarbeiten hervorriefen, sind doch alle bisher eingeleiteten Massnahmen so weit gediehen, dass wir einem kommenden Angriff gerüstet gegenüberstehen.

Grohé

Gauleiter
Reichsverteidigungskommissar für den Wehrkreis VI.

Quelle 25: Aus Berichten des Schweizer Konsuls in Köln, Franz-Rudolph von Weiss[38]

3. Juni 1942

Herr Minister,

Gleichgültigkeit, Apathie, vollständige Mutlosigkeit und Verzweiflung sind die Merkmale, die die Kölner nach dem fürchterlichen Luftangriff, den die Metropole des Rheinlandes in der Nacht vom Samstag, den 30. Mai, auf Sonntag, den 31. Mai 1942 aushalten musste, zeigen.

Nach vierwöchiger Ruhe, die die hiesige Bevölkerung als eine Gnade des Himmels empfand, ertönten in der fraglichen Nacht, nach einem sonnigen Tage, bei sternenklarem Himmel und Vollmond, plötzlich um 00.30 Uhr die Sirenen, um die Stadt in Alarmzustand zu versetzen. Niemand ahnte, welche Schreckensnacht es werden sollte. Einige Minuten später hörte man schon die ersten Schüsse der Flugabwehr, nach deren Intensität man gleich vermuten konnte, dass es sich um einen äusserst schweren Luftangriff handeln würde. In dichten Wellen erschienen auch plötzlich schwarmartig aus allen Himmelsrichtungen die fremden Flieger, die die „Hillige Stadt Köllen" in eine Hölle verwandelten. Nach kaum einer Viertelstunde brannte es schon an allen Ecken und Enden. Ich war im Begriff, drei Nachbarn anzurufen, um ihnen mitzuteilen, dass auf ihre Häuser Brandbomben gefallen waren und den Dachboden angezündet hatten, als ich plötzlich bemerkte, dass auch auf unserem Hause zwei Brandbomben gefallen waren (auf unserem Grundstück fielen 7 Stück). Das Dach sowie der Dachboden waren durchschlagen, eine Treppe und das Treppengeländer standen bereits in hellen Flammen, als ich mit dem Löschen des Brandes begann. Nach 1 1/2stündiger Arbeit konnte ich endlich, nachdem ich Hunderte von Eimern Wasser in das Feuer geschüttet hatte, dieses löschen und ein unsagbares Unglück verhindern, denn es handelte sich wirklich um ein Haar, dass unser Haus das Schicksal von so vielen unserer Nachbarhäuser, die vollständig ausbrannten, hätte teilen müssen. (...)

Das auf der anderen Seite des Konsulats stehende Gebäude des

[38] Schweizer Bundesarchiv Bern: E 2300 Köln 6. Franz-Rudolph von Weiss trat schon 1920 in das Schweizerische Generalkonsulat in Köln ein und blieb bis zu seiner Pensionierung im Jahr 1950 – seit 1943 als Generalkonsul – in der rheinischen Metropole. Zu seiner weiteren Biographie und zur Charakterisierung seiner Berichterstattung vgl. die ausführliche Einleitung von Hanns-Jürgen Küsters und Hans Peter Mensing in Kriegsende 1986, S. 7ff.
Das Schweizerische Konsulat befand sich bis zu seiner Zerstörung im Jahr 1943 in der Overstolzenstrasse 8–10.

deutsch-italienischen Kulturinstituts, das sogenannte Petrarkahaus, stand plötzlich auch in Flammen, und es war schmerzzerreissend anzusehen, wie allmählich die unersetzlichen literarischen Kunstschätze dieses Instituts verbrannten. (...)

Wohl den furchtbarsten Anblick bot das gewaltige schlossartige Haus Ecke Sachsenring und Overstolzenstr., das dem vor einem Jahr verstorbenen Baron von Guillaume gehörte und das in seiner gewaltigen Ausdehnung bis in die Morgenstunden vollständig ausbrannte. (...)

Aus den abgebrannten Häusern suchten bald ihre Bewohner bei mir Asyl und Zuflucht, und nicht ohne einen gewissen Stolz und Freude konnte ich diese bedauernswerten Leute unter dem Schutz des Schweizer Kreuzes aufnehmen. Aus dem Nachbarhaus brachten sie mir, was sie an Hab und Gut retten konnten: Kinderwagen, Möbel, Silberkästen, Bücher etc. füllten allmählich unser Konsulat. Aus dem Petrarkahaus konnte ich mithelfen, wertvolle Bücher, Pergamentschriften, Inkunabeln usw. zu retten. Bis 7 Uhr morgens war ich in der glücklichen Lage, 40 – 50 Leute mit einer Tasse Kaffee und einem Glas Cognac zu erfrischen.

Um 3.50 Uhr war Alarmende, und ich konnte endlich mit meinem Wagen zu verschiedenen Landsleuten und Bekannten, die in hellster Verzweiflung waren und teilweise ihr Hab und Gut verloren hatten, fahren. Der Anblick, den die Stadt mir bot, war einfach entsetzlich, und man konnte sich nicht des Eindrucks erwehren, als ob sie vollkommen ausbrennen würde. Von unserem Konsulat bis zum Barbarossaplatz – eine Entfernung von 500 m – zählte ich 48 grössere und kleinere Brände. Wie mir ein Polizeioffizier, als ich einen Augenblick mit meinem Wagen hielt, und ihn fragte, ob z. B. das Petrarkahaus nicht habe gerettet werden können, sagte, sind alleine in einer Stunde 78 Grossbrände gemeldet worden, zu deren Löschung kein einziger Löschzug zur Verfügung stand.

Auf dem Ring bis zum Opernhaus sah ich wiederum unzählige brennende Häuser, die teilweise nach der Strassenseite eingestürzt waren. Unweit des Opernhauses, gegenüber dem Restaurant Prinzenhof brannte ein 5-stöckiger Häuserkomplex, dessen Front mindestens 12 Häuser umfasst und die restlos ein Opfer der Flammen wurden, vollständig ab. In der Venloerstr., Bismarckstr., am Gereonshof und vor allen Dingen wieder in der Christophstr., die zum Bankviertel Untersachsenhausen und

Die Hohe Straße

zum Kardinalspalais führt, überall bot sich das gleiche Bild der Verwüstung. Der Dom stand majestätisch, vollständig unversehrt, vom brennenden Domhotel und verschiedenen anderen Brandherden umgeben, inmitten einem Feuerring. Als ich am Rhein vorbei fuhr, konnte ich sehen, wie das Stapelhaus in hellen Flammen stand und von der Feuerwehr mit 12 Schlauchleitungen angegriffen, seiner Vernichtung entgegen ging. Der Oberbürgermeister hatte gerade dort einen Empfang gegeben und den Aufwand an Motor- und Dampfspritzen, die anderswo viel notwendiger hätten eingesetzt werden können, für erforderlich gehalten. Wie mir von Hausbewohnern des vorerwähnten Häuserkomplexes am Opernhaus versichert wurde, hätte eine

Die Wolkenburg

einzige Motorspritze dort richtig angesetzt, einen Schaden von einigen Millionen verhindern können.

Am Rhein entlang, wo auch verschiedene Bomben gefallen waren, standen beinahe alle Lagerhäuser des Hafens in Flammen sowie am Rhein stehende Häuser. Es wäre ein Ding der Unmöglichkeit, die Bilder wiederzugeben, die ich in dieser grässlichen Nacht erleben musste. Am Rhein entlang standen km-weit die Leute mit ihrem geretteten Hab und Gut in Bündeln zusammengebunden und warteten auf ihren Abtransport ins Ungewisse.

Durch die Altstadt zu fahren, ist heute noch eine wahre Kunst und fast ein Ding der Unmöglichkeit, denn sie ist wohl zu 2/3 zerstört.

Mit einer Genauigkeit, die einfach verblüffend ist, haben die erschienenen fremden Flieger ihre Ziele ausgesucht, wobei leider eine ganze Anzahl alter Kirchen von unersetzlichem Werte vernichtet wurden. Die in der Nähe des Stapelhauses gelegene Kirche Gross St. Martin wurde stark beschädigt. Weiter die Kirchen St. Maria im Capitol, die St. Apostelnkirche und vor allen Dingen St. Gereon (...) sind teilweise sehr schwer beschädigt worden.

Den Kölnern ging auch die Zerstörung des bekannten Gebäudes „Wolkenburg“ sehr nahe, das unter Denkmalschutz stand und dem Kölner Männergesang Verein, der kürzlich sein 100-jähriges Bestehen feierte, als Vereinslokal diente. (...)

Die sämtlichen Warenhäuser und grossen Geschäfte Kölns wurden bis auf ihre Grundmauern vollständig eingeäschert. Ich nenne hier nur die am Alter Markt gelegenen Kaufhäuser Biergans, Brügelmann Söhne, ferner die in der Gürzenichstr. stehenden Warenhäuser Michels, Westdeutscher Kaufhof (früher Tietz), dessen Herstellung mit Inneneinrichtung seinerzeit 120 Millionen Goldmark gekostet hat, das Konfektionshaus Erb & Co., das Seidenhaus Cords, das früher schon stark beschädigt wurde und nunmehr vollständig eingeäschert worden ist, das gewaltige in der Breitestrasse sich befindende Kaufhaus Carl Peters, die Häuser Krüger & Knoop, Hansen (früher Bamberger & Hertz) (...) und viele andere, alle wurden sie ein Raub der Flammen. Wie mir ein höherer Beamter der Stadt Köln sagte, dürfte die Zerstörung dieser Warenhäuser für eine 3/4-Millionen Stadt wie Köln die ernstesten Probleme aufwerfen. Wenn es dem Reich möglich sein sollte, Textilwaren nach Köln zu schaffen, um sie an die Fliegergeschädigten zu verteilen, so wäre dies doch mit den grössten Schwierigkeiten verbunden.

Ganze Strassenzüge wurden buchstäblich, ohne dass ein Haus verschont wurde, eingeäschert. Eine seltsame Ausnahme bildet die Elisenstrasse, in der auch alle Häuser bis auf das am Ende derselben gelegene Gebäude der Gestapo, an dem noch nicht mal eine Scheibe zerstört wurde, eingeäschert worden sind.

Hier darf ich auch auf die gewaltigen wirtschaftlichen Schäden hinweisen, die die Stadt Köln durch die Vernichtung von kriegswichtigen Betrieben und Anlagen erlitten hat.

Die grossen, in einem früheren Bericht als getroffen erwähnten Werke der Maschinenfabrik BAMAG, die hauptsächlich hochwichtige U-Bootbestandteile herstellen, wurden durch drei Sprengbomben-Volltreffer vollständig vernichtet.

Die in Köln-Deutz gelegenen Vereinigten Westdeutschen Waggonfabriken (früher van der Zypen & Charlier) wurden ebenfalls fast vollkommen zerstört.

Die bereits mehrmals getroffenen bekannten Draht- und Seekabelwerke Felten & Guillaume, genannt Carlswerk, sowie die Klöckner-Humboldtwerke wurden ausserordentlich schwer getroffen.

Das gleiche Schicksal teilten die Chemischen Werke Köln-Kalk, wo eine gewaltige Explosion stattfand.

Als hochwichtiger Betrieb, der vollständig abbrannte, sei noch die Messehalle genannt, in der grosse Mengen von Lebensmitteln, Brennstoffen etc. aufgespeichert waren.

Die am Friedrichsufer gelegene Reichsbahndirektion und das daneben stehende Gebäude des Reichssenders Köln wurden ebenfalls zum grössten Teil eingeäschert.

Das Gebäude der Firma Otto Wolff, in der Zeughausstrasse gelegen, wurde wiederum schwer getroffen sowie auch das Regierungsgebäude.

Das in der gleichen Strasse stehende Finanzamt Köln-Altstadt besteht nicht mehr.

Das Verwaltungsgebäude des Rhein. Braunkohlen-Syndikates wurde ebenfalls stark in Mitleidenschaft gezogen.

Das elektrische Licht funktioniert schon seit einigen Tagen nicht, so dass das Wirtschaftsleben der Stadt Köln dem einer toten Stadt, wie vielfach behauptet wird, gleicht.

Die Wasserversorgung war nur teilweise intakt und konnte durch die grosse Inanspruchnahme nur minimal benutzt werden.

Hier stellt man sich allgemein die Frage, wie es dazu kommen konnte, dass die Feuerwehr, die Polizei und der Ordnungsdienst so vollkommen versagt haben. Ein Urteil darüber abzugeben, steht mir nicht zu, glaube aber eine teilweise richtige Antwort zu geben, wenn ich zunächst die ausserordentliche Wucht dieses Angriffes erwähne und als Hauptursache für die eingetretenen Mängel bezeichne. Es sind in der ganzen Stadt Hunderte und Aberhunderte von Bränden gewesen, die am Dienstagabend, also drei Tage nach dem Angriff, noch nicht gelöscht waren. Durch eingestürzte Häuser und andere Hindernisse muss man stellenweise einen Umweg von 3 km machen, um 100 m von seinem Standort ein Ziel zu erreichen.

Eine Hauptursache der Ohnmacht der Feuerwehr ist der Wassermangel gewesen. Bei den unzähligen Kleinbränden, die durch die Bevölkerung glücklicherweise noch gelöscht werden konnten, wurden grosse Wassermassen verbraucht. Hinzu kommen die Feuerlöschzüge, was eine derartige Wasserverknappung verursachte, die man nur ahnen kann.

Zudem waren die Feuerlöschzüge nur an verschiedenen Punkten, wie z. B. bereits erwähnt am Stapelhaus, eingesetzt. Hier glaube ich einen weiteren Einzelfall, für dessen Richtigkeit ich bürge, erwähnen zu sollen.

„Lebensgefahr“: Straßenabsperrung am Thurnmarkt

Der hiesige Gauleiter, Herr Staatsrat Grohé, hatte Order gegeben, dass vor seiner in der Fürst-Pücklerstr. gelegenen Wohnung ein Löschzug für alle Fälle in Bereitschaft stehen musste. Er trat auch in Tätigkeit, als einige Brandbomben auf das Haus des Gauleiters gefallen waren. Der Löschzug verblieb die ganze Nacht bei seiner Wohnung, während Hunderte von Wohnungen und Häusern im Werte von Millionen schutzlos den Flammen überlassen werden mussten. Empört über die Handlungsweise, hat eine in der Nähe wohnende Generalswitwe dem Gauleiter beinahe wörtlich gesagt: „Herr Gauleiter, wenn Gefahr in Verzug ist, so war es bis heute nicht Sitte, dass ein Schiffskapitän als erster, sondern höchstens als letzter ein Rettungsboot bestieg, falls er es nicht vorzog und es für seine Pflicht hielt, an Bord seines Schiffes zu bleiben und mit ihm unterzugehen.“ Wenn man sich diese Handlungsweise des Gauleiters, der übrigens am nächsten Tage vom Führer und Reichskanzler telefonisch angerufen wurde, um Bericht über die grausige Nacht zu erstatten, vor Augen hält, kann man begreifen, dass der in der heutigen Presse erschienene Aufruf nachstehenden Inhalts grösste Verbitterung hervorgerufen hat.

Der Gauleiter an die Bevölkerung

Kölner!

Mitten in der Arbeit, in der wir alle miteinander seit der Nacht vom Samstag auf Sonntag stehen, habe ich einige Worte an Euch zu richten:
Abgesehen von dem schweren Schaden, den unsere schöne Stadt Köln durch den auf Befehl des Verbrechers Churchill ausgeführten Terrorangriff erlitten hat, gibt es fast keinen unter uns, der nicht auch persönlich durch die Folgen dieser Nacht in Mitleidenschaft gezogen worden ist. Um so bewundernswürdiger ist die Haltung, die die gesamte Bevölkerung in der Überfallnacht und in den darauf folgenden Tagen gezeigt hat. Wir werden noch viel Geduld und lange Zeit haben müssen, um die schlimmen Auswirkungen des nächtlichen Überfalls zu überwinden, aber ihr alle habt erlebt, dass von der ersten Stunde an alles nur denkbar Mögliche getan wurde, um überall, wo es Not tat, Hilfe zu bringen. In tiefer Rührung gedenken wir derer, die ihr Leben lassen mussten. Angesichts dieser Blutopfer ertragen wir die materiellen Schäden in dem Wissen, dass sie ersetzbar sind.
Die Ernährung und allgemeine Versorgung ist sichergestellt. Für die wohnungslos Gewordenen waren ausreichende Unterkünfte reserviert, und jede Familie, die ihre Wohnung verloren hat, kann in anderen Kreisen unseres Gaues und darüber hinaus wieder in ordentliche Wohnungsverhältnisse gebracht werden. Die Transportmittel dafür stehen bereit. Die Ortsgruppen der Partei erwarten die Meldungen aller, die weggebracht werden sollen. Dabei ist selbstverständlich, dass die aus Berufsgründen wichtigen Kräfte in Köln bleiben und sich zunächst mit den Unterkünften abfinden, die ihnen zugewiesen werden können.
Für den Fall, dass kriminelle Elemente den augenblicklichen Zustand irgendwie missbrauchen sollten, ist Vorsorge für sofortige Aburteilung getroffen.
Kölner! Ihr habt durch Euren Einsatz und Euer Verhalten den zahlreichen Soldaten, die in Urlaub waren oder aus ihrer Kölner Garnison heraus zur Mithilfe herangezogen wurden, einen überwältigenden Beweis persönlichen Mutes und entschlossener Opferbereitschaft gegeben und euch damit gleichen Geistes mit der kämpfenden Front gezeigt.
Der Führer war der erste, der sich in der Nacht des Überfalls und von da ab laufend über die Lage in Köln unterrichten liess.

Aus seinem Munde nahm ich die höchste Anerkennung für das Verhalten der ganzen Kölner Bevölkerung entgegen.
Ich weiss, dass ihr euch alle auch in Zukunft dieser Anerkennung würdig erweisen werdet.

Grohé
Gauleiter
Reichsverteidigungskommissar für den Wehrkreis VI

Hier möchte ich die Tatsache erwähnen, dass in der betreffenden Nacht die Kölner Bevölkerung den Kopf und die Nerven vollständig verloren hatte. Hausbesitzern und Wohnungsinhabern, denen man sagte, dass eine Brandbombe in ihre Räume gefallen war, brachten es nicht fertig, den Luftschutzkeller für einen Augenblick zu verlassen, um mit relativer Leichtigkeit diesen Brandherd zu löschen, dem später das ganze Haus zum Opfer fiel. Teilweise brannten die Häuser noch am Sonntagabend nach Eintritt der Dunkelheit, ohne dass sich jemand darum kümmerte. Die sonst als musterhaft bezeichnete deutsche Ordnung und Disziplin waren durch diesen gewaltigen Angriff vollständig desorganisiert. Wie ich Ihnen bereits mitteilte, sind vor allen Dingen in der Nähe des Bahnhofs verschiedene bunkerartige Unterkünfte erstellt worden, die, wie der Volksmund behauptet, eher als Stützpunkt der SS für spätere Volksaufstände dienen könnten, als für Fliegergeschädigte. Für andere Unterkunftsmöglichkeiten ist äusserst wenig getan worden. Eigentliche Luftschutzkeller haben nur wenige Häuser, während die öffentlichen Luftschutzkeller vollständig versagten, wie z.B. am Kaiser-Wilhelm-Ring, wo eine Bombe einen metertief in der Erde liegenden Betonunterstand ohne weiteres durchschlug, was zahlreiche Opfer an Menschen erforderte.

Hier möchte ich noch kurz einiges über die Zahl der Todesopfer schreiben. In einer gestrigen Sendung des englischen Rundfunks wurde von neutraler Seite mitgeteilt, dass die Zahl der bei dem Grossangriff auf Köln ums Leben Gekommenen 20000 beträgt, während 56000 Personen verletzt sein sollen. Diese Zahlen entspringen natürlich nur der Phantasie eines Reporters und entsprechen nicht der Wirklichkeit. Ich kann Ihnen ganz authentisch aus sicherster Quelle diesbezüglich mitteilen, dass bis heute mittag 287 Leichen bei den hiesigen Spitälern eingeliefert wurden. Darin sind allerdings die Opfer aus der Umgebung von Köln nicht einbegriffen und auch diejenigen von der Wehrmacht nicht mitgezählt. Zur Illustration der Zahl dieser Opfer kann ich Ihnen wiederum aus sicherster Quelle mitteilen, dass ein Flakstand von einer Bombe getroffen wurde, was 11 Tote erforderte, während auf dem Militärflugplatz Ossendorf eine Flakbatterie getroffen wurde, von der 25 Mann den Tod fanden. Ausser den erwähnten Todesopfern werden sich natürlich noch eine ganze Anzahl unter den zusammengestürzten Häusern befinden. Nach den zahlreichen Gesprächen, die ich mit führenden Persönlichkeiten hatte und nach eigener Berechnung wird die Zahl der Toten wohl mindestens 1 000 erreichen, aber nicht mehr als 1 500. Was die Zahl der Verletzten anbetrifft, so ist es natürlich ausserordentlich schwierig, auch nur eine annäherende Zahl anzugeben. (...)

Die in Köln angerichteten Schäden können überhaupt nicht geschätzt werden. Zuverlässige Stellen sagten mir, dass er in die Milliarden geht und dass sogar in normalen Zeiten bei zur Verfügungstellung von Arbeitskräften und Material wohl 20 Jahre vergehen würden, um Köln seine alte Form wiederzugeben.

Die Zahl der Evakuierten beträgt heute ca. 150 000 Personen, und sie wächst täglich. Wie ich heute zuverlässig erfuhr, beabsichtigt der Polizeipräsident, die Räumung der Stadt von Frauen und Kindern anzuordnen, was eine schwerwiegende Massnahme sein würde bei einer früheren Bevölkerung von 775 000. Die Eisenbahn verkehrt nicht mehr ab Hauptbahnhof, da viele Gleise und die gesamte elektrische Signalanlage zerstört sind. Einige Züge fahren ab Köln-Deutz, während unzählige Lastwagen der Reichsbahn und von privaten Firmen „surchargées de grappes humaines“ Zehntausende von Kölnern nach auswärts bringen. Um die Evakuierung zu fördern, haben die massgebenden Stellen bekanntgegeben, dass Züge bereit stehen, um sie aufzunehmen, vorausgesetzt, dass sie sich damit einverstanden erklären, eine sogenannte Fahrt ins Blaue, d. h. dorthin, wo es die Behörden für richtig halten, zu machen.

Die Post funktioniert nur teilweise, indem eine Briefzustellung täglich erfolgt, wobei die Briefträger von der Hauptpost bis zu ihrem Zustellbezirk zu Fuss gehen müssen. Eingeschriebene Briefe werden nur von der Hauptpost angenommen. Am schlimmsten ist wohl, dass die Telefonanlage der Stadt Köln nur mangelhaft gebrauchsfähig ist, da das Hauptfernsprechamt in der Cäcilienstr. vollständig zerstört wurde.

Erwähnen möchte ich noch, dass an vielen zerstörten Häusern Zettel angeklebt worden sind mit den Worten:

„Das verdanken wir dir, mein Führer".

Der furchtbare Luftangriff auf Köln hat auch eine fühlbare Lebensmittelknappheit zur Folge, da die Einstellung des Eisenbahnverkehrs jede Zufuhr von ausserhalb unmöglich machte. Fliegergeschädigte, die alles verloren hatten und in grossen Restaurants usw. untergebracht waren, mussten zum Teil bis Sonntag abend warten, ehe sie verpflegt wurden.

Sämtliche Taxis von Köln wurden zum Abtransport von Fliegergeschädigten beschlagnahmt, während zahlreiche Taxis zu dem gleichen Zweck wieder in Betrieb gesetzt wurden.

Textil- und Schuhwaren, Haus- und Küchengeräte, Glas- und Porzellanwaren erhalten in den nächsten 14 Tagen nur die Fliegergeschädigten.

Nach diesem Fliegerangriff sollte die Kölner Bevölkerung noch nicht zur Ruhe kommen. In der Nacht vom 31. 5. bis heute wurde die Stadt Köln wie folgt wiederum alarmiert:

Von Sonntag, dem 31. 5.	
auf Montag, den 1. 6.	von 00.10 Uhr – 3.00 Uhr
Montag, den 1. 6. 42	von 10.30 Uhr – 11.00 Uhr
	von 12.30 Uhr – 13.00 Uhr
	von 20.30 Uhr – 21.40 Uhr
In der Nacht vom Montag	
auf Dienstag, den 2. 6. 42	von 00.10 Uhr – 3.00 Uhr
2. 6. 42	von 7.15 Uhr – 8.40 Uhr
	von 12.30 Uhr – 13.30 Uhr
	von 13.40 Uhr – 14.45 Uhr
In der Nacht vom Dienstag	
auf Mittwoch, den 3. 6. 42	von 1.30 Uhr – 3.00 Uhr
und endlich Mittwoch	von 14.05 Uhr – 15.00 Uhr

Alle diese Angriffe haben die Nerven der Kölner auf eine harte Probe gestellt, und jeder nimmt trotzdem an, dass weitere schlimmere Angriffe stattfinden werden, denn aus Flugblättern, die von fremden Flugzeugen abgeworfen wurden, geht hervor, dass die Stadt mit Ausnahme des Domes vollständig zerstört werden soll. (...)

5. Juni 1942

(...)

Die ursprünglich 50000 betragende Zahl von Obdachlosen, dann auf 80000, 100000 und 150000 steigend, die die Stadt mit den anderen Bewohnern, die freiwillig evakuiert wurden, verlassen haben, hat nachträglich 300000 erreicht. Diese Zahl dürfte m.E. etwas übertrieben sein, aber dass 200000 evakuiert wurden und 50000 die Stadt verlassen haben, dürfte eher der Wirklichkeit entsprechen.

Der Anblick der Stadt, jetzt wo aus Sicherheitsgründen durch Pioniersoldaten der hiesigen Garnison unzählige Häuser niedergerissen werden, ist einfach trostlos. Es dürften wohl gegen 8 – 10000 Häuser vollständig vernichtet worden sein, während tausende und abertausende schwer beschädigt wurden. Nicht mit Unrecht schrieb eine hiesige Zeitung vor einigen Tagen: „In der Nacht vom 30./31. 5. 1942 nahmen die Kölner von ihrer geliebten Stadt Abschied."

Zu den bereits angeführten Gründen mannigfaltigen Versagens der Verteidigung Kölns und der Feuerwehr möchte ich noch erwähnen, dass bereits vor Ende des Angriffs die Flak keine Munition mehr besass. Die schwere Marineflak, die die Stadt bisher verteidigte, soll vor einiger Zeit nach Berlin geschafft worden sein, um die Reichshauptstadt zu schützen.

Was die Anzahl der Toten anbetrifft, so wird diese nach meinen neuesten Erkundigungen zwischen 1000 und 1400 betragen.

In den verschiedenen Luftschutzkellern sollen sich fürchterliche Szenen abgespielt haben. Wie mir von ganz zuverlässiger Seite mitgeteilt worden ist, wurde in einem Luftschutzkeller die Leiche eines stattlichen Mannes aufgefunden, der krampfhaft versucht hatte, durch Besteigen von Tischen und Stühlen aus einem Oberlicht etwas Luft zu schöpfen, während die 11 anderen Insassen des Kellers von ihm erwürgt auf dem Boden lagen. Eine Aufnahme dieser furchtbaren Tat wurde von der Polizei gemacht.

Die in meinem letzten Bericht erwähnte Zwangsevakuierung von Frauen und Kindern soll bereits begonnen haben, da ich von verschiedenen Frauen gehört habe, sie seien angewiesen worden, sich für den nächsten Tag um 8 Uhr zur Abreise bereit zu machen. Die meisten sollen sich geweigert haben, ihre Familie zu verlassen.

Leider haben, wie schon öfters bei solchen Anlässen, Elemente die Not ihrer Mitbewohner ausgenutzt und Fliegergeschädigte geplündert. Wie die Presse mitteilt, ist eine 46-jährige Frau aus diesem Grunde vom Sondergericht zum Tode verurteilt worden. Das Urteil wurde sofort vollstreckt.

Erwähnen möchte ich noch, dass nach einem hier zirkulierenden Gerücht Reichsmarschall Göring kürzlich in Köln gewesen sein soll, um den Umfang der Schäden zu besichtigen. Eine Bestätigung dieses Gerüchts konnte ich allerdings nicht erhalten. (...)

Die Apathie und Teilnahmslosigkeit der Bevölkerung nimmt noch immer mehr zu, denn sie kann das Geschehene noch nicht fassen. Jeder leidet an Schlaflosigkeit, glaubt er doch immer, dass gegen Mitternacht die fremden Flieger wieder erscheinen müssen. (...)

6. 6. 1942

(...)

Wie ich gestern vom schweizerischen Kurzwellensender in einer Sendung um 22.20 Uhr hörte, soll man der Ansicht sein, dass auch der Kölner Dom bei diesem Angriff getroffen worden sein soll. Wie ich Ihnen bereits berichtete, ist dies nicht der Fall, und auch eine teilweise Beschädigung dieses einzigartigen Kulturdenkmals ist nicht zu beklagen.

Der Hauptbahnhof ist nur wenig getroffen, und die Züge sollen ihn allmählich wieder benutzen können.

Kürzlich hörte ich, der Reichssender Köln solle die Mitteilung verbreitet haben, das Wasser aus den hiesigen Rohrleitungen sei nicht zu benutzen, ohne es vorher abzukochen, da Typhusgefahr vorhanden sei. Heute erscheint in der hiesigen Presse eine amtliche Bekanntmachung, dass das Kölner Trinkwasser untersucht und in Ordnung sei und die *Gerüchte* !! über die Typhusgefahr nicht zutreffen.

In den nächsten Tagen sollen von auswärts tausende von Meistern und Gesellen nach Köln kommen, um den Kölner Handwerkern zu helfen, die schweren Schäden des letzten Luftangriffs zu beheben. Man sucht krampfhaft nach Unterkunftsmöglichkeiten, um die auswärtigen Handwerker unterzubringen. Die Zwangsevakuierung eines Teiles der Bevölkerung dürfte auch damit in Zusammenhang stehen, damit Wohnungen und Zimmer frei gemacht werden.

In grosszügiger Weise hat die Sparkasse der Stadt Köln den Beschluss gefasst, den Spareinlegern zu gestatten, zehnmal in einem Monat den Betrag von sage und schreibe RM 100,– abzuheben.

Gauleiter Grohé berief am Freitag den Reichsverteidigungsausschuss in Anwesenheit des Reichsorganisationsleiters Dr. Ley zu einer Aussprache über Art, Umfang und Bekämpfung des britischen Luftangriffs auf Köln in der Nacht vom 30. auf den 31. Mai, die angerichteten Schäden und die von der Partei, den Behörden und der Wehrmacht getroffenen Massnahmen ein, an der mit dem Befehlshaber im Luftgau VI., General der Flakartillerie Schmidt, die Gauleiter, Oberpräsidenten oder deren Vertreter, die Regierungspräsidenten und der höhere SS- und Polizeiführer im Wehrkreis VI teilnahmen.

Anschliessend unternahmen der Reichsorganisationsleiter und die übrigen Teilnehmer eine Rundfahrt durch die Stadt. (...)

P.S. Die in meinem letzten Bericht erwähnten Einflüge fremder Flieger sind kaum erwähnenswert, wenn auch jedesmal Bomben auf Köln abgeworfen wurden. In der letzten Nacht vom Freitag, dem 5. auf Samstag, dem 6. ds.Mts. war wiederum von 01.00 Uhr bis gegen 3.30 Uhr morgens Fliegeralarm. Wie mir mitgeteilt wurde, sind in der Nähe des Flughafens einige Bomben gefallen.

Nach meinen letzten Informationen, die von der Regierung stammen, sind in Köln im ganzen ca. 14600 Häuser ganz oder teilweise zerstört worden, und ca. 50000 Haushaltungen wurden getroffen. Die von mir angedeutete Zahl von 250000 dürfte damit nicht zu hoch sein. Jeden Augenblick werden Tote geborgen, so dass die von mir angegebene Zahl von mindestens 1000 Toten wahrscheinlich zu niedrig sein wird. (...)

11. Juni 1942

(...)

Gleich eingangs möchte ich Ihnen mitteilen, dass wir in der Nacht vom Montag, dem 8., auf Dienstag, den 9. ds.Mts., in Köln von 00.45 Uhr bis 3.05 Uhr Alarm hatten. Es gab wieder eine heftige Schiesserei, ohne dass größere Schäden angerichtet wurden. Alle diese Alarme flössen der Kölner Bevölkerung, die durch das letzte Bombardement ihrer Stadt seelisch sehr stark gelitten hat, einen ungeheuren Schrecken ein.

Wie mir von glaubwürdiger Seite mitgeteilt wurde, sollen bei dieser Überfliegung Kölns Flugblätter abgeworfen worden sein mit den Worten: „Köln war unsere Gesellenprüfung, Berlin wird unser Meisterstück werden." Leider muss ich Ihnen mitteilen, dass die allgemeine Stimmung nicht gerade gegen einen solchen Angriff auf die Reichshauptstadt ist, indem viele Leute ganz offen sagen, es wäre endlich an der Zeit, dass Berlin auch etwas von der Suppe zu schmecken bekommt, die die dort sitzenden hohen Herren eingebrockt haben.

Hier in Köln sind die Einwohner begreiflicherweise sehr stark deprimiert, trotzdem der Kölner wegen seines sprichwörtlichen Humors manches ohne Knurren zu ertragen weiss.

In vielen sogar massgebenden Kreisen begegne ich Tag für Tag Leuten, deren Namen ich vorsichtshalber nicht nennen möchte, die der Überzeugung sind, dass der Krieg für Deutschland verloren sei und dieses Jahr zu Ende gehen werde. Ich kann natürlich zu diesen Prophezeihungen nicht Stellung nehmen, möchte aber beifügen, dass hier viele der Meinung sind, dass es besser wäre ein Ende mit Schrecken als Schrecken ohne Ende. Ein 9. November 1918 könnte sich schneller wiederholen als man glaubt.

Ein Teil der Bevölkerung ist der Meinung, dass die Stadt Köln nunmehr in Ruhe gelassen werde, da sie halb zerstört ist und ein neuer Luftangriff sich kaum lohnen würde. Ich persönlich bin anderer Meinung, und ich kenne verschiedene hohe Persönlichkeiten der Stadt Köln, die über die Bedeutung der Stadt als Durchgangspunkt vom Osten zum Westen sehr genau Bescheid wissen, die glauben, dass wir hier noch manche Schreckensnacht erleben werden. Ich will dabei den abgeworfenen Flugblättern, wonach Köln ausser dem Dom vollständig zerstört werden soll, keine grosse Bedeutung beimessen, glaube aber mit vielen anderen, dass die wichtigen Industrieviertel vor allen Dingen in der Umgebung von Köln noch öfters das Ziel von Luftangriffen werden. Ich denke dabei an die I.G. Farbenindustrie in Leverkusen, an die Munitions- und Sprengstoffwerke in Schlebusch, an die zahlreichen noch bestehenden kriegswichtigen Betriebe in Köln-Deutz, Köln-Mülheim, -Kalk, -Poll, an den gewaltigen Militärflughafen Köln-Ostheim, die bekannten Munitionswerke in Troisdorf (alle diese Orte sind auf der rechten Rheinseite gelegen) sowie das zwischen Köln und Bonn gelegene Riesenwerk der Rhein. Braunkohlen Industrie, das zur Herstellung von synthetischem Benzin dient, und das bisher ohne Erfolg angegriffene grösste Elektrizitätswerk Europas (Goldenbergwerk) bei Knappsack. Weitere verfolgte Ziele dürften sicherlich die 5 Rheinbrücken in Köln sein, die bei einem Zweifrontenkrieg eine ungeheure strategische Bedeutung haben würden.

Was den letzten Bombenangriff auf Köln anbelangt, so sollen, wie ich aus sicherer Quelle erfahren habe, rund 120 000 Brandbomben (kleine und grosse in Form von Kanistern), 998 grosse Sprengbomben und 17 Luftminen abgeworfen worden sein.

Am 6. Juni verbreitete das Deutsche Nachrichtenbüro die Mitteilung, dass die Zahl der beim Angriff auf Köln ums Leben Gekommenen sich inzwischen auf 305 erhöht habe. Ich kann wiederum aufgrund ganz zuverlässiger Informationen mitteilen, dass die Zahl der Leichen am Montagnachmittag 396 betrug. Darin sind die verunglückten Heeresangehörigen nicht mitgezählt. Am vergangenen Samstag wurden z. B. auf dem Süd-Friedhof 82 Flakangehörige zu Grabe getragen. Nicht gezählt wurden ausserdem die Opfer des Sicherheitsdienstes und der Kriegsgefangenen. Die von mir in meinem letzten Bericht mit 1 000 angegebene Zahl der Toten dürfte leider heute schon der Wirklichkeit entsprechen.

Was das Los der Kriegsgefangenen, vor allen Dingen das der russischen, anbelangt, so ist dies recht bedauernswert. Ein Kriegsgefangener, der zeitweilig in meinem Hause die Schäden des letzten Fliegerangriffs repariert und der in einem Barackenlager bei Mauser untergebracht ist, erzählte mir, dass in der Nacht des Luftangriffs die Gefangenen erst aufgeweckt worden seien, als ein Teil der Schuppen bereits in Flammen stand. Sie flüchteten sofort in das Untergeschoss, wo sie wenigstens einen gewissen Schutz hatten. Neun derselben konnten sich aber nicht rechtzeitig in Sicherheit bringen und stellten sich in einem kleinen Raum unter, worin kurze Zeit später eine Bombe schlug und die neun Kriegsgefangenen zermalmte. Im gleichen Strafkommando sind auch eine Anzahl russischer Gefangener untergebracht, die streng von den französischen getrennt sind. Sie wurden in eine Baracke eingeschlossen, ohne dass ihnen die Möglichkeit gegeben wurde, in dem fraglichen Erdgeschoss Sicherheit zu suchen. Sie wurden natürlich alle wild, schlugen alles kurz und klein und erreichten durch zerbrochene Fenster und Türen das Freie, um sich wenigstens etwas schützen zu können.

Nachdem am vergangenen Samstag die Angehörigen der Wehrmacht beerdigt wurden, fand am darauffolgenden Sonntag die Bestattung der Männer, Frauen und Kinder statt, die bei dem Fliegerangriff ums Leben gekommen sind. Partei, Staat, und Wehrmacht waren vertreten, um den Toten die letzte Ehre zu erweisen. Eigentümlicherweise hielt der anwesende Gauleiter keine Rede, sondern beauftragte damit den (...) Kreisleiter Alfons Schaller, um das Beileid der Partei auszudrücken. Vorher hatte der Oberbürgermeister Dr. Winkelnkemper gesprochen, um Abschied von den Toten zu nehmen. Er sagte u. a. „Das blutige Drama der letzten Mainacht habe uns alle getroffen; aber gerade im Schwersten sei uns die feste, starke und lebendige Gemeinschaft zum stolzesten Trost geworden. Aus dem Leid erhebe uns das Bewusstsein, dass diese uns so teuren Menschen ihr Leben dahingegeben haben für die Zukunft, für die Grösse und Freiheit des deutschen Volkes. Habe hier der Feind mit furchtbarer Deutlichkeit gezeigt, dass er nur das Ziel erbarmungsloser Vernichtung des deutschen Volkes für alle Zeiten kenne, so wachse ihm nach diesen Opfern ein noch verbissenerer Siegeswille entgegen, der unüberwindlich sei und alle feindlichen Anschläge zunichte machen werde."

Als Vertreter der Wehrmacht brachte ein höherer Offizier die Anteilnahme der Armee zum Ausdruck, indem er ausführte:

„Niemand verstehe reiner und tiefer den Schmerz dieser Stunde, als der kämpfende Soldat, dem so oft die besten Kameraden von der Seite gerissen werden, und der selbst sein Leben Tag und Nacht einsetzt, um der Heimat solches Leid zu ersparen. Bis zu tausend Kilometer habe er in seinem Siegeslauf den Feind von den Grenzen des Reiches abgedrängt. Der britische Feind komme nun von der Insel im Schutze der Dunkelheit noch heimtückisch durch den Luftraum, um Tod und Verderben zu säen. Die Wehrmacht aber erneuere an diesen Gräbern ihr Gelöbnis, alles zu leisten und alles zu wagen, dass dieser Opfertod der Männer, Frauen und Kinder in der Heimat nicht vergeblich gewesen sei und der Sieg über ihr Sterben strahle."

Weitere Trauerfeiern fanden auch auf anderen Friedhöfen statt.

Die Schäden, die die Stadt Köln durch diesen Luftangriff erlitten hat, sind so gewaltig in ihren Folgen und unabsehbar, dass es mir einfach unmöglich ist, auch nur annähernd ein richtiges Bild der trostlosen Lage zu geben. Dadurch, dass bald alle grösseren Warenhäuser und Textilgeschäfte zerstört sind und auch viele Bestände verloren gegangen sind, ist hier nichts mehr aufzutreiben. Der Oberbürgermeister hat eine Verfügung erlassen, wonach in den nächsten 14 Tagen nur an Fliegergeschädigte Ware abgegeben werden darf. Dies genügte aber nicht. Es musste eine Zone von 200 km um Köln gezogen werden, in der vor allen Dingen Textilwaren nur an Geschädigte zum Verkauf gelangen. Die grossen Textilhäuser hat man teilweise in den grossen Autogeschäften untergebracht, die beschlagnahmt wurden. Auch Museen, deren Bilderbestände schon vor langer Zeit abtransportiert wurden, werden nunmehr in Warenhäuser umgewandelt.

Seit dem denkwürdigen Angriff vom 30./31. 5. sind zahlreiche Pionierkommandos dabei, die Gebäude, die einzustürzen drohen, zu sprengen. Gestern Mittwoch, also 10 Tage nach dem schweren Luftangriff, explodierte in den Ruinen des grossen Kaufhauses Karl Peters noch eine schwere Sprengbombe, wodurch neun Pioniersoldaten auf der Stelle getötet wurden. (...)

Ein Bild von dem gewaltigen Ausmass der Zerstörung kann man sich daraus machen, dass, wie ich von der Wirtevereinigung höre, allein in der Innenstadt 279 Wirtschaften vernichtet wurden. Im ganzen sind auch 54 Ärzte Voll-Fliegergeschädigte, indem sie ihre ganze Einrichtung verloren haben. Um die hiesige Ärzteschaft rechtzeitig neu zu organisieren, fahren Wagen mit Lautsprecher durch die Stadt und ersuchen die Ärzte, die ihre Praxis noch nicht haben wieder aufnehmen können, sich massgebenden Orts zu melden.

In Köln sind auch alle Schulen noch geschlossen und deren Schüler und Schülerinnen im Dienste der Allgemeinheit eingesetzt worden. Die Lehrer werden selbstverständlich auch entsprechend verwandt.

In den letzten Nächten haben wir glücklicherweise keine Alarme gehabt, was nicht bedeuten soll, dass wir [nicht] immer zermürbter werden. Gleich bei Eintritt der Dunkelheit steigen die deutschen Nachtjäger auf und durchkreisen mit ihrem unheimlichen Motorengebrumm stundenlang die Luft. Wenn einmal das Geräusch endlich aufhört, weiss keiner, ob dies als Erleichterung aufgefasst werden kann oder ob es nicht ein Zeichen dafür ist, dass sich feindliche Flieger der Stadt nähern und dass dann bald mit Alarm gerechnet werden kann. (...)

Die Stadt erwartet tausende von auswärtigen Handwerkern,

wofür sie krampfhaft nach Unterkünften sucht, jedoch ohne Erfolg.

Wie ich soeben erfahre, werden von morgen ab die Züge wieder vom Hauptbahnhof abfahren, statt wie bisher von Köln-Deutz und den Vorortbahnhöfen.

Köln ist wahrlich eine tote Stadt geworden, die langsam und recht schwer aus ihren Ruinen wieder auferstehen kann. (...)

15. Juni 1942

(...)

Immer noch beschäftigt der furchtbare Luftangriff auf Köln und seine unheimlichen Folgen beinah einzig und allein die Gedanken der Bevölkerung. Jeder von den Übriggebliebenen stellt sich die Frage, ob er die Stadt verlassen oder hier bleiben soll. Den ganzen Tag über hört man die Explosionen, die die Pionier-Truppen vornehmen, um die baufälligen Häuser zu sprengen.

In der Nähe des Kaufhauses Peters, wo Pioniersoldaten mit Aufräumungsarbeiten beschäftigt waren, explodierte vor zwei Tagen noch eine Sprengbombe mit Zeitzündung, wobei 8 Soldaten den Tod fanden. In Köln-Ehrenfeld wurde ein Luftschutzkeller freigelegt, aus dem 32 Leichen geborgen wurden.

Die Bevölkerung ist trotz ihres sprichwörtlich gewordenen Humors ausserordentlich niedergeschlagen, und nur allmählich fühlen die Betroffenen, die ihr ganzes Hab und Gut verloren haben, die unendliche Tragik ihrer Lage. Die Regierung und die Partei sind sich auch bewusst, dass nur durch grosszügigstes Entgegenkommen die Ruhe unter der Bevölkerung gewahrt werden kann. Die Kriegsschädenämter sind zweifellos angewiesen worden, bei der Erledigung der ihnen unterbreiteten Anträge so largo als möglich vorzugehen. Eine alleinstehende ältere Dame sagte mir, die ihre ganze Wohnungseinrichtung verloren hat, dass sie aus dem Gedächtnis eine provisorische Liste ihres Eigentums gemacht habe, ohne die einzelnen Preise für die Gegenstände angeben zu können, wobei sie nur erwähnte, dass ihr Gesamtverlust ca. RM 100 000,– betragen würde. Anstandslos bekam sie auch an Ort und Stelle einen Scheck in Höhe von RM 10 000,–. Mit dieser Summe, sagte sie mir, konnte sie nichts anfangen, da sie mit diesem Geld nichts kaufen kann, sodass ihr nichts anderes übrig blieb, als diesen Betrag zur Sparkasse zu bringen.

Um weitere freie Wohnungen zu erhalten, fängt man wieder an, Juden nach dem Osten zu verschicken. Gestern abend erhielten eine ganze Anzahl in Köln lebender Juden, sogar ältere Leute über 80 Jahren, den Befehl, sich heute früh in der Messehalle einzufinden, von wo sie heute abend nach Lodz oder in irgend eine andere Stadt des Ostens abtransportiert werden. Ein mir bekannter Professor kam soeben zu mir und teilte mir voll Entsetzen mit, dass der bekannte, wohl berühmteste Geograph Deutschlands, Prof. Dr. Alfred Philippsohn, sich auch unter den Bedauernswerten befindet und heute abend Köln verlassen muss. Dieser Professor hat sich sofort telefonisch mit dem in Berlin weilenden schwedischen Forscher Sven Hedin in Verbindung gesetzt, um durch seine Vermittlung zu versuchen, diese einem berühmten Gelehrten gegenüber getroffene Massnahme rückgängig zu machen. Diese Verschickung, wenn sie stattfinden sollte, dürfte in wissenschaftlichen Kreisen, wie mir mein Gewährsmann besonders betonte, ausserordentlich grosses Aufsehen erregen. (...)

24. Juni 1942

(...)

Nach meiner Rückkehr nach Köln konnte ich feststellen, dass die Stimmung der hiesigen Bevölkerung immer trostloser wird. Die Stadt bietet einen noch traurigeren Anblick, da man inzwischen begonnen hat, alle Fassaden der abgebrannten Häuser, die baufällig sind, abzureissen und zu sprengen. Wenn einmal alle diese Häuser abgerissen sein werden, wird man ganze Straßenzüge ohne ein einziges Haus sehen können.

Ich hatte gestern Gelegenheit, mit zwei Herren zu sprechen, die sehr gute Beziehungen in Berlin haben... Diese beiden Herren ... betrachten den Zukunftsstand ausserordentlich pessimistisch und sind der festen, auch in Berliner Kreisen vertretenen Meinung, dass, wenn es noch mehr hart auf hart gehen werde, die Regierung mit der vollständigen Preisgabe des Rheinlandes und des Ruhrgebietes einverstanden sein wird. Noch gewaltigere Luftangriffe werden von der Bevölkerung erwartet, und jeder, der die Stadt Köln verlassen kann, reist ab. (...)

Am Montag, den 15. ds. Mts. verliess, wie ich bereits berichtete, ein weiterer Transport von Juden die Stadt Köln, um nach dem Osten verbracht zu werden. Es handelte sich diesmal ausschliesslich um Greise und Greisinnen bis zu 90 Jahren, die am

Tage vorher in einem der übrig gebliebenen Räume des hiesigen Messegeländes gesammelt worden waren. (...)

Heute morgen erhielt ich Besuch von einer massgebenden Kölner Persönlichkeit, die mir mitteilte, dass die offizielle Zahl der Todesopfer, die infolge des grossen Luftangriffes vom 30./31. Mai zu beklagen sind, inzwischen auf 499 gestiegen ist (die letzte amtliche Zahl, die von der städtischen Verwaltung bekanntgegeben wurde, ist 309 [? unleserlich]. Zu dieser Zahl kommen noch die Angehörigen der Wehrmacht, der Hilfsorganisationen und Kriegsgefangenen, so dass die von mir bereits in meinem ersten Bericht angedeutete Zahl der Opfer dieses Angriffes von ca. 1000 richtig sein dürfte. (...)

2. Juli 1942

(...)

Wenn auch der deutsche Vormarsch in Nordafrika und in Russland mit allen seinen möglichen Folgen von der hiesigen Bevölkerung lebhaft verfolgt wird, so kann sie dadurch immer noch nicht von den Gedanken an die Trümmer ihrer schönen Stadt abgelenkt werden. Nachdem begonnen worden ist, die am schwersten getroffenen Häuser bei dem letzten Bombardement abzureissen, ist das Bild, das die Stadt nunmehr zeigt, trostloser den je.

Für die Fliegergeschädigten der Stadt Köln zahlt, wie mir von zuverlässiger Seite mitgeteilt wird, die Regierung bezw. die Stadt Köln über 2 Millionen Mark an Unterstützung pro Tag.

Die von mir genannten Zahlen über die Folgen der furchtbaren Nacht vom 30./31. Mai scheinen massgebenderseits eine Berichtigung erhalten zu haben. Von zuständiger Seite konnte ich gestern folgende Zahlen hören:

Es wurden abgeworfen Brandbomben	110000
sogenannte Kanisterbomben	860
Sprengbomben	800
und Lufttorpedos	17

Es sollen nicht, wie ursprünglich von mir auf Grund von Angaben, die von der Regierung bei einer Sitzung der Handelskammer gemacht worden sind, 14000, sondern nur 11200 Häuser zerstört worden sein, wovon 4000 vollständig vernichtet sind. Die Zahl der Toten aus der Zivilbevölkerung hat sich inzwischen auf 700 erhöht, während 200 Soldaten, Angehörige des Sicherheitsdienstes und der Feuerwehr – ohne Kriegsgefangene – ihr Leben eingebüsst haben. Die von mir genannte Zahl von 1000 dürfte also ihre Bestätigung finden. Von den Einwohnern Kölns wurden 9000 verwundet und die Gesamtzahl der Obdachlosen beziffert sich auf 240000.

Nach dem wiederholten Luftangriff auf Bremen kommt die Kölner Bevölkerung immer mehr zu der Überzeugung, dass sie noch lange nicht am Ende ihrer [? unleserlich] ist, indem sie weitere Großangriffe, die der hiesigen Industrie, Bahnhöfen und vor allen Dingen Rheinbrücken gelten werden, zu erwarten habe. (...)

9. Juli 1942

(...)

Unter Bezugnahme auf unsere Korrespondenz betreffend den Großangriff fremder Flugzeuge in der Nacht vom 30./31. Mai 1942 beehre ich mich, Ihnen in der Anlage Durchschlag diesbezüglicher Notizen, die von höchster maßgebender Seite nach Berlin geschickt wurden, zu übermitteln.[39] Ich darf hierzu bemerken, daß ... einige Zahlen, die darin erwähnt sind, laut Mitteilungen, die mir von anderer maßgebender Seite zugegangen sind, nicht ganz stimmen. Nach den in meinem früheren Bericht wiedergegebenen Angaben hat z. B. der Vorsitzende der Handelskammer in einer vertraulichen Sitzung eine höhere Zahl von Luftminen genannt und vor allen Dingen die Zahl der Obdachlosen, die mit 59100 angegeben ist, bedeutend höher genannt, was beim Anblick der vielen Zerstörungen in Köln ohne weiteres festgestellt werden kann. Auch die Zahl der Opfer ist viel höher. (...)

Abgesehen von einem Alarm, den Köln vor ca. 14 Tagen erlebte und die Stadt von fremden Flugzeugen überflogen wurde, ohne daß Bomben fielen, sind wir glücklicherweise in letzter Zeit nicht mehr gestört worden. Das allgemeine Urteil der Bevölkerung geht aber dahin, daß diese Ruhepause nicht von langer Dauer sein wird und Köln wie die Stadt Bremen höchstwahrscheinlich mit weiteren schweren Luftangriffen rechnen muß. Die städtische Verwaltung baut überall große, aus Beton bestehende Wasserbehälter, die als kleine Wasserreservoirs dienen sollen, falls bei einem wiederholten schweren Angriff die vorhandenen Wasservorräte nicht genügen sollten. Die großen Geschäfte, vor allen Dingen die Warenhäuser usw., die durch

[39] Es handelt sich hierbei um eine Kurzzusammenfassung der Zahlen aus dem Abschlußbericht von Gauleiter Grohé vom 15. 6. 1942. Daher kann hier auf den Abdruck der Anlage verzichtet werden. Die Tatsache, daß Weiß in den Besitz dieses sicherlich geheimen Schriftstücks kam, belegt, über welch gutinformierte und zuverlässige Kontakte er verfügte.

diesen Luftangriff ganz besonders betroffen wurden, sind in verschiedenen Hallen, Museen, großen Automobilgeschäften etc. provisorisch untergebracht. Die Niederlegung von Häusern, die baufällig sind und deren Fassaden jeden Augenblick einzustürzen drohen, werden durch Pioniere und Feuerwehrleute niedergerissen. (...)

Verzeichnis der benutzten Literatur

Bildnachweis

Bergschicker, Der Zweite Weltkrieg: S. 12
Bildarchiv Preußischer Kulturbesitz: S. 20
Cartier, Der Zweite Weltkrieg, Bd. 1: S. 17, 18
Fischer, Josef: S. 73, 207, 208
Hauptstaatsarchiv Düsseldorf: S. 64, 86, 123, 131, 135, 137, 159
Historisches Archiv der Stadt Köln: S. 82, 89, 119, 120, 132, 134, 136, 147, 151, 157 201, 202, 218, 221
Kölner Berufsfeuerwehr: S. 80/81
Kölnisches Stadtmuseum: S. 65, 79
NS-Dokumentationszentrum, Sammlung Cohrs: S. 41, 42, 43, 60
Pfarrarchiv St. Aposteln: S. 139, 140
Quadflieg, Erich: S. 40, 130, 133, 217
Stadt-Anzeiger (20. 10. 1936): S. 56
Ullstein Bilderdienst: S. 19, 24
Westdeutscher Beobachter (5. 6. 1942): S. 78

ADERS, GEBHARD: Geschichte der deutschen Nachtjagd 1917 – 1945, Stuttgart 1977.

ADLER, H. G.: Der verwaltete Mensch, Studien zur Deportation der Juden aus Deutschland, Tübingen 1974.

BARKAI, AVRAHAM: Vom Boykott zur „Entjudung". Der wirtschaftliche Existenzkampf der Juden im Dritten Reich 1933 – 1945, Frankfurt 1987.

BARKER, RALPH: The Thousand Plan, London 1965.

BOOG, HORST u. a.: Der globale Krieg. Die Ausweitung zum Weltkrieg und der Wechsel der Initiative 1941 – 1943 in: Das Deutsche Reich und der Zweite Weltkrieg, Band 6, hrsg. vom militärgeschichtlichen Forschungsamt, Stuttgart 1990.

BOOG, HORST: Die deutsche Luftwaffenführung 1935 – 1945, Stuttgart 1982.

DOUHET, GIULIO: Il dominio dell' aria. Probabili aspetti della guerra futura, Rom 1921 (deutsch: Luftherrschaft, Berlin 1935)

FISCHER, JOSEF: Köln '39 – '45. Der Leidensweg einer Stadt, Köln 1970.

GROEHLER, OLAF: Bombenkrieg gegen Deutschland, Berlin 1990.

GRUETZMANN, LOTHAR: Totaler Krieg. Vom Blitzkrieg zur bedingungslosen Kapitulation, München 1991.

HARRIS, ARTHUR: Bomber Offensive, London 1947.

Im Namen des Deutschen Volkes. Justiz und Nationalsozialismus, Katalog zur Ausstellung des Bundesministers der Justiz, Köln 1989.

KOCH, HORST ADALBERT: Flak. Geschichte der deutschen Flakartillerie und der Einsatz der Luftwaffenhelfer, Bad Nauheim 1965.

Kriegsende und Neuanfang am Rhein. Konrad Adenauer in den Berichten des Schweizer Generalkonsuls Franz-Rudolph von Weiss 1944 – 1945, hg. von Hanns Jürgen Küsters und Hans Peter Mensing, München 1986.

PETTENBERG, HEINZ: Starke Verbände im Anflug auf Köln. Eine Kriegschronik in Tagebuchnotizen 1939 – 1945, Köln 1985.

RÜTHER, MARTIN: Arbeiterschaft in Köln 1928 – 1945, Köln 1990.

SIMON, PAUL: Köln im Luftkrieg 1939 – 1945. Statistische Mitteilungen der Stadt Köln, 9. Jg., H. 2, Köln 1954.
TAYLOR, ERIC: 1000 Bomber auf Köln. Operation Millenium 1942, Düsseldorf 1979.
WEBSTER, CHARLES/FRANKLAND, NOBEL: The Strategic Air Offensive against Germany, London 1961.
WINKELNKEMPER, TONI: Der Großangriff auf Köln. Ein Beispiel, Berlin 1942.
WÜLLENWEBER, HANS: Sondergerichte im Dritten Reich. Vergessene Verbrechen der NS-Justiz, Frankfurt 1990.